Easy Quick
EQ080

學易經
這本最好用

朱恩仁◎著

自序

　　「天書」有兩種：「無字天書」和「有字天書」。「無字天書」考驗想像力與創造力；「有字天書」考驗邏輯（logic）推理的能力。《易經》被視為「天書」，正因為缺少一套清晰的邏輯思考法則，使得充滿矛盾的《爻辭》讓人不知所云，更遑論想要瞭解象徵《易經》精神的六十四卦爻符號究竟代表什麼！？

　　相傳《易經》創自周文王姬昌（經過考證《易經》是一部集體創作下的產物），如果傳言屬實，周文王所創作的應該是指《爻辭》這部分的文字內容；《爻辭》根據六十四卦爻符號而來，所以說《爻辭》是最貼近演卦的原始紀錄；其餘的文辭或是創作者本人，或是後人的補充說明。

　　六十四卦爻符號與《爻辭》是演卦的一體兩面，是不可分割的。畢竟《易經》流傳年代久遠，多經人事變遷，《爻辭》保留下來了，卦爻符號也保留下了；很遺憾的，周文王腦子裡「邏輯思考」的法則卻佚失了！這也就是《易經》之所以被視為「天書」，「艱深複雜難解」的主因。「卦爻符號～邏輯思考～爻辭」，少了中間這個重要的環結，便落入卦爻之不解，爻辭之不明；辭之不明則理窮的惡性循環中，造成《爻辭》從此不知所云。直至今日治易家只憑此卦爻有應，彼卦爻無應論斷吉凶；甚或以「卜卦容易，斷卦難」的藉口搪塞，弄得卦變、爻變、錯卦、綜卦、交互卦等卦形變來變去，人云人殊，莫衷一是。

　　《繫辭上》：「君子居則觀其象而玩其辭，動則觀其變而玩其占」。觀象玩辭，觀變玩占是必須學習的過程。不知「演卦」，不會「演卦」，就只能在辭句上打轉，難見《易經》堂奧。

　　《易》是「人謀鬼謀」：占卜是「鬼謀（或說神謀）」；「演卦」是「人謀」，這一套進退機制是有「邏輯」可循的。「邏輯」是一種思考訓練，也是一項科學，更是開啟智慧的方法。

　　「演卦」的「人謀」到底在那裡？就在六十四組六個或多或少陰陽爻所重疊的卦爻符號裡，但必須透過邏輯法則加以分析，才能正確的解讀卦爻所代表的涵義。

　　如果要將簡單抽象的卦爻符號，透過邏輯法則分析，需要大量的文字才能清楚的表達出來，這在三千年前的客觀環境是做不到的；另外，符號裏的陰陽爻是「活的」，會「動的」；而人的思考也是活的，會動的，過去都是師徒口授心傳，要以文字寫得清，說得明，在技術上有相當的困難度；別說過去如此，筆者在撰寫本書的同時，也是吃足了苦頭！

　　筆者還有一難，就是還原《易經》演卦的原始面貌。周文王「演卦」的邏輯法則事實上已經失傳了！研究失傳的理論，筆者只能在現有的資料中，經由不斷的反覆閱讀、辯證、修改，才能完成這部《周易邏輯學》。

　　在我完成《周易邏輯學》之前就已經獲得一個結論：《易經》不只是用在占卜，它也是訓練邏輯思考的工具書，即便是放在三千年後資訊發達的今天，絲毫不減其價值。這是一部人人可學，可以獲益的思考訓練教材，同時也是筆者編撰這部書的真正目的。

　　如前所說，文王「演卦」的過程與結果表現於《爻辭》。實際上，解析《爻辭》就已經牽動了一卦之整體，也就是說解爻就是解卦，解三百八十四爻如同解三百八十四卦。因此《爻辭》是本書必用的素材，並且還扮演驗證演卦的角色。除此之外，本書還使用到六十四卦符號、《卦辭》、《象辭》、《象辭》，並以上下經的方式編排。

　　為了彰顯「三才六爻」的演卦方式，並且減輕讀者閱讀上的負擔，凡是爻變、卦變、錯卦、綜卦，交互卦等一律不用；另外諸如先天八卦、後天八卦等圖式也一概不用。

　　此外，《易經》裏的《繫辭上、下》、《說卦》、《序卦》、《雜卦》、《文言》等諸傳，也省略不錄，盡可能以最原始面貌，表現演卦的精神。

　　要如何研讀《周易邏輯學》，方法仍不脫《繫辭上》所說的：「君子居則觀其象而玩其辭，動則觀其變而玩其占」，玩味日久必有所得。

　　《周易邏輯學》所執觀點未必完全無誤，但至少提供了一種解讀《易經》的方法，拋磚引玉或能助益有興趣研究的讀者。學術是可以交流討論的，讀者如有相關意見，歡迎不吝指教。

　　最後筆者要感謝昔日的軍校同窗，也是當今原住民作家「巴代」林二郎先生。筆者在撰研的過程中，多次面臨困惑因而停頓下來，在他的激勵下，讓我一再的重啟信心直至完成。《周易邏輯學》有緣與讀者見面，「巴代」也是間接的成就者。

西元二〇〇六年序於臺南安平
動則觀其變而玩其占

目 錄

《易經》「三才六爻」演卦概論

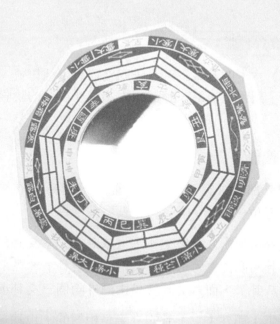

一、前言：

六十四卦爻符號之所以難解，在於看似理所當然，其實不然。致使有心學《易》者，往往知其然，而不知其所以然。其然者，單憑陰陽爻之往來承乘比應判斷吉凶；欲知其所以然，必須破除符號、文辭障礙，透過特有的邏輯語言始得：這也是撰寫《周易邏輯學》之難，而且難能可貴之處。

二、何謂「周易邏輯學」？
以及研究之目的。

就是藉由簡單的符號所代表的多重義涵，透過《易經》特有的邏輯思考模式，達到辨別事理真偽，以提供合宜作為之參考為其目的。

三、簡單的符號：

《易經》六十四卦共三百八十四爻只有兩種符號，「⚋」為陰爻，「⚊」為陽爻。每一卦都由六個或多或少的陰陽爻交錯重疊。

四、多重義涵：

01每個卦都有六個爻位，由下而上分別為初位、二位、三位、四位、五位、上位。

02六爻卦又稱「六畫卦」、「大成卦」；六爻卦分內（下）、外（上）卦。換言之，三爻卦又稱「三畫卦」、「小成卦」，或通稱為「八卦」，而六爻卦就是由內外兩個三爻卦重疊而成。

03內（下）與外（上）卦的立場是相對的，也就是內卦的初二三位與外卦的四五六位的立場是相對的。初與四，二與五，三

與上爻位相對。換言之，初二三位同在內卦，四五上位同在外卦，立場相同。

04卦與卦位，爻與爻位相對的概念，來自於「天地根」。上位爲「天根」，天由上五而來；初位爲「地根」，地由初二而往。三四居中爲「人位」，分立於內外卦之際。所以在演卦的時候可以發覺，在內外卦固定不動的爻位，就是依賴陰陽爻的往來承乘比應關係，所產生出的結果可能是相對相反，或是相對相成，來作爲吉凶判斷的依據。

05「兩卦」（內外卦），「三才」（天地人），「六爻位」（初至上爻位）交錯分佈，再加上陰陽爻的往來承乘比應關係，就是整個《易經》演卦的概念。換言之，「內外卦」、「爻位」是領域的觀念，是固定的，靜止不動的，這是空間的概念；「陰陽爻」是跨領域的，變化的，活動的，這是時間的變化。

06「陰陽爻」：陽爻主動，有實，陽遇陽其動也靜。陰爻主靜，則虛，陰遇陽其靜也動。

07陰陽爻在爻位的表現：

《繫辭下》：「爲道也屢遷，變動不居，周流六虛，上下无（無）常，剛柔相易，不可爲典要，唯變所適」。「周流六虛」，就是說明每一卦的符號都有六個爻位，從初至上，沒有例外，這是空間的觀念。六個爻位，用來提供陰陽爻「上下无（無）常」的舞臺。這個空間裡，會因爲陰陽爻所處的位置、動靜、相同立場的內（外）卦、相對立場的內（外）卦狀態不同，而反映出來的處境與發展都會受到應有限制與規範，以作爲吉凶判斷的依據。現在，先以陰陽爻在爻位的表現分析如下：

（01）初（陽）位：陽爻無爲無咎，陰爻無爲有咎；初的上面有五個爻位可供行動（初的下面無爻位，無法行動）。初在地

位之下，所以初是「前往」的觀念。

（02）二（陰）位：二多譽；二的上面有四個爻位可供行動，二在地位之上，所以二是「前往」的觀念；二的下面有一個爻位，二與初不論是通（親比、依附）或是阻的關係，都不會離開二位。

（03）三（陽）位：陽爻多凶無咎，陰爻多凶有咎；三的上面有三個爻位可供行動，三的下面有二個爻位可供行動。三在人位之下，所以三是「前往」、「退來」的觀念。

（04）四（陰）位：陽爻多懼有咎，陰爻多懼無咎；四的上面有二個爻位可供行動，四的下面有三個爻位可供行動。四在人位之上，所以四是「前往」、「退來」的觀念。

（05）五（陽）位：五多功；五的上面有一個爻位，五與上不論是通（親比、依附）或是阻的關係，都不會離開五位；五的下面有四個爻位可供行動，五在天位之下，所以五是「前來」的觀念。

（06）上（陰）位：（上的上面無爻位，無法行動）上的下面有五個爻位可供行動。上在天位之上，所以上是「前來」的觀念。

陰陽爻在爻位的表現特別說明：

（01）上、五的「前來」，容易與三、四的「退來」觀念混淆。其實上、五的「前來」，與初、二的「前往」是相對的，意義相同，都有積極進取的意思。而三、四的「前往」、「退來」，則是進退的意思。如此才能與「天地根」的觀念相互呼應。

（02）不只是初與二，上與五之間有親比，或依附的關係；

比鄰的兩爻位之間都有可能產生親比，或依附的關係。

五、《周易》特有的邏輯思考：

　　※《周易》的演卦邏輯思考原則：「卦分內外，爻分陰陽；內外看氣勢，陰陽看往來」。

　　01內（下）與外（上）卦的立場相對，兩股勢力的陰陽爻互有消長，也各自消長；互有往來，也各自往來。

　　02上、初位為「天地根」。解卦皆要考量天（上爻）、地（初爻）位的動靜才算完備得理；而憑本爻的往來承乘比應解卦，終難得其理。

　　03演卦時，「天地根」的陽爻，除了上、初爻本身就是本爻之外，不論是上來、初往（即陽遇陰）皆不過越本爻。

　　04天位的陽爻能直來內卦，內卦陽爻能直往天位而不往，是謂「天尊地卑」。

　　05卦中只有一陽爻，不論在何爻位，一定是來而不往。

　　06四五上位，同在外卦；初二三位，同在內卦，立場相同，同卦無應爻（無相對立場的爻位），所以沒有立場相對的問題。例如：四隨五往上、五往上、或者上隨五來四皆屬外卦的調度。初隨二往三、二來初、或者三隨二來初皆屬內卦的調度。

六、辨別事物真偽：

　　如果說六十四卦爻符號是密碼，那麼周易邏輯就是解碼的工作。唯有透過特有的邏輯思辨，將卦爻符號的多重義涵轉換成以下的文字語言，則能將「卦爻符號～邏輯思考～爻辭」連結起來：

01卦爻「能往來」與「能往來而不往來」。

02卦爻「隨往來」與「能隨往來而不往來」。

03卦爻「不往來」與「不往來而往來」。

04綜上所示，是不是充滿著矛盾？這也正是何以看不懂符號與爻辭的關鍵。其實透過邏輯思考，可以從符號與爻辭中分析出來。

七、提供合宜作為之參考：

《繫辭下》：「⋯是故愛惡相攻而吉凶生，遠近相取而悔吝生，情偽相感而利害生」。透過邏輯思考分析，辨明事理的真偽，最終的目的就是提供適宜作為的參考。何以只能提供「參考」？因為未來之事（勢）變中有變，豈能盡料。本書著重在思考的訓練，而非神化《易經》的功用。話雖如此，但是分析之後畢竟還是要下結論，否則未經歸納的分析就顯得繁雜而意有未盡之嫌。

演卦的結論必須考量「爻位」，並結合「陰陽爻往來承乘比應」的結果，製作出以下的推算表。按表所示，以各爻位為基準點，加下加減即得結論。例如屯卦六二得中當位，其基準點在「漸入佳境」，而五能來而不來，所以對二沒影響；二乘初，二依附初，就往上推一格得「穩健發展」。

（＊基準點）

結論項目	基準點1＋狀態	基準點2＋狀態	基準點3＋狀態	基準點4＋狀態	基準點5＋狀態	基準點6＋狀態
錦上添花	往來	往來				
穩健發展	(一)親比(〃)依附	(一)親比(〃)依附	往來	往來		
漸入佳境	＊五位	＊二位	(一)親比(〃)依附	(一)親比(〃)依附	往來	往來
等待時機			＊上位 不當位＋親依	＊初位 不當位＋親依	(一)親比(〃)依附	(一)親比(〃)依附
明哲保身			不當位	不當位	＊四位 不當位＋親依	＊三位 不當位＋親依
處境困難					不當位	不當位
困而反則						乾卦九四 坤卦六三
動則得咎	往來	往來	往來	往來	往來	往來

八、結論：

01以上所示，只是例舉。如前所說「陰陽爻往來承乘應比」、「內外卦」，「爻位」都是判斷吉凶的依據，必須審度卦情而各有不同境遇，此即《繫辭下》所云：「不可爲典要，唯變所適」。

02六爻陰陽符號雖然簡單，但適用性非常高。如果能掌握卦爻符號多重義涵的特性，以及熟稔《易經》特有的邏輯思考方式，斷卦用卦爻符號更勝用爻辭；當然更優於只用卦辭，或單以本爻的往來承乘比應斷卦。

03斷卦只憑「卦辭」常有「雞同鴨講」詞不達意的問題，主要的是「卦辭」表達的是此卦的總體觀念，「爻辭」才是行動指導；有時候卦中六爻的狀況差異很大，所以斷卦仍以符號為主，「爻辭」、「卦辭」為輔。

04在演卦的過程中發現，演卦不是單純的彼此關係，也有群己的關係，所以有的單來獨往，有的合縱連橫，有的用虛，有的用實。所以應爻有時候並不是解卦的關鍵，甚至內外卦整體互動關係更勝本應爻的關係。例如，在「爻辭」中出現最多的「无咎」，就是說明內外卦之間的關係。

05「每爻的推廣「結論」」僅供參考，並非本書之重點。筆者一再強調，寫這本書的目的，主要是訓練邏輯思考的能力，藉此訓練，達到多面向思考問題，以期處事更周詳，生命更圓融。

上經

䷀（上乾下乾）乾　爲天　01

卦辭：乾：元，亨，利，貞。

卦辭：乾卦象徵天：元始，亨通，利有，正固等四德俱全。

彖曰：大哉乾元！萬物資始，乃統天。雲行雨施，品物流形。大明終始，六位時成，時乘六龍以御天。乾道變化，各正性命，保合太和，乃利貞。首出庶物，萬國咸寧。

彖傳：多偉大的創始！萬物依賴春陽開始萌生，它統領著天（大自然）循環的開始。夏天雲朵飄行霖雨降落，各種物類流布成形。秋陽往復運行，就像乾卦六個爻位按不同時序排列，陽氣按時乘著六條龍駕御天（大自然）。大自然運行變化來到冬天，萬物各自靜定精神，保全凝藏太和元氣，乃能利於守持正固。周而復始出生萬物，萬國生民得以安寧。

象曰：（乾爲天）天行健，君子以自強不息。

象傳：天（大自然）的運行剛強勁健，君子以此不停的自我奮發圖強。

衍義：天、剛健、陽剛、爲君之道、自強、自強不息。

爻辭：初九，潛龍，勿用。象曰：「潛龍勿用」，陽在下也。

爻辭：初九，（初往阻）沉潛中的「龍」；暫不施展才用。象傳說：「潛龍勿用」，陽氣初生居位低下。

命題：初九陽剛健實。★初位無爲無咎。★初陽＊四陽不應。

分析：⑴相對立場的外卦三陽皆實來阻；初在地位之下，前有五陽爲阻；初往阻，所以初「潛」、「勿用」、「陽在下也」。⑵「龍」者，能也；泛指陽爻有實也。

結論：※維持現狀：等待時機。※前往：動則得咎。

演式：

天1　上九 ██████▽上來阻，上五四來阻。

天3　九五 ██████

人5　九四 ██████＊四來阻（四不能來而來）／四往阻（四不能往而往）。

人6　九三 ██████

地4　九二 ██████

地2　初九 ██████★初往阻，初二三往阻。

爻辭：九二，見龍在田，利見大人。象曰：「見龍在田」，德施普也。

爻辭：九二，（二往阻）「龍」出現田間，利於出現大人。象傳說：「見龍在田」，美德廣施普遍四方。

命題：九二陽剛健實。★二位多譽。★二陽＊五陽不應。

分析：相對立場的外卦三陽皆實來阻；雖然二往阻，但二在地位之上，所以二「見（現）龍在田，利見（現）大人」。

結論：※維持現狀：漸入佳境。　※前往：動則得咎。

演式：

天1　上九 ■■■■■▽上來阻，上五四來阻。

天3　九五 ■■■■■＊五來阻／五往阻。

人5　九四 ■■■■■

人6　九三 ■■■■■

地4　九二 ■■■■■★二往阻／二來阻。

地2　初九 ■■■■■△初往阻，初二三往阻。

爻辭：九三，君子終日乾乾，夕惕若，厲无咎。

象曰：「終日乾乾」，反復道也。

爻辭：九三，（三往來皆阻）君子整天健強振作不已，到了晚上還時時警惕，即使面臨險境也不會有過失。 象傳說：「終日乾乾」，反復行道維持現狀。

命題：九三陽剛健實。★三位多凶無咎。★三陽＊上陽不應。

分析：⑴三往來皆阻，所以三「終日乾乾」、「反復道也」。⑵相對立場的外卦三陽皆實來阻，只要三不冒然前往雖「厲」「無咎」。

結論：※維持現狀：明哲保身。※前往：動則得咎。※退來：動則得咎。

演式：

天1 上九 ▇▇▇▇ ▽上來阻，上五四來阻。

天3 九五 ▇▇▇▇

人5 九四 ▇▇▇▇

人6 九三 ▇▇▇▇ ★三往阻／三來阻。

地4 九二 ▇▇▇▇

地2 初九 ▇▇▇▇ △初往阻，初二三往阻。

爻辭：九四，或躍在淵，无咎。象曰：「或躍在淵」，進无咎也。

爻辭：九四，（四不能往來而往來）或騰躍前往，或退來在淵，沒有過失。 象傳說：「或躍在淵」，前往不會有過失。

命題：九四陽剛健實。★四位多懼有咎。★四陽＊初陽不應。

分析：(1)相對立場的內卦三陽皆實往阻；四來阻，四不能來而來，四退來「在淵」。(2)雖然四往阻，但四五上同在外卦，立場相同，所以四不能往而往「或躍」、「進無咎也」。

說明：(3)四往阻何以「進無咎」？陽居四位多懼有咎，顯示四位對陽爻的不利。四退來還要面臨相對立場內卦三陽的阻力；如果四往，四五上同在外卦，立場相同，放手一搏或有改善現況的機會。在動靜都有疑慮的情況下，四往總比處在四位有利。正所謂靜（居四）、前往（或躍）、退來（在淵）三權相害取其輕。所以四前往「進無咎也」。

結論：※維持現狀：處境困難。※前往：困而反則。 ※退來：動則得咎。

演式：

天1　上九 ■■■■■▽上來阻，上五四來阻。

天3　九五 ■■■■■

人5　九四 ■■■■■★四來阻（四不能來而來）／四往阻（四不能往而往）。

人6　九三 ■■■■■

地4　九二 ■■■■■

地2　初九 ■■■■■＊初往阻，初二三往阻。

爻辭：九五，飛龍在天，利見大人。象曰：「飛龍在天」，大人造也。

爻辭：九五，（五來阻）「龍」飛上天，利於出現大人。象傳說：「飛龍在天」，大人奮起大展雄才。

命題：九五陽剛健實。★五位多功。★五陽＊二陽不應。

分析：相對立場的內卦三陽皆實往阻；雖然五來阻，不過五在天位之下，下有四陽撐起，所以五「在天」、「利見（現）大人」。

結論：※維持現狀：漸入佳境。※前來：動則得咎。

演式：

天1　上九 ■■■■▽上來阻，上五四來阻。

天3　九五 ■■■■★五來阻／五往阻。

人5　九四 ■■■■

人6　九三 ■■■■

地4　九二 ■■■■＊二往阻／二來阻。

地2　初九 ■■■■△初往阻，初二三往阻。

　　爻辭：上九，亢龍，有悔。象曰：「亢龍有悔」，盈不可久也。

　　爻辭：上九，（上來阻）「龍」飛至亢極，終有所悔恨。象傳說：「亢龍有悔」，剛強過甚不久必衰。

　　命題：上九陽剛健實。★上位亢極有咎。★上陽＊三陽不應。

　　分析：相對立場的內卦三陽皆實往阻；上來阻，上在天位之上，下有五陽，所以上「亢」、「有悔」、「盈不可久也」。

　　結論：※維持現狀：明哲保身。※前來：動則得咎。

演式：

天1　上九 ■■■★上來阻，上五四來阻。
天3　九五 ■■■
人5　九四 ■■■
人6　九三 ■■■＊三往阻／三來阻。
地4　九二 ■■■
地2　初九 ■■■△初往阻，初二三往阻。

　　用九，見群龍无首，吉。象曰：「用九」，天德不可爲首也。

　　用九：出現一群沒有首領的龍群。象傳說：「用九」，天（大自然）的美德不自居首。

　　說明：(1)六爻皆有實，反成「見群龍無首」時勢尚未穩定的局面，正是發揮陽德之際，所以言「吉」。(2)時勢常有變，如何「用九」？時濟，發揮陽動之德；時窮，自我充實以待時。

☰☰（上坤下坤）坤　爲地　　02

卦辭：坤：元，亨，利牝馬之貞。君子有攸往，先迷，後得主利。西南得朋，東北喪朋。安貞吉。

卦辭：坤卦象徵地：元始，亨通，利於像雌馬一樣守持正固。君子有所前往，如果搶在君子之先前往必然迷入歧途，要是跟隨君子之後會有人作主有所利益。往西南得到朋友，往東北喪失朋友。安順守持正固可獲吉祥。

彖曰：至哉坤元！萬物資生，乃順承天。坤厚載物，德合无疆；含弘光大，品物咸亨。牝馬地類，行地无疆；柔順利貞。君子攸行，先迷失道，後順得常。西南得朋，乃與類行；東北喪朋，乃終有慶。安貞之吉，應地无疆。

彖傳：美德至極啊！大地創始萬物，萬物依靠它成長，並順從稟承天（大自然）的轉變。地體渾厚普載萬物，德行廣合久遠无疆；大地含育萬物使之發揚光大，亨通暢達普受滋養。雌馬是地面上的動物，馳騁在無邊的大地上；雌馬柔和溫順利在守持正固。君子有所前往，如果搶在君子之先前往必然迷入歧途偏離正道，要是跟隨君子之後就能福慶久長。往西南得到朋友，可以和朋類共赴前往；往東北將喪失朋友，但最終還是有喜慶福祥。安順守持正固的吉祥，正應合大地的美德永保無疆。

象曰：（坤爲地）地勢坤；君子以厚德載物。

象傳：大地的氣勢寬厚和順；君子效法其寬厚和順，容載萬物的美德。

衍義：地、靜以陰柔、地的包容、爲臣之道、厚重、溫順、厚德載物。

爻辭：初六，履霜，堅冰至。 象曰：「履霜堅冰」，陰始凝也；馴致其道，至堅冰也。

爻辭：初六，（初承阻無陽依附不能往，前有五陰對初而言）白霜到了，堅冰即將到來。 象傳說：「履霜堅冰」，陰氣剛開始凝積；順沿大自然的規律，直到堅冰到來。

命題：初六陰柔順虛。★初位無為有咎。★初陰＊四陰不應。

分析：(1)相對立場的外卦三陰皆虛無來象；初承阻無陽依附不能往，對初而言「履霜」。(2)初陰虛在地位之下，前有五陰，所以對初而言循著陰虛之道發展「馴致其道，至堅冰也」。

結論：※維持現狀：明哲保身。※前往：動則得咎。

演式：

天1　上六 ■■ ■■◎上乘阻，上五四來阻。

天3　六五 ■■ ■■

人5　六四 ■■ ■■＊四乘阻／四承阻。

人6　六三 ■■ ■■

地4　六二 ■■ ■■

地2　初六 ■■ ■■★初承阻，初二三承阻。

爻辭：六二，直方大，不習无不利。象曰：六二之動，直以方也；「不習无不利」，地道光也。

爻辭：六二，（二承阻無陽依附不能往）正直、端方、宏大，不學習也未必不獲利。象傳說：六二的變動，趨向正直端方；「不習无不利」，是大地的柔順之道發出光芒。

命題：六二陰柔順虛。★二位多譽。★二陰＊五陰不應。

分析：(1)相對立場的外卦三陰皆虛無來象；二承阻無陽依附不能往。(2)然而二在地位之上，所以對二而言「直方大，不習無不利」、「地道光也」。

說明：(3)所謂「六二之動」，由原本的初位陰爻，變為二位陰爻；由地下升至地上，即「地道光也」。初與二同在內卦，屬於內部的變動，而非向外發展。

結論：※維持現狀：漸入佳境。※前往：動則得咎。

演式：

天1　上六 ▇▇ ▇▇◎上乘阻，上五四來阻。

天3　六五 ▇▇ ▇▇＊五乘阻／五承阻。

人5　六四 ▇▇ ▇▇

人6　六三 ▇▇ ▇▇

地4　六二 ▇▇ ▇▇★二承阻／二乘阻。

地2　初六 ▇▇ ▇▇◎初承阻，初二三承阻。

爻辭：六三，含章可貞；或從王事，无成有終。象曰：「含章可貞」，以時發也；「或從王事」，知光大也。

爻辭：六三，（三退來）蘊含剛美章彩，可以守持正固；（三承阻無陽依附不能往）或輔助君王的事業，成功不歸己有，謹守臣職至終。象傳說：「含章可貞」，三待時發揮作用；「或從王事」，三的智慧光大恢弘。

命題：六三陰柔順虛。★三位多凶有咎。★三陰＊上陰不應。

分析：(1)雖然三乘阻無陽依附不能來，但三二初同在內卦，立場相同，三退來「含章可貞」。(2)相對立場的外卦三陰皆虛無來象；三承阻無陽依附不能往，只要三不冒然前往「或從王事，無成有終」。

説明：(3)何以三乘阻無陽依附，卻是三退來「含章可貞」？三多凶有咎，顯示三位對陰爻的不利。動靜都有疑慮的情況下，三二初同在內卦，立場相同，三退來「可貞」重新佈局；或三維持現狀「從王事」明哲保身。(4)雖然相對立場的外卦三陰皆虛無來象，但不用考慮前往的問題；因爲三本身陰虛無實無陽依附，不具前往的條件。

結論：※維持現狀：處境困難。※前往：動則得咎。 ※退來：困而反則。

演式：

天1　上六 ▇▇ ▇▇ ＊上乘阻，上五四來阻。
天3　六五 ▇▇ ▇▇
人5　六四 ▇▇ ▇▇
人6　六三 ▇▇ ▇▇ ★三承阻／三乘阻（三不能來而來）。
地4　六二 ▇▇ ▇▇
地2　初六 ▇▇ ▇▇ ◎初承阻，初二三承阻。

爻辭：六四，括囊，无咎无譽。象曰：「括囊无咎」，慎不害也。

爻辭：六四，（四承乘皆阻無陽依附不能往來）就像束緊囊口一般，沒有過失也不求贊譽。 象傳說：「括囊无咎」，四小心謹慎才不會有禍患。

命題：★六四陰柔順虛。四位多懼無咎。★四陰＊初陰不應。

分析：(1)相對立場的內卦三陰皆虛無往象；四乘阻無陽依附不能往來，四已在外卦，對四而言沒有必要退來，只要不貿然退來「無咎」。(2)四無往，所以四「無譽」。(3)四明哲保身，無有作爲「括囊無咎」。

結論：※維持現狀：明哲保身。※前往：動則得咎。 ※退來：動則得咎。

演式：

天1　上六 ■■ ■■◎上乘阻，上五四來阻。

天3　六五 ■■ ■■

人5　六四 ■■ ■■★四乘阻／四承阻。

人6　六三 ■■ ■■

地4　六二 ■■ ■■

地2　初六 ■■ ■■＊初承阻，初二三承阻。

爻辭：六五，黃裳，元吉。象曰：「黃裳元吉」，文在中也。

爻辭：六五，（五乘阻無陽依附不能來）黃色裙裳，至爲吉祥。 象傳說：「黃裳元吉」，五內涵文彩守持中道。

命題：六五陰柔順虛。★五位多功。★五陰＊二陰不應。

分析：相對立場的內卦三陰皆虛無往象；五乘阻無陽依附不能來，五在天位之下，對五而言「黃裳元吉」、「文在中也」。

結論：※維持現狀：漸入佳境。※前來：動則得咎。

演式：

天1　上六 ■■ ■■◎上乘阻，上五四來阻。

天3　六五 ■■ ■■★五乘阻／五承阻。

人5　六四 ■■ ■■

人6　六三 ■■ ■■

地4　六二 ■■ ■■＊二承阻／二乘阻。

地2　初六 ■■ ■■◎初承阻，初二三承阻。

012

爻辭：上六，龍戰于野，其血玄黃。象曰：「龍戰于野」，其道窮也。

爻辭：上六，（上乘阻無陽依附不能來）純陰亢極即將面臨與陽「龍」剛柔接應的局面，流出青黃相雜的鮮血。 象傳說：「龍戰于野」，純陰之道已經發展窮盡。

命題：上六陰柔順虛。★上位亢極無咎。★上陰＊三陰不應。

分析：相對立場的內卦三陰皆虛無往象；上乘阻無陽依附不能來，上在天位之上亢極，對上而言「龍戰于野」、「其道窮」。

結論：※維持現狀：明哲保身。※前來：動則得咎。

演式：

天1　上六 ■■ ■■ ★上乘阻，上五四乘阻。
天3　六五 ■■ ■■
人5　六四 ■■ ■■
人6　六三 ■■ ■■ ＊三承阻／三乘阻。
地4　六二 ■■ ■■
地2　初六 ■■ ■■ ◎初承阻，初二三承阻。

用六，利永貞。象曰：用六「永貞」，以大終也。

用六，利於永久守持正固。 象傳說：用六「永貞」，陰柔以返回剛大為歸宿。

説明：(1)如何「用六」？「利永貞」，陰爻無陽依附不能往來，此時正是發揮陰德，利於守持正固。(2)時勢變化就是陰變陽爻；任何變化都是一種「契機」，但是「危機」還是「轉機」？還要觀察變化的結果定採取適宜的作為。

䷂（上坎下震）水雷 屯　　03

卦辭：屯：元亨，利貞；勿用有攸往，利建侯。

卦辭：屯卦象徵初生：至為亨通，利於守持正固；不宜有所前往，利於建立諸侯。

象曰：屯，剛柔始交而難生；動乎險中，大亨貞。雷雨之動滿盈，天造草昧，宜建侯而不寧。

象傳：屯卦，陽剛陰柔開始相交而萌生艱難；變動在危險中發展，亨通但要守持正固。雷雨交作充盈天地，正是大自然造作萬物於草冥昧之初，應建立治理天下之志業，不可安居無所事。

象曰：（上水下雷）雲雷，屯；君子以經綸。

象傳：雲雷交動，象徵初生；在局勢初創之際，君子努力經略天下大事。

衍義：初生、孕育、充滿、萬物創始、生機萌生、萌芽、充滿生的艱難、混沌、屯難、艱難、經綸建始。

爻辭：初九，磐桓，利居貞，利建侯。象曰：雖磐桓，志行正也；以貴下賤，大得民也。

爻辭：初九，（初往四，初能往而不往）徘徊流連，（初能往四而不往）利於靜居守持正固，（初往）利於建立諸侯的事業。　象傳說：雖然徘徊流連，但心志行為能保持端正；身分尊貴卻下居卑位，初大得民心。

命題：初九陽剛健實。★初位無為無咎。★初陽＊四陰相應。

分析：(1)雖然初往四，初與四同在外卦，立場相同，陰陽相應，初往「利建侯」。(2)雖然相對立場的四承五不能往，但四隨五往上已經離開四位，以致初能往四而不往，所以初「利居貞」。(3)初往四，或初能往四而不往，所以初「磐桓」。(4)由於四隨五往上，以致初能往四而不往，所以初「以貴下賤，大得民也」。

說明：(5)初往四，初有實力以及機運；但四隨五往上，最終目標還是未能達成。

結論：※維持現狀：等待時機。※前往：動則得咎。

演式：

天1　上六 ■■ ■■◎上乘五，上隨五來二（上能隨五來二而不來）。

天3　九五 ■■■■■

人5　六四 ■■ ■■＊四乘阻／四承五，四隨五往上。

人6　六三 ■■ ■■

地4　六二 ■■■■■

地2　初九 ■■■■■★初往四（初能往四而不往）。

爻辭：六二，屯如，邅如。乘馬班如，匪寇婚媾；女子貞不字，十年乃字。象曰：六二之難，乘剛也；「十年乃字」，反常也。

爻辭：（二承阻無陽依附不能往）草創之時多麼艱難，彷徨不前。（五來二，五來）遠來乘馬班列，（五來對二而言）並非強寇而是聘求婚姻者；（二乘初）女子守持正固不急出嫁，久待十年才締結良緣。象傳說：六二難行不進，是由於陰柔乘凌陽剛之上；「十年乃字」，違反常理。

命題：六二陰柔順虛。★二位多譽。★二陰＊五陽相應。

分析：(1)二承阻無陽依附不能往，二又受到初的牽制，所以二「屯如，邅如」。(2)相對立場的五來二，二與五同在內卦，立場相同，陰陽相應，五來「乘馬班如」，對二而言「匪寇婚媾」。(3)不過五來二，五又往上，以致五能來二而不來。(4)二乘初，二「女子貞不字」、「乘剛」、「反常」。

說明：(5)二乘初，二依附初，並沒有離開二位。

結論：※維持現狀：穩健發展。※前往：動則得咎。

演式：

天1　上六 ▇▇ ▇▇ ◎上乘五，上隨五來二（上能隨五來二而不來）。

天3　九五 ▇▇▇ ＊五來二（五能來二而不來）／五往上。

人5　六四 ▇▇ ▇▇

人6　六三 ▇▇ ▇▇

地4　六二 ▇▇ ▇▇ ★二承阻／二乘初。

地2　初九 ▇▇▇ △初往二（初能往四而不往）。

　　爻辭：六三，即鹿无虞，惟入于林中；君子幾不如舍，往吝。象曰：「即鹿无虞」，以從禽也；君子舍之，往吝窮也。

　　爻辭：六三，（三承阻無陽依附不能往）追逐山鹿沒有虞人引導，空入茫茫林海中；（初能往四而不往）過往不如捨棄不逐，要是一意前往必有憾惜。象傳說：「即鹿无虞」，貪戀追捕禽獸；君子捨棄不逐，一意往前追逐必有憾惜，終致窮困。

　　命題：六三陰柔順虛。★三位多凶有吝。★三陰＊上陰不應。

　　分析：(1)三承阻無陽依附不能往，三又受到初往的牽制，三不能跟著外卦四隨五往上，對三而言「即鹿無虞」。(2)初能往四而不往，所以初「君子幾不如舍」、「君子舍之」。(3)如果初有所行動「往吝」、「往吝窮也」。

　　說明：(4)三陰虛無實何以言「君子」、「往吝」？非指三，係指初，三與初同在內卦，立場相同；「君子幾不如舍」；「幾」，指初往超過了三，所以初能往四而不往「不如舍」。但本爻的重點是：三受到初往的牽制，三不能跟著外卦四隨五往上，即三承阻無陽依附不能往。(5)《易經》言「君子」、「大人」者係指陽爻。

　　結論：※維持現狀：處境困難。※前往：動則得吝。　※退來：動則得吝。

演式：

天1　上六　▆▆ ▆▆　＊上乘五，上隨五來二（上能隨五來二而不來）。
天3　九五　▆▆▆▆▆
人5　六四　▆▆ ▆▆
人6　六三　▆▆ ▆▆　★三承阻／三乘阻。
地4　六二　▆▆▆▆▆
地2　初九　▆▆ ▆▆　△初往三（初能往四而不往）。

爻辭：六四，乘馬班如，求婚媾；往吉，无不利。象曰：求而往，明也。

爻辭：六四，（初往四）乘馬班列，（初往對四而言）欲求婚配；（四隨五往上，四）前往必獲吉祥，無所不利。　象傳說：有求於上而前往，四是明智的。

命題：六四陰柔順虛。★四位多懼無咎。★四陰＊初陽相應。

分析：(1)相對立場的初往四，初與四同在外卦，立場相同，陰陽相應，初往對四而言「乘馬班如，求婚媾」。(2)雖然四承五不能往，但四隨五往上，四「往吉，無不利」、「求而往，明也」。

說明：(3)「乘馬班如」者係指初往四；「往吉」者係指四隨五往上，非指初往。(4)四依附五往上「求而往，明也」；如果四下求應初，初何以「磐桓」（初九爻辭）？

結論：※維持現狀：等待時機。※前往：漸入佳境。※退來：動則得咎。

演式：

天1　上六 ■■ ■■◎上乘五，上隨五來二（上能隨五來二而不來）。

天3　九五 ■■ ■

人5　六四 ■■■■★四乘阻／四承五，四隨五往上。

人6　六三 ■■■

地4　六二 ■■ ■

地2　初九 ■■ ■＊初往四（初能往四而不往）。

爻辭：九五，屯其膏。小，貞吉；大，貞凶。 象曰：「屯其膏」，施未光也。

爻辭：九五，（五往上）初創艱難以積蓄膏澤。以示其小，守持正固可獲吉祥；（五來二）以顯示其勢力剛大，（五來還要防範初往四，五）守持正固以防凶險。 象傳說：「屯其膏」，五德行尚未光大。

命題：九五陽剛健實。★五位多功。★五陽＊二陰相應。

分析：(1)五往上，五示「小」。(2)五來二，五來示「大」。(3)雖然五來二，五與二同在內卦，立場相同，陰陽相應；但五來二反而要防範初往四的威脅，以致五能來二而不來，所以五來「大，貞凶」。(4)五往上「屯其膏」、「小，貞吉」。

說明：(5)五往上，五親比上，並沒有離開五位。

結論：※維持現狀：穩健發展。※前來：動則得咎。

演式：

天1　上六 ■■ ■■◎上乘五，上隨五來二（上能隨五來二而不來）。

天3　九五 ■■■★五來二（五能來二而不來）／五往上。

人5　六四 ■■ ■

人6　六三 ■■ ■＊二承阻／二乘初。

地4　六二 ■■ ■

地2　初九 ■■■△初往四（初能往四而不往）。

　　爻辭：上六，乘馬班如，泣血漣如。象曰：「泣血漣如」，
何可長也？

　　爻辭：（上隨五來二，上來）乘馬班列欲求偶，（上能隨五
來二而不來）傷心泣血淚橫流。象傳說：「泣血漣如」，上怎會
長久如此？（上不會長久如此）

　　命題：上六陰柔順虛。★上位亢極無咎。★上陰＊三陰不
應。

　　分析：(1)雖然上乘五不能來，但上隨五來二，上來「乘馬班
如」。(2)不過初往四，以致上能隨五來二而不來，所以上「泣血
漣如」。(3)最終相對立場的初能往四而不往；上乘五，所以上
「何可長也」？

　　說明：(4)上乘五，上依附五，並沒有離開上位；五能來二而
不來，以致上能隨五來二而不來。

　　結論：※維持現狀：漸入佳境。※前來：動則得咎。

演式：

天1　上六 ■■ ■■◎上乘五，上隨五來二（上能隨五來二而不來）。

天3　九五 ■■■■

人5　六四 ■■ ■■

人6　六三 ■■ ■■＊三承阻／三乘阻。

地4　六二 ■■ ■■

地2　初九 ■■■■△初往四（初能往四而不往）。

≣（上艮下坎）山水 蒙 04

卦辭：蒙：亨。匪我求童蒙，童蒙求我；初筮告，再三瀆，瀆則不告。利貞。

卦辭：蒙卦象徵蒙稚：亨通。並非我強求幼童接受啓發蒙稚，而是幼童需要啓發蒙稚有求於我；初次學子像求筮一樣虔誠請問，我施以教誨，接二連三提相同的問題態度不敬，不敬就不予施教。利於守持正固。

象曰：蒙，山下有險，險而止，蒙。「蒙，亨」，以亨行時中也。「匪我求童蒙，童蒙求我」，志應也。「初筮告」，以剛中也；「再三瀆，瀆則不告」，瀆蒙也。蒙以養正，聖功也。

象傳：蒙稚，山下有險阻，遇險止步，就像蒙稚的現象。「蒙，亨」，要亨通啓蒙之道必須把握適中的時機。「匪我求童蒙，童蒙求我」，雙方志趣相應。「初筮告」，對應的啓蒙的老師剛健行爲適中；「再三瀆，瀆則不告」，童蒙的受教態度不敬。蒙昧的時候要培養純正的品德學養，這是造就聖人的成功方式。

象曰：（上山下水）山下出泉，蒙；君子以果行育德。

象傳：山下流出泉水，象徵啓發蒙稚；君子要堅定自己的行爲而培育美德。

衍義：蒙稚、蒙昧、幼稚、啓蒙、教育、啓發、正蒙止險。

爻辭：初六，發蒙，利用刑人，用說桎梏；以往吝。象曰：
「利用刑人」，以正法也。

爻辭：初六，（上來三，對初而言）啓發蒙稚，利於樹立典
型以教育人，使人免犯罪刑；（初能隨二往五而不往，如果初
往）要是急於前往必有憾惜。象傳說：「利用刑人」，是爲了讓
人導入正確的法則。

命題：初六陰柔順虛。★初位無爲有咎。★初陰＊四陰不
應。

分析：(1)相對立場的上來三，初與上同在內卦，立場相同；
上來對初而言「發蒙」。(2)但初承二，二來初而不往，以致初能
隨二往五而不往；如果初往「以往吝」。

說明：(3)初承二，初依附二，並未離開初位；二能往五而不
往，所以初能隨二往五而不往。(4)六四陰虛無陽依附不能往來，
四何以「發蒙」？四與上同在外卦立場相同，所以上來三，上才
有「發蒙」之理。

結論：※維持現狀：等待時機。※前往：動則得咎。

演式：

天1　上九 ■■■■ ▽上來三（上能來三而不來）。

天3　六五 ■■ ■■

人5　六四 ■■ ■■ ＊四乘阻／四承五。

人6　六三 ■■ ■■

地4　九二 ■■■■

地2　初六 ■■ ■■ ★初承二，初隨二往五（初能隨二往五而不往）。

爻辭：九二，包蒙，吉。納婦，吉；子克家。象曰：「子克家」，剛柔接也。

爻辭：九二，（二能往五而不往）包容培育一群蒙稚者，吉祥。（二來初）像納配妻室一樣，吉祥；（初承二）又像身為兒輩能治家。象傳說：「子克家」，二陽剛和初陰柔互為比附。

命題：九二陽剛健實。★二位多譽。★二陽＊五陰相應。

分析：(1)雖然二往五，二與五同在外卦，立場相同，陰陽相應；但地位陽爻能直往天位而不往，且二往又面臨上來三的威脅，以致二能往五而不往，所以二「包蒙，吉」。(2)二來初，二「納婦，吉」；初承二「子克家，剛柔接也」。

説明：(3)二來初，二親比初，並未離開二位。

結論：※維持現狀：穩健發展。※前往：動則得咎。

演式：

天1　上九 ■■■■▽上來三（上能來三而不來）。

天3　六五 ■■ ■■＊五乘阻／五承上。

人5　六四 ■■ ■■

人6　六三 ■■ ■■

地4　九二 ■■■■★二往五（二能往五而不往）／二來初。

地2　初六 ■■ ■■◎初承二，初隨二往五（初能隨二往五而不往）。

　　爻辭：六三，勿用取女；見金夫，不有躬，无攸利。**象曰**：
「勿用取女」，行不順也。

　　爻辭：六三，（上能來三而不來）不宜娶這女子；（三隨二
來初，三來）她眼中只有美貌郎君，不能反躬自省，她的行爲無
有利益。　象傳說：「勿用取女」，三行爲不順合禮節。

　　命題：六三陰柔順虛。★三位多凶有咎。★三陰＊上陽相
應。

　　分析：(1)上來三，上與三同在內卦，立場相同，陰陽相應，
上來對三而言「取女」。(2)雖然三乘二不能來，但三隨二來初，
三退來「見金夫，不有躬」；以致上能來三而不來，所以上「勿
用取女」。(3)如果上來三，而三隨二來初，所以三退來「無攸
利」、「行不順」。

　　說明：(4)三隨二來初，離開了三位，才能符合「見金夫」的
旨趣。

　　結論：※維持現狀：處境困難。※前往：動則得咎。　※退
來：動則得咎。

演式：

天1　上九 ■■■■■＊上來三（上能來三而不來）。

天3　六五 ■■ ■■

人5　六四 ■■ ■■

人6　六三 ■■ ■■★三承阻／三乘二，三隨二來初。

地4　九二 ■■■■■

地2　初六 ■■ ■■◎初承二，初隨二往五（初能隨二往五而不往）。

爻辭：六四，困蒙，吝。象曰：困蒙之吝，獨遠實也。

爻辭：六四，（四承乘皆阻無陽依附不能往來）困陷於蒙稚，有所憾惜。象傳說：困陷於蒙稚的憾惜，四獨自遠離剛健篤實。

命題：六四陰柔順虛。★四位多懼無咎。★四陰＊初陰不應。

分析：(1)上來四，四受到上來的牽制，而且四無陽依附不能來，所以對四而言「困蒙，吝」。(2)四無陽依附不能往來，所以四「困蒙之吝，獨遠實也」。

結論：※維持現狀：明哲保身。※前往：動則得咎。※退來：動則得咎。

演式：

天1　上九 ■■■■▽上來四（上能來三而不來）。

天3　六五 ■■ ■■

人5　六四 ■■ ■■★四乘阻／四承阻。

人6　六三 ■■ ■■

地4　九二 ■■■■

地2　初六 ■■ ■■＊初承二，初隨二往五（初能隨二往五而不往）。

爻辭：六五，童蒙，吉。象曰：童蒙之吉，順以巽也。

爻辭：六五，（五承上）幼童的蒙稚，吉祥。象傳說：幼童的蒙稚能獲得吉祥，是由於五恭順謙遜。

命題：六五陰柔順虛。★五位多功。★五陰＊二陽相應。

分析：⑴相對立場的二能往五而不往；五承上，所以五「童蒙，吉」、「順以巽也」。

說明：⑵五承上，五依附上，並未離開五位。

結論：※維持現狀：等待時機。※前來：動則得咎。

演式：

天1　上九 ■■■■▽上來五（上能來三而不來）。

天3　六五 ■■ ■■★五乘阻／五承上。

人5　六四 ■■ ■■

人6　六三 ■■ ■■

地4　九二 ■■■■＊二往五（二能往五而不往）／二來初。

地2　初六 ■■ ■■◎初承二，初隨二往五（初能隨二往五而不往）。

爻辭：上九，擊蒙；不利爲寇，利禦寇。象曰：利用禦寇，上下順也。

爻辭：上九，（上來三，上來）猛烈的攻擊以啓發蒙稚；（上能來三而不來）不利於像強寇般強迫施予，（反而上還要防範二往五的威脅，上）利於採用防禦強寇的方式。 象傳說：利於採用抵禦強寇的方式，就可以使上下平順和諧。

命題：上九陽剛健實。★上位亢極有咎。★上陽＊三陰相應。

分析：(1)上來三，上與三同在內卦，立場相同，陰陽相應，上來「擊蒙」。(2)雖然相對立場的三乘二不能來，但三隨二來初，已經離開三位；以致上能來三而不來，所以上「不利爲寇」。(3)另外上來三還要防範二往五的威脅，所以上「利禦寇」。(4)上能來三而不來，二能往五而不往，上與二互不侵犯，所以「上下順也」。

説明：(5)二來初，並沒有離開二位；如果上來三，二仍有往五的反擊力量。

結論：※維持現狀：明哲保身。※前來：動則得咎。

演式：

天1　上九 ▰▰ ★上來三（上能來三而不來）。

天3　六五 ▰ ▰

人5　六四 ▰ ▰

人6　六三 ▰ ▰ ＊三承阻／三乘二，三隨二來初。

地4　九二 ▰▰

地2　初六 ▰ ▰ ◎初承二，初隨二往五（初能隨二往五而不往）。

☰ （上坎下乾）水天　需　05

卦辭：需：有孚，光亨，貞吉，利涉大川。

卦辭：需卦象徵需待：心懷誠信，光明亨通，守持正固可獲吉祥，利於涉越大河。

彖曰：需，須也；險在前也，剛健而不陷，其義不困窮矣。「需，有孚，光亨，貞吉」，位乎天位，以正中也。「利涉大川」，往有功也。

彖傳：需，就是有所期待；艱難險阻正在前方，剛強健實不陷入厄境，因爲待時適宜不致路困窮途。「需，有孚，光亨，貞吉」，五居於天位，位居正中。「利涉大川」，二前往必獲成功。

象曰：（上水下天）雲上於天，需；君子以飲食宴樂。

象傳：雲氣上集於天待時降雨，象徵需待；君子有飲食需求並舉宴作樂。

衍義：需待、有所期待、耐心需待不躁進、躊躇、期待、雲雨、生活、需要、義不困窮。

爻辭：初九，需于郊，利用恆，无咎。象曰：「需于郊」，不犯難行也；「利用恆无咎」，未失常也。

爻辭：初九，（初二三往四，初往）在郊外需待，（初二三能往四而不往）利於保持恆心，不會有過失。 象傳說：「需于郊」，初不前往艱險難行之地；「利用恆无咎」，初未曾離失常理。

命題：初九陽剛健實。★初位無爲無咎。★初陽＊四陰相應。

分析：(1)雖然初往阻，但初二三往四，所以初往「需于郊」。(2)不過相對立場的四承五雖然不能往，但四隨五往上；以致初二三能往四而不往，所以初「利用恆」、「不犯難行」、「未失常也」。(3)相對立場的外卦亦不能來，所以初「無咎」。

結論：※維持現狀：等待時機。※前往：動則得咎。

演式：

天1　上六 ▆▆ ▆▆◎上乘五，上隨五來四。

天3　九五 ▆▆▆▆▆

人5　六四 ▆▆ ▆▆＊四乘初／四承五，四隨五往上。

人6　九三 ▆▆▆▆▆

地4　九二 ▆▆▆▆▆

地2　初九 ▆▆▆▆▆★初往阻，初二三往四（初二三能往四而不往）。

爻辭：九二，需于沙，小有言；終吉。象曰：「需于沙」，
衍在中也；雖小有言，以吉終也。

爻辭：九二，（二三往四，二往）在沙灘需待，（二五爭於
四，二與五）略有言語爭執；最終可獲吉祥。象傳說：「需于
沙」，二在中位；雖然略有言語爭執，但最終可獲吉祥。

命題：九二陽剛健實。★二位多譽。★二陽＊五陽不應。

分析：⑴雖然二往阻，但二三往四，二往「需于沙」
。⑵相對立場的五來四，二與五分在內外卦，立場相對，
同陽相爭於四「小有言」。⑶二三往四，二與三同在內卦
，立場相同，二用三，三有實；五來四，五用虛；所以二與五相
爭的結果，二往「終吉」。⑷二往的結果還是在內卦，二與五還
是分立在內外卦，立場還是相對。

結論：※維持現狀：漸入佳境。※前往：錦上添花。

演式：

天1　上六 ■■ ■■◎上乘五，上隨五來四。

天3　九五 ■■■■＊五來四（五能來四而不來）／五往上。

人5　六四 ■■ ■■

人6　九三 ■■■■

地4　九二 ■■■■★二往阻，二三往四／二來阻。

地2　初九 ■■■■△初往阻，初二三往四（初二三能往四而不往）。

爻辭：九三，需于泥，致寇至。象曰：「需于泥」，災在外也，自我致寇，敬慎不敗也。

爻辭：九三，（三往四）在泥灘需待，（三往將會）招致強寇到來。 象傳說：「需于泥」，三的災禍自外來，自己招致強寇，三要敬謹審慎才能避免危敗。

命題：九三陽剛健實。★三位多凶無咎。★三陽＊上陰相應。

分析：(1)三往四，三「需于泥」。(2)雖然相對立場的上乘五不能來，但上隨五來四，上來用實「寇至」；如果三往將會招致相對立場的上來，對三而言「致寇至」、「災在外」。(3)三往四，四為虛，三用虛，以致三能往四而不往，所以三「敬慎不敗」。

說明：(4)三對應的雖然是上爻，而上?五來四，上為陰虛之爻，所以外卦的主體還是五，只有五來四才是阻止三往的關鍵。

結論：※維持現狀：明哲保身。※前往：動則得咎。 ※退來：動則得咎。

演式：

天1 上六 ▉▉ ＊上乘五，上隨五來四。

天3 九五 ▉▉▉

人5 六四 ▉▉ ▉▉

人6 九三 ▉▉▉★三往四（三能往四而不往）／三來阻。

地4 九二 ▉▉▉

地2 初九 ▉▉▉△初往阻，初二三往四（初二三能往四而不往）。

爻辭：六四，需于血，出自穴。 象曰：「需于血」，順以聽也。

爻辭：六四，（四隨五往上，四往）在血泊中需待，從陷穴裡擺脫而出。 象傳說：「需于血」，四順聽時勢。

命題：六四陰柔順虛。★四位多懼無咎。★四陰＊初陽相應。

分析：(1)雖然四承五不能往，但四隨五往上，四五上皆為外卦，四往「出自穴」。(2)相對立場的內卦初二三往四，而四隨五往上，所以四往「順以聽也」。

結論：※維持現狀：明哲保身。※前往：漸入佳境。 ※退來：動則得咎。

演式：

天1　上六 ■■ ■■◎上乘五，上隨五來四。

天3　九五 ■■■■

人5　六四 ■■ ■■★四乘初／四承五，四隨五往上。

人6　九三 ■■■■

地4　九二 ■■■■

地2　初九 ■■■■＊初往阻，初二三往四（初二三能往四而不往）。

爻辭：九五，需于酒食，貞吉。象曰：「酒食貞吉」，以中
正也。

爻辭：九五，（五往上）需待於酒食，守持正固可獲吉祥。
象傳說：「酒食貞吉」，五居中得正。

命題：九五陽剛健實。★五位多功。★五陽＊二陽不應。

分析：(1)雖然相對立場的二往阻，但二三往四，二用實；五
來四，五用虛，所以五能來四而不來。(2)五往上，所以五「需于
酒食，貞吉」、「以中正也」。

說明：(3)五往上，五親比上，並沒有離開五位。

結論：※維持現狀：穩健發展。※前來：動則得咎。

演式：

天1　上六 ▰▰ ▰▰◎上乘五，上隨五來四。

天3　九五 ▰▰▰▰★五來四（五能來四而不來）／五往上。

人5　六四 ▰▰ ▰▰

人6　九三 ▰▰▰▰

地4　九二 ▰▰▰▰＊二往阻，二三往四／二來阻。

地2　初九 ▰▰▰▰△初往阻，初二三往四（初二三能往四而不往）。

　　爻辭：上六，入于穴，有不速之客三人來；敬之，終吉。象曰：不速之客來，「敬之終吉」；雖不當位，未大失也。

　　爻辭：上六，（上乘五）落入陷穴，（初二三往四）同時不請自來的三位客人來者不善；（上隨五來四，上來）恭敬相待，最終可獲吉祥。象傳說：不請自來的客人來者不善，「敬之終吉」；雖然上居位不妥當，但未遭受重大損失。

　　命題：上六陰柔順虛。★上位亢極無咎。★上陰＊三陽相應。

　　分析：(1)雖然上乘五不能來，上「入于穴」。(2)同時相對立場的內卦就會初二三往四「有不速之客三人來」。(3)但上隨五來四，上五四同在外卦，立場相同，上來「敬之，終吉」。(4)上亢極「雖不當位」；上隨五來四，上來「未大失也」，所以「終吉」。

　　說明：(5)綜合需卦六爻所示，不論四隨五往上、五往上、或者上隨五來四，皆屬外卦因應內卦變化的調度。

　　結論：※維持現狀：漸入佳境。※前來：穩健發展。

演式：

天1　上六 ■■ ■■★上乘五，上隨五來四。

天3　九五 ■■■■

人5　六四 ■■ ■■

人6　九三 ■■■■＊三往四（三能往四而不往）／三來阻。

地4　九二 ■■■■

地2　初九 ■■■■△初往阻，初二三往四（初二三能往四而不往）。

☰☵（上乾下坎）天水　訟　06

　　卦辭：訟：有孚窒惕，中吉；終凶，利見大人，不利涉大川。

　　卦辭：訟卦象徵爭訟：誠信窒塞心有惕懼，持中不偏可獲吉祥；如爭訟不休最終有凶險，利於出現大人，不利於涉越大河。

　　彖曰：訟，上剛下險，險而健，訟。「訟，有孚窒惕，中吉」，剛來而得中也。「終凶」，訟不可成也。「利見大人」，尚中正也。「不利涉大川」，入于淵也。

　　彖傳：訟，陽剛居上而險陷在下，臨險而強健，就是爭訟。「訟，有孚窒惕，中吉」，陽剛前來保持適中。「終凶」，窮極爭訟不能成功。「利見大人」，應守中持正。「不利涉大川」，恃剛前往將陷入深淵。

　　象曰：（上天下水）天與水違行，訟；君子以作事謀始。

　　象傳：天向西轉與水向東流背道而行，象徵不和睦而爭訟；君子行事先考慮初始以避免爭訟的產生。

　　衍義：爭訟、不相親、爭論、訴訟、天水違、不和、爭奪、訟險終凶。

爻辭：初六，不永所事，小有言；終吉。 象曰：「不永所事」，訟不可長也；雖小有言，其辯明也。

爻辭：初六，（初隨二往三，初往）不久纏於爭訟事端，（初與四爭於三）稍有言語爭執；（初往）最終可獲得吉祥。象傳說：「不永所事」，爭訟不可長久不停；雖然稍有言語爭執，初透過辯析可以分明。

命題：初六陰柔順虛。★初位無為有咎。★初陰＊四陽相應。

分析：(1)初與相對立場的四爭於三「小有言」。(2)雖然初承二不能往，但初隨二往三，初二三同在內卦，立場相同，初用實；四來三，四用虛；所以初往「不永所事」、「終吉」、「其辯明也」。

結論：※維持現狀：漸入佳境。※前往：穩健發展。

演式：

天1　上九 ■■■■▽上來阻，上五四來三（上五四能來三而不來）。

天3　九五 ■■■■

人5　九四 ■■■＊四來三（四能來三而不來）／四往阻。

人6　六三 ■■ ■■

地4　九二 ■■■■

地2　初六 ■■ ■■★初承二，初隨二往三。

爻辭：九二，不克訟，歸而逋，其邑人三百戶，无眚。象曰：「不克訟」，歸逋竄也；自下訟上，患至掇也。

爻辭：九二，（二能往三而不往）爭訟失利，（二來初）逃竄速歸，那是三百戶人家的小鎮，不遭禍患。象傳說：「不克訟」，逃竄速歸；二居下與尊上爭訟，二災患臨頭而又中止。

命題：九二陽剛健實。★二位多譽。★二陽＊五陽不應。

分析：(1)二與相對立場的五爭於三；雖然五來阻，但五四來三，五與四同在外卦，立場相同，五用實，五來對二而言「患至」。(2)二往三，二用虛，以致二能往三而不往「自下訟上」、「不克訟」。(3)二往爭訟失利，只好二來初，二「歸而逋」、「歸逋竄」、「掇也」。

說明：(4)二來初，二親比初，並未離開二位。(5)五來的結果還是在外卦，二與五分立內外卦，立場相對，所以五來對二而言「患至」。

結論：※維持現狀：穩健發展。※前往：動則得咎。

演式：

天1　上九 ██████▽上來阻，上五四來三（上五四能來三而不來）。

天3　九五 ██████＊五來阻，五四來三／五往阻。

人5　九四 ██████

人6　六三 ███ ██

地4　九二 ██████★二往三（二能往三而不往）／二來初。

地2　初六 ███ ███◎初承二，初隨二往三。

爻辭：六三，食舊德，貞厲，終吉；或從王事，无成。象曰：「食舊德」，從上吉也。

爻辭：六三，（三隨二來初，三來）安享舊日的德業，守持正固以防危險，最終獲得吉祥；（三承上）或輔助君王的事業，功成不歸己有。象傳說：「食舊德」，三順從陽剛尊上可獲吉祥。

命題：六三陰柔順虛。★三位多凶有咎。★三陰＊上陽相應。

分析：(1)相對立場的外卦上五四來三，所以三承上「或從王事，無成」。(2)雖然三乘二不能來，但三隨二來初，三二初同在內卦，立場相同，三退來「食舊德，終吉」、「從上吉也」。

説明：(3)三隨二來初，三退來「終吉」，但三何以還要「貞厲」？因為立場相對的外卦三陽有實，雖然三可以退來，三還是要「貞厲」。

結論：※維持現狀：處境困難。※前往：動則得咎。 ※退來：等待時機。

演式：

天1　上九　■■■■＊上來阻，上五四來三（上五四能來三而不來）。

天3　九五　■■■■

人5　九四　■■■■

人6　六三　■■　■■★三承上／三乘二，三隨二來初。

地4　九二　■■■■

地2　初六　■■　■■◎初承二，初隨二往三。

爻辭：九四，不克訟；復即命，渝，安貞吉。象曰：「復即命，渝」，安貞不失也。

爻辭：九四，（四能來三而不來）爭訟失利，回歸正理，改變爭訟的想法，安順守持正固可獲吉祥。象傳說：「復即命，渝」，四安順守持正固不會有所損失。

命題：九四陽剛健實。★四位多懼有咎。★四陽＊初陰相應。

分析：(1)四與相對立場的初爭於三；雖然初承二不能往，但初隨二往三，初二三同在內卦，立場相同，初用實；而四來三，四用虛，以致四能來三而不來，所以四「不克訟；復即命，渝，安貞吉」、「不失也」。

結論：※維持現狀：處境困難。※前往：動則得咎。 ※退來：動則得咎。

演式：

天1　上九 ▆▆▆▆▽上來阻，上五四來三（上五四能來三而不來）。

天3　九五 ▆▆▆▆

人5　九四 ▆▆▆▆★四來三（四能來三而不來）／四往阻。

人6　六三 ▆▆ ▆▆

地4　九二 ▆▆▆▆

地2　初六 ▆▆ ▆▆＊初承二，初隨二往三。

爻辭：九五，訟，元吉。象曰：「訟，元吉」，以中正也。

爻辭：九五，（五隨四來三，五來）爭訟，至爲吉祥。 象傳說：「訟，元吉」，五居中持正。

命題：九五陽剛健實。★五位多功。★五陽＊二陽不應。

分析：(1)五與相對立場的二爭於三；雖然五來阻，但五四來三，五與四同在外卦，立場相同，五用實，所以五來「訟，元吉」、「以中正也」。(2)而二往三，二用虛，以致二能往三而不往，所以二「不克訟」；二來初，二「歸而逋」（六二爻辭）。

說明：(4)一般往來吉者，多以「終吉」爲斷；而陽居五位得中至正，自立基點就爲吉詳，所以「元吉」更勝「終吉」。

結論：※維持現狀：漸入佳境。※前來：錦上添花。

演式：

天1　上九 ■■■■■▽上來阻，上五四來三（上五四能來三而不來）。

天3　九五 ■■■■■★五來阻，五四來三／五往阻。

人5　九四 ■■■■■

人6　六三 ■■ ■■

地4　九二 ■■■■■＊二往三（二能往三而不往）／二來初。

地2　初六 ■■ ■■◎初承二，初隨二往三。

爻辭：上九，或錫之鞶帶；終朝三褫之。象曰：以訟受服，亦不足敬也。

爻辭：上九，（上來阻）偶然被賞賜有腰帶的顯貴服飾；（如果上來反而）會在一天內被三次剝奪。象傳說：上因為爭訟而受賜官祿，這也不值得尊敬。

命題：上九陽剛健實。★上位亢極有咎。★上陽＊三陰相應。

分析：(1)上來阻，上「或錫之鞶帶」。(2)如果上五四來三，上來「終朝三褫之」。何故？(3)因為相對立場的內卦三隨二來初，以致上五四能來三而不來「終朝三褫之」。(4)雖然相對立場的內卦不能往；但上位亢極有咎不能來，所以上「以訟受服，亦不足敬也」。

說明：(5)綜合訟卦六爻所示，不論初隨二往三、二來初，或者三隨二來初，皆屬內卦因應外卦變化的調度。

結論：※維持現狀：明哲保身。※前來：動則得咎。

演式：

天1　上九　██████★上來阻，上五四來三（上五四能來三而不來）。

天3　九五　███ ███

人5　九四　███ ███

人6　六三　███ ███＊三承上／三乘二，三隨二來初。

地4　九二　███ ███

地2　初六　███ ███◎初承二，初隨二往三。

䷆（上坤下坎）地水　師　07

卦辭：師：貞，丈人吉，无咎。

卦辭：師卦象徵兵衆：守持正固，賢明的長者統兵可獲吉祥，沒有過失。

彖曰：師，衆也；貞，正也。能以衆正，可以王矣。剛中而應，行險而順，以此毒天下而民從之，吉又何咎矣！

彖傳：師，是兵衆的意思；貞，守持正固。可以使衆多部隊堅守正道，就可以成爲王者之師。㈡剛健居中相應於尊者，履兵險之事而順合正理，憑藉這些原理法則來攻伐天下，四方百姓紛紛服從，可獲吉祥又有什麼過失呢？

象曰：（上地下水）地中有水，師；君子以容民畜衆。

象傳：地中藏聚著水源，象徵兵衆；君子以此廣容四方百姓聚養群衆。

衍義：兵衆、衆、煩憂、軍隊、戰爭、類聚、領衆、容納、容民正衆。

爻辭：初六，師出以律，否臧凶。象曰：「師出以律」，失
律凶也。

爻辭：初六，（初承二，如果初往）兵眾出發要用法律號令
來約束，軍紀不良必有凶險。 象傳說：「師出以律」，如果失
軍紀必有凶險。

命題：初六陰柔順虛。★初位無爲有咎。★初陰＊四陰不
應。

分析：(1)初承二不能往，如果初往「師出以律，否臧凶」、
「失律凶也」。

説明：(2)初承二，初依附二，並未離開初位。(3)初前往有凶
險；反之，初承二不動，自然可免凶險。(4)由於內卦陽爻能直往
天位而不往，以致二能往上而不往，所以初能隨二往上而不往。

結論：※維持現狀：等待時機。※前往：動則得咎。

演式：

天1　上六 ▉▉ ▉▉◎上乘阻，上五四乘阻。

天3　六五 ▉▉ ▉▉

人5　六四 ▉▉ ▉▉＊四乘阻（四跟著三隨二來初）／四承阻。

人6　六三 ▉▉ ▉▉

地4　九二 ▉▉▉▉▉

地2　初六 ▉▉ ▉▉★初承二，初隨二往上（初能隨二往上而不往）。

爻辭：九二，在師，中吉，无咎；王三錫命。象曰：「在師中吉」，承天寵也；「王三錫命」，懷萬邦也。

爻辭：九二，（二來初）統率兵眾，守中可獲吉祥，不會有過失；（二能往上而不往，二與五相應）君王多次加以獎賞並委以重任。 象傳說：「在師中吉」，二承受君王的寵信；「王三錫命」，五心懷萬方的志向。

命題：九二陽剛健實。★二位多譽。★二陽＊五陰相應。

分析：(1)雖然二往上，但地位陽爻能直往天位而不往，以致二能往上而不往。(2)五乘阻無陽依附不能來，五與二相應，所以五「王三錫命」，二「承天寵也」。(3)二來初，二「在師中吉」。(4)相對立場的外卦皆陰不能來，所以二來初「無咎」。

說明：(5)二來初，二親比初，並未離開二位。(6)天位的陽爻能直來內卦，內卦陽爻能直往天位而不往，是謂「天尊地卑」此例明矣。(7)卦中只有一陽爻，不論在何爻位，一定是來而不往。

結論：※維持現狀：穩健發展。※前往：動則得咎。

演式：

天1　上六 ■■ ■■◎上乘阻，上五四乘阻。

天3　六五 ■■ ■■＊五乘阻／五承阻。

人5　六四 ■■ ■■

人6　六三 ■■ ■■

地4　九二 ■■■■■★二往上（二能往上而不往）／二來初。

地2　初六 ■■ ■■◎初承二，初隨二往上（初能隨二往上而不往）。

爻辭：六三，師或輿尸，凶。象曰：「師或輿尸」，大无功
也。

爻辭：六三，（三隨二來初，三退來）戰時載運屍體歸來，
有凶險。象傳說：「師或輿尸」，三太不獲戰功了。

命題：六三陰柔順虛。★三位多凶有咎。★三陰＊上陰不
應。

分析：⑴相對立場的外卦上五四皆陰無實「尸」。⑵雖然三
乘二不能來，二陽有實「輿」，但三隨二來初，三退來「輿尸，
凶」、「大無功」，何故？相對立場的外卦既無來象，三又何必
退來？⑶「師或輿尸」，三陰居陽位有咎，或隨二來初；「或
」，選擇也。退來或不退來，動靜皆得咎所以「凶」。

結論：※維持現狀：明哲保身。※前往：動則得咎。※退
來：動則得咎。

演式：

天1　上六 ■■ ＊上乘阻，上五四乘阻。

天3　六五 ■■

人5　六四 ■■

人6　六三 ■■ ★三承阻／三乘二，三隨二來初（三能隨二來初而不來）。

地4　九二 ■■■

地2　初六 ■■ ◎初承二，初隨二往上（初能隨二往上而不往）。

爻辭：六四，師左次，无咎。象曰：「左次无咎」，未失常也。

爻辭：六四，（四跟著三隨二來初，四來）兵眾撤退暫守，不會有過失。象傳說：「左次无咎」，四不失通常變通之法。

命題：六四陰柔順虛。★四位多懼無咎。★四陰＊初陰不應。

分析：(1)雖然四乘阻無陽依附不能來，但四跟著三隨全卦惟一的陽爻二來初，四來與二同在內卦，立場相同，四退來「師左次，無咎」、「未失常也」。

說明：(2)「左」者，在本爻之下。

結論：※維持現狀：明哲保身。※前往：動則得咎。※退來：漸入佳境。

演式：

天1　上六 ■■ ■■◎上乘阻，上五四乘阻。

天3　六五 ■■ ■■

人5　六四 ■■ ■■★四乘阻（四跟著三隨二來初）／四承阻。

人6　六三 ■■ ■■

地4　九二 ■■■■■

地2　初六 ■■ ■■＊初承二，初隨二往上（初能隨二往上而不往）。

爻辭：六五，田有禽，利執言，无咎；長子帥師，弟子輿尸，貞凶。象曰：「長子帥師」，以中行也；「弟子輿尸」，使不當也。

爻辭：六五，（二有實）田中有禽獸，（二與五相應，五乘阻無陽依附不能來）利於宣告天下，不會有過失；（五不來而）委任（二來初）剛中長者可以統率兵衆，（五四跟著三隨二來初，如果五來）委任無德小子會載運屍體戰敗歸來，守持正固以防凶險。象傳說：「長子帥師」，五的行爲居中不偏；「弟子輿尸」，用人不當的結果。

命題：六五陰柔順虛。★五位多功。★五陰＊二陽相應。

分析：(1)相對立場的二有實「田有禽」。(2)五乘阻無陽依附不能來，五與二相應，所以對五而言只能「利執言」；相對立場的內卦不能往，所以五「無咎」、「以中行也」。(3)五不來任由二來初「長子帥師」。(4)如果五四跟著三隨二來初，五來任由三這個「弟子」率兵只會「輿尸」。(5)二來初，二親比初，並沒有離開二位，如果五來反而造成二往上，危及五的局面，所以五來「貞凶」、「使不當也」。

結論：※維持現狀：漸入佳境。※前來：動則得咎。

演式：

天1　上六 ■ ■◎上乘阻，上五四乘阻。

天3　六五 ■ ■★五乘阻／五承阻。

人5　六四 ■ ■

人6　六三 ■ ■

地4　九二 ■■■＊二往上（二能往上而不往）／二來初。

地2　初六 ■ ■◎初承二，初隨二往上（初能隨二往上而不往）。

　　爻辭：上六，大君有命，開國承家，小人勿用。象曰：「大
君有命」，以正功也；「小人勿用」，必亂邦也。

　　爻辭：上六，（上乘阻無陽依附不能來）君王頒發命令，封
賞有功臣民承受國家事業，但小人不可重用。象傳說：「大君有
命」，上論功定勳；「小人勿用」，用了小人必將危亂邦國。

　　命題：上六陰柔順虛。★上位亢極無咎。★上陰＊三陰不
應。

　　分析：(1)上乘阻無陽依附不能來，上「勿用」。(2)「小人」
者，三也；也就是上不來的意思，所以「勿用小人」；如果上五
四跟著相對立場的三隨二來初，上前來則「用小人」。

　　說明：(3)相對立場的內卦二能往上而不能往，如果上來反而
造成二往上，二往「必亂邦也」。(4)綜合師卦六爻所示，惟一的
九二陽爻來初，二親比初，並沒有離開二位；上五前來反而造成
二往上，危及上五的局面。

　　結論：※維持現狀：等待時機。※前來：動則得咎。

演式：

天1　上六 ■■ ■■★上乘阻，上五四乘阻。

天3　六五 ■■ ■■

人5　六四 ■■ ■■

人6　六三 ■■ ■■＊三承阻／三乘二，三隨二來初（三能隨二來初而不來）。

地4　九二 ■■■■

地2　初六 ■■ ■■◎初承二，初隨二往上（初能隨二往上而不往）。

☵ ☷（上坎下坤）水地　比　08

卦辭：比：吉。原筮，元永貞，无咎。不寧方來，後夫凶。

卦辭：比卦象徵親比：吉祥。原先筮決情意真切，在有德君長下相互親比永久守持正固，沒有過失。不安寧者多方前來比輔，緩緩來遲者有凶險。

象曰：比，吉也；比，輔也，下順從也。「原筮，元永貞，无咎」，以剛中也。「不寧方來」，上下應也；「後夫凶」，其道窮也。

象傳：比，吉祥；比，是親比的意思，下者都能順從親比於上。「原筮，元永貞，无咎」，被親比的五剛健居中。「不寧方來」，上與下者相互應合；「後夫凶」，遲緩必使親比之道窮盡。

象曰：（上水下地）地上有水，比；先王以建萬國親諸侯。

象傳：地上布滿水，水與地相親無間象徵親比；先王因此封建萬國而親近諸侯。

衍義：親比、親近、歡樂、相親、依附、親輔、互助、謀遲不寧。

爻辭：初六，有孚比之，无咎；有孚盈缶，終來有它，吉。
象曰：比之初六，有它吉也。

爻辭：初六，（五來初，五來對初而言）心懷誠信親比於君主，不會有過失；（五來初）君主的誠信如美酒充滿缶缸，最終前來親比他方群眾，吉祥。 象傳說：五來親比初六，五來親比他方群眾吉祥。

命題：初六陰柔順虛。★初位無爲有咎。★初陰＊四陰不應。

分析：(1)初承阻無陽依附不能往；但五來初，五與初同在內卦，立場相同，五來對初而言「有孚比之，無咎」。(2)五來「終來有它，吉」、「有孚盈缶」。

說明：(3)天位的陽爻能直來內卦，內卦陽爻能直往天位而不往，是謂「天尊地卑」此例明矣。

結論：※維持現狀：等待時機。※前往：動則得咎。

演式：

天1　上六 ▆▆ ▆▆ ◎上乘五，上隨五來初。

天3　九五 ▆▆▆▆▆

人5　六四 ▆▆ ▆▆ ＊四乘阻／四承五。

人6　六三 ▆▆ ▆▆

地4　六二 ▆▆ ▆▆

地2　初六 ▆▆ ▆▆ ★初承阻，初二三承阻。

爻辭：六二，比之自內，貞吉。象曰：「比之自內」，不自失也。

爻辭：六二，（五來初對二而言）從內部親比於君主，守持正固可獲吉祥。象傳說：「比之自內」，二不會自失正道。命題：六二陰柔順虛。★二位多譽。★二陰＊五陽相應。

分析：二承阻無陽依附不能往；五來初在二之內，所以五來對二而言「比之自內，貞吉」、「不自失也」。

結論：※維持現狀：穩健發展。※前往：動則得咎。

演式：

天1　上六 ■■ ■■◎上乘五，上隨五來初。

天3　九五 ■■■■＊五來初／五往上（五能往上而不往）。

人5　六四 ■■ ■■

人6　六三 ■■ ■■

地4　六二 ■■ ■■★二承阻／二乘阻。

地2　初六 ■■ ■■◎初承阻，初二三承阻。

爻辭：六三，比之匪人。象曰：「比之匪人」，不亦傷乎？

爻辭：六三，（三承乘皆阻無陽依附不能往來）親比的人行為不正當。象傳說：「比之匪人」，豈不是可悲的事嗎？

命題：六三陰柔順虛。★三位多凶有咎。★三陰＊上陰不應。

分析：三承乘皆阻無陽依附不能往來，三「比之匪人」、「不亦傷乎」。

結論：※維持現狀：處境困難。※前往：動則得咎。※退來：動則得咎。

演式：

天1　上六 ■■ ■■ ＊上乘五，上隨五來初。

天3　九五 ■■■■

人5　六四 ■■ ■■

人6　六三 ■■ ■■★三承阻／三乘阻。

地4　六二 ■■ ■■

地2　初六 ■■ ■■◎初承阻，初二三承阻。

爻辭：六四，外比之，貞吉。象曰：外比於賢，以從上也。

爻辭：六四，（四承五）在外親比於君主，守持正固可獲吉祥。象傳說：在外親比於君主，四順從於尊者。

命題：六四陰柔順虛。★四位多懼無咎。★四陰＊初陰不應。

分析：(1)相對立場的內卦皆陰無往象；四承五，所以四「外比之，貞吉」、「外比於賢，以從上也」。

說明：(2)四承五，四依附五，並沒有離開四位。

結論：※維持現狀：等待時機。※前往：動則得咎。※退來：動則得咎。

演式：

天1　上六 ■■ ■■◎上乘五，上隨五來初。

天3　九五 ■■■

人5　六四 ■■ ■■★四乘阻／四承五。

人6　六三 ■■ ■■

地4　六二 ■■ ■■

地2　初六 ■■ ■■＊初承阻，初二三承阻。

爻辭：九五，顯比；王用三驅，失前禽，邑人不誡，吉。
象曰：「顯比」之吉，位正中也；舍逆取順，失前禽也；「邑人不誡」，上使中也。

爻辭：九五，（五來初）光明無私的與人親比；就像君王田獵時三方驅圍而網張一面，（五能往上而不往）任憑前方的禽獸走失，（內卦皆陰無往象）屬下邑人也不相警備，吉祥。 象傳說：「顯比」的吉祥，五居位剛正適中；捨棄違逆取其順從者，於是任憑前方的禽獸走失；「邑人不誡」，君上使下屬保持中正之道。

命題：九五陽剛健實。★五位多功。★五陽＊二陰相應。

分析：(1)五來初，五與初同在內卦，立場相同，所以五來「顯比」。(2)五來「王用」；「三驅」指內卦三二初爻。(3)五來初，已經離開五位，以致五能往上而不往，所以五「舍（捨）逆」、「失前禽」。(4)相對立場的內卦皆陰無往象「邑人不誡」。(5)五來初，所以五來「取順」、「顯比之吉，位正中也」。

說明：(6)天位的陽爻能直來內卦，內卦陽爻能直往天位而不往，是謂「天尊地卑」此例明矣。(7)卦中只有一陽爻，不論在何爻位，一定是來而不往。

結論：※維持現狀：漸入佳境。※前來：錦上添花。

演式：

天1　上六 ▆▆ ▆▆ ◎上乘五，上隨五來初。
天3　九五 ▆▆▆▆▆ ★五來初／五往上（五能往上而不往）。
人5　六四 ▆▆ ▆▆
人6　六三 ▆▆ ▆▆
地4　六二 ▆▆ ▆▆ ＊二承阻／二乘阻。
地2　初六 ▆▆ ▆▆ ◎初承阻，初二三承阻。

爻辭：上六，比之旡首，凶。象曰：「比之旡首」，旡所終也。

爻辭：上六，（上乘五，五已來初，上）想親比的人卻已離開，有凶險。象傳說：「比之旡首」，上無所歸附。

命題：上六陰柔順虛。★上位亢極無咎。★上陰＊四陰不應。

分析：(1)雖然上乘五，但五來初，已經離開五位，所以對上而言「比之無首」。(2)相對立場的內卦皆陰無往象，上亢極有咎，無比無應，所以上「凶」、「無所終」。

說明：(3)上隨五來初，上來或有所終。

結論：※維持現狀：等待時機。※前來：穩健發展。

演式：

天1　上六 ■■ ■■★上乘五，上隨五來初。

天3　九五 ■■■■

人5　六四 ■■ ■■

人6　六三 ■■ ■■＊三承阻／三乘阻。

地4　六二 ■■ ■■

地2　初六 ■■ ■■◎初承阻，初二三承阻。

☰ （上巽下乾）風天　小畜　09

卦辭：小畜：亨；密雲不雨，自我西郊。

卦辭：小畜卦象徵小有畜聚：亨通；濃雲密布卻不降雨，雲氣升起來自我西方郊外。

彖曰：小畜，柔得位而上下應之，曰小畜。健而巽，剛中而志行，乃亨。「密雲不雨」，尚往也；「自我西郊」，施未行也。

彖傳：小畜，柔順者得位與陽剛相應，所以稱為小有畜聚。強健被畜於順遜，陽剛居中志向可以施行，所以亨通。「密雲不雨」，往上陽氣尚未聚足；「自我西郊」，陰陽交和之功才開始尚未暢行。

象曰：（上風下天）風行天上，小畜；君子以懿文德。

象傳：和風飄行天上微畜未發，象徵小有畜聚；君子以此修美文章道德以待時。

衍義：小有畜聚、蓄、畜聚甚少、小的蓄積、小的阻礙、密雲不雨、蘊藏、充拓、文建德順。

爻辭：初九，復自道，何其咎？吉。象曰：「復自道」，其義吉也。

爻辭：初九，（初二三往四，初往）恢復自身的陽動之道，有什麼過失？必有吉祥。象傳說：「復自道」，初行為適當可獲吉祥。

命題：初九陽剛健實。★初位無為無咎。★初陽＊四陰相應。

分析：⑴雖然初往阻，但初二三往四，四承上不能往；而且相對立場的外卦不能來，所以初往「復自道，吉」。

説明：⑵陽道本動，初往又恢復陽動之道，所以初往「復自道，吉」。

結論：※維持現狀：等待時機。※前往：穩健發展。

演式：

天1　上九 ▁▁▁▁▁▽上來阻，上五來四（上五能來四而不來）。

天3　九五 ▁▁▁▁▁

人5　六四 ▁▁ ▁▁＊四乘初／四承上。

人6　九三 ▁▁▁▁▁

地4　九二 ▁▁▁▁▁

地2　初九 ▁▁▁▁▁★初往阻，初二三往四。

爻辭：九二，牽復，吉。象曰：牽復在中，亦不自失也。

爻辭：九二，（二三往四，二往）被牽引又恢復陽動之道，吉祥。象傳說：被牽引恢復陽動之道又居於中位，二也不會自失陽動之道。

命題：九二陽剛健實。★二位多譽。★二陽＊五陽不應。

分析：(1)雖然二往阻，但二三往四，二與三同在內卦，立場相同，二用實；而相對立場的五來四，五用虛，以致五能來四而不來。(2)二往仍在內卦「牽復在中，亦不自失也」。(3)陽道本動，二往又恢復陽動之道，所以二往「牽復，吉」；二三往，如同三「牽」著二往。

結論：※維持現狀：漸入佳境。※前往：錦上添花。

演式：

天1　上九 ■■■■■▽上來阻，上五來四（上五能來四而不來）。

天3　九五 ■■■■＊五來四（五能來四而不來）／五往阻。

人5　六四 ■■ ■■

人6　九三 ■■■■■

地4　九二 ■■■■■★二往阻，二三往四／二來阻。

地2　初九 ■■■■△初往阻，初二三往四。

爻辭：九三，輿説輹，夫妻反目。 象曰：「夫妻反目」，不能正室也。

爻辭：九三，（三能往四而不往）車輪輻條散脱解體，結髮夫妻反目離異。 象傳說：「夫妻反目」，三不能規正妻室。

命題：九三陽剛健實。★三位多凶無咎。★三陽＊上陽相應。

分析：(1)三與相對立場的上爭於四；雖然相對立場的上來阻，但上五來四，上用實；三往四，三用虛，以致三能往四而不往，所以三「輿説（脱）輹」。(2)三能往四而不往，而四承上，所以三與四「夫妻反目」。

結論：※維持現狀：明哲保身。※前往：動則得咎。※退來：動則得咎。

演式：

天1　上九 ■■■■＊上來阻，上五來四（上五能來四而不來）。

天3　九五 ■■■■

人5　六四 ■■ ■■

人6　九三 ■■■■★三往四（三能往四而不往）／三來阻。

地4　九二 ■■■■

地2　初九 ■■■■△初往阻，初二三往四。

爻辭：六四，有孚；血去惕出，无咎。象曰：有孚惕出，上合志也。

爻辭：六四，（四承上）表現誠信；於是擺脫憂恤和惕懼，沒有過失。象傳說：表現誠信擺脫惕懼，四與陽剛尊者意志相合。

命題：六四陰柔順虛。★四位多懼無咎。★四陰＊初陽相應。

分析：雖然相對立場的內卦諸陽往四，但四承上不妄動，所以四「有孚」、「惕出，無咎」、「上合志」。

結論：※維持現狀：明哲保身。※前往：動則得咎。※退來：動則得咎。

演式：

天1　上九 ■■■■ ＊上來阻，上五來四（上五能來四而不來）。

天3　九五 ■■■■

人5　六四 ■■ ■■ ★四乘初／四承上。

人6　九三 ■■■■

地4　九二 ■■■■

地2　初九 ■■■■ ＊初往阻，初二三往四。

爻辭：九五，有孚攣如，富以其鄰。象曰：「有孚攣如」，不獨富也。

爻辭：九五，（五能來四而不來）心懷誠信而牽繫群陽，用陽剛充實增富近鄰。 象傳說：「有孚攣如」，五不獨亨自身的富實。

命題：九五陽剛健實。★五位多功。★五陽＊二陽不應。

分析：雖然相對立場的二往阻，但二三往四，二用實；而五來四，五用虛，以致五能來四而不來，所以五對內卦陽爻而言「有孚攣如，富以其鄰」、「不獨富也」。

結論：※維持現狀：漸入佳境。※前來：動則得咎。

演式：

天1　上九 ███▽上來阻，上五來四（上五能來四而不來）。

天3　九五 ███★五來四（五能來四而不來）／五往阻。

人5　六四 ██ ██

人6　九三 ███

地4　九二 ███＊二往阻，二三往四／二來阻。

地2　初九 ███△初往阻，初二三往四。

爻辭：上九，既雨既處，尚德載；婦貞厲，月幾望；君子征凶。象曰：「既雨既處」，德積載也；「君子征凶」，有所疑也。

爻辭：上九，（上五來四，上來）密雲已經降雨，直至陽剛已被蓄滿；（四承上，四）要像婦人必須守持正固以防危險，（上五能來四而不來）不要像月亮望圓而過盈；（上五來四，上來）君子若前往必遭凶險。象傳說：「既雨既處」，陽德積聚滿載；「君子征凶」，因爲上有所疑慮。

命題：上九陽剛健實。★上位亢極有咎。★上陽＊三陽不應。

分析：(1)雖然上來阻，但上五來四，上來「既雨既處」。(2)不過，上來反而造成相對立場的內卦陽爻勢力延伸至外卦，危及上空虛無實的局面，以致上五能來四而不來。(3)四承上，所以四要堅持像「婦貞厲」的立場，以避免上五來四有「月幾望」的現象；換言之，雖然上五來四同在外卦，立場相同，但如果上來「君子征凶」，所以上五能來四而不來。

結論：※維持現狀：明哲保身。※前來：動則得咎。

演式：

天1　上九 ■■■■ ▽上來阻，上五來四（上五能來四而不來）。

天3　九五 ■■■■

人5　六四 ■■ ■■

人6　九三 ■■■■ ＊三往四（三能往四而不往）／三來阻。

地4　九二 ■■■■

地2　初九 ■■■■ △初往阻，初二三往四。

☰☱（上乾下兌）天澤　履　10

卦辭：履虎尾，不咥人，亨。

卦辭：履卦象徵小心行走：小心行走在虎尾之後，猛虎不咬人，亨通。

彖曰：履，柔履剛也，説而應乎乾，是以「履虎尾，不咥人，亨」。剛中正，履帝位而不疚，光明也。

彖傳：履，柔弱者小心行走在剛大之後，以和悦應合剛健，所以說「履虎尾，不咥人，亨」。陽剛居中守正，小心踐行天子之位行爲沒有弊病，顯現光明的道德。

象曰：上天下澤，履；君子以辨上下，定民志。

象傳：上爲天，下爲澤尊卑有別，象徵小心行走；君子以此辨別上下名分，端正百姓循禮的意志。

衍義：小心行走、循禮、不敢安處、踐履、履行、運行、實踐、行爲、剛正柔順。

爻辭：初九，素履，往无咎。象曰：素履之往，獨行願也。

爻辭：初九，（初二往三，初往）樸素無華戒慎的行走，前往不會有過失。象傳說：樸素無華又戒慎的前往，初專心奉行意願。

命題：初九陽剛健實。★初位無爲無咎。★初陽＊四陽不應。

分析：(1)初與相對立場的四爭於三；雖然初往阻，但初二往三，同在內卦，立場相同，初用實，所以初往「素履」；而四來三，四用虛，以致四能來三而不來。(2)畢竟相對立場的外卦皆陽有實，初「往」必須戒慎才能「無咎」。

結論：※維持現狀：等待時機。※前往：穩健發展。

演式：

天1　上九 ■■■■▽上來阻，上五四來三。

天3　九五 ■■■■

人5　九四 ■■■■＊四來三（四能來三而不來）／四往阻。

人6　六三 ■■ ■■

地4　九二 ■■■■

地2　初九 ■■■■★初往阻，初二往三。

爻辭：九二，履道坦坦，幽人貞吉。象曰：「幽人貞吉」，中不自亂也。

爻辭：九二，（二往三，上五四皆陽對二而言看似）平易坦坦的大道，（二能往三而不往）幽靜安恬之人守持正固可獲吉祥。象傳說：「幽人貞吉」，二不自亂心中的信念。

命題：九二陽剛健實。★二位多譽。★二陽＊五陽不應。

分析：⑴二往三，且外卦上五四皆陽對二而言看似「履道坦坦」。⑵不過相對立場的外卦五雖然來阻，但五四來三，五用實；而二往三，二用虛，以致二能往三而不往。⑶最終五四能來三而不來，只要二不冒然前往，所以二「幽人貞吉，中不自亂也」。

結論：※維持現狀：漸入佳境。※前往：動則得咎。

演式：

天1　上九　▉▉▉▽上來阻，上五四來三。

天3　九五　▉▉▉＊五來阻，五四來三（五四能來三而不來）／五往阻。

人5　九四　▉▉▉

人6　六三　▉▉ ▉▉

地4　九二　▉▉▉★二往三（二能往三而不往）／二來阻。

地2　初九　▉▉▉△初往阻，初二往三。

爻辭：六三，眇能視，跛能履，履虎尾咥人，凶；武人爲于大君。象曰：「眇能視」，不足以有明也；「跛能履」，不足以與行也；咥人之凶，位不當也；「武人爲于大君」，志剛也。

爻辭：六三，（如果三往）目弱勉強遠眺，腳跛勉強遠行，行走在虎尾之後被猛虎咬噬，有凶險；（三承上）勇武的人應當效力於大人君主。象傳說：「眇能視」，不足以辨物分明；「跛能履」，不足以踏上征程；猛虎咬人的凶險，居位不適當；「武人爲于大君」，志承剛建有實的尊者。

命題：六三陰柔順虛。★三位多凶有咎。★三陰＊上陽相應。

分析：(1)三承上不能往，如果三往「眇能視，跛能履」。(2)相對立場的外卦上五四來三「虎咥人」；如果三冒然前往「履虎尾咥人，凶」。(3)三承上，所以三不冒然前往「武人爲于大君」。(4)三承上又乘初，三夾在內外卦兩股勢力往來之間，三陰居陽位又往來不得，所以三「位不當也」。

結論：※維持現狀：處境困難。※前往：動則得咎。※退來：動則得咎。

演式：

天1　上九 ███████ ＊上來阻，上五四來三。

天3　九五 ███████

人5　九四 ███████

人6　六三 ███ ███ ★三承上／三乘初。

地4　九二 ███████

地2　初九 ███████ △初往阻，初二往三。

爻辭：九四，履虎尾，愬愬。終吉。象曰：「愬愬終吉」，志行也。

爻辭：九四，（初二往三對四而言）小心行走在虎尾之後，保持恐懼謹慎。最終可獲吉祥。象傳說：「愬愬終吉」，四奉行志願。

命題：九四陽剛健實。★四位多懼有咎。★四陽＊初陽不應。

分析：(1)雖然相對立場的初往阻，但初二往三，同在內卦，立場相同；四來三，四用虛，以致四能來三而不來，如果四退來「履虎尾，愬愬」。(2)不過初二往三皆在內卦，不及外卦，只要四不貿然退來，四「終吉」。

結論：※維持現狀：處境困難。※前往：動則得咎。※退來：動則得咎。

演式：

天1　上九 ▉▉▉▉▽上來阻，上五四來三。

天3　九五 ▉▉▉▉

人5　九四 ▉▉▉▉★四來三（四能來三而不來）／四往阻。

人6　六三 ▉▉ ▉▉

地4　九二 ▉▉▉▉

地2　初九 ▉▉▉▉＊初往阻，初二往三。

爻辭：九五，夬履；貞厲。象曰：「夬履貞厲」，位正當
也。

爻辭：九五，（五四來三，五來）剛斷果決行走；（五四能
來三而不來）守持正固以防危險。 象傳說：「夬履貞厲」，五
居位正當。

命題： 九五陽剛健實。★五位多功。★五陽＊二陽不應。

分析： (1)雖然五來阻，但五四來三，五四同在外卦，立場相
同，五用實，五來「夬履」；相對立場的二往三，二用虛，以致
二能來三而不來。(2)不過五來要防範內卦的初二往三，以致五四
能來三而不來，所以五「貞厲」。

結論： ※維持現狀：漸入佳境。※前來：動則得咎。

演式：

天1　上九 ███████▽上來阻，上五四來三。

天3　九五 ███████★五來阻，五四來三（五四能來三而不來）／五往阻。

人5　九四 ███████

人6　六三 ███ ███

地4　九二 ███████＊二往三（二能往三而不往）／二來阻。

地2　初九 ███████△初往阻，初二往三。

爻辭：上九，視履考祥，其旋元吉。象曰：元吉在上，大有慶也。

爻辭：上九，（上五四來三，上來）小心行走檢視過程並考察禍福得失的徵兆，轉身下應陰柔至爲吉祥。象傳說：至爲吉祥而又高居上位，上大有福慶。

命題：上九陽剛健實。★上位亢極有咎。★上陽＊三陰相應。

分析：⑴雖然上來阻，但上五四來三，上的勢力已延伸至內卦，上來「其旋元吉」、「元吉在上，大有慶也」。⑵畢竟相對立場的內卦初二有實，所以上來三仍要謹慎的「視履考祥」。

結論：※維持現狀：明哲保身。※前來：漸入佳境。

演式：

天1　上九 ■■■■★上來阻，上五四來三。

天3　九五 ■■■■

人5　九四 ■■■■

人6　六三 ■■ ■■＊三承上／三乘初。

地4　九二 ■■■■

地2　初九 ■■■■△初往阻，初二往三。

（上坤下乾）地天　泰　11

卦辭：泰：小往大來，吉，亨。

卦辭：泰卦象徵通泰：柔小者居外而剛大者居內，吉祥，亨通。

彖曰：「泰，小往大來，吉，亨」，則是天地交而萬物通也，上下交而其志同也。內陽而外陰，內健而外順，內君子而外小人；君子道長，小人道消也。

彖傳：「泰，小往大來，吉，亨」，就是天地陰陽交合而萬物的生養之道暢通，君臣上下交合思想意志協同。陽者居內而陰者居外，剛健者居內而柔順者居外，君子居內而小人居外；於是君子之道盛長，小人之道消亡。

象曰：（上地下天）天地交，泰；后以財成天地之道，輔相天地之宜，以左右民。

象傳：天地交合，象徵通泰；君主以此裁節成就天地交通之道，輔助相贊天地生化之宜，以此保佑四方百姓。

衍義：通泰、通暢、亨通、泰平、陰陽通、和合、持盈、道長物通。

爻辭：初九，拔茅茹，以其彙；征吉。象曰：拔茅征吉，志在外也。

爻辭：初九，（初二三往四五上）拔起茅草根鬚相連，這是同類相聚所致；（初）前往可獲吉祥。象傳說：拔起茅草前往可獲吉祥，初的心志是向外進取。

命題：初九陽剛健實。★初位無爲無咎。★初陽＊四陰相應。

分析：⑴雖然初往阻，但內卦皆陽，外卦皆陰，所以初二三往四五上同在外卦，立場相同，陰陽相應；初二三往「拔」四五上「茅茹，以其彙」，所以初往「征吉」。

説明：⑶內卦陽爻能直往天位而不往，何以初能往？只因「拔茅茹，以其彙」。

結論：※維持現狀：等待時機。※前往：穩健發展。

演式：

天1　上六 ■■ ■■◎上乘阻，上五四乘三二初。

天3　六五 ■■ ■■

人5　六四 ■■ ■■＊四乘初／四承阻。

人6　九三 ■■■■

地4　九二 ■■■■

地2　初九 ■■■■★初往阻，初二三往四五上。

爻辭：九二，包荒，用馮河，不遐遺；朋亡，得尚于中行。

象曰：「包荒」、「得尚于中行」，以光大也。

爻辭：九二，（二三能往上而不往）有包括大川似的胸懷，可以準備涉越大河，（二與五相應）不會遺忘遠方的尊者；（二往來皆阻）同時不結黨營私，能夠崇尚持中的行為。象傳說：「包荒」、「得尚于中行」，二行為光明正大。

命題：九二陽剛健實。★二位多譽。★二陽＊五陰相應。

分析：⑴雖然二往阻，但二三往上，不過內卦陽爻能直往天位而不往，以致二三能往上而不往，所以二「包荒，用馮河」。⑵二與五相應「不遐遺」；且二無比「朋亡」。二與五相安無患，所以二「得尚于中行」。

說明：⑶「用馮河」；用者，準備也，尚未行。

結論：※維持現狀：漸入佳境。※前往：動則得咎。

演式：

天1　上六 ■■ ■■◎上乘阻，上五四乘三二初。

天3　六五 ■■ ■■＊五乘阻／五承阻。

人5　六四 ■■ ■■

人6　九三 ■■■■

地4　九二 ■■■■★二往阻，二三往上（二三能往上而不往）／二來阻。

地2　初九 ■■■■△初往阻，初二三往四五上。

爻辭：九三，无平不陂，无往不復；艱貞无咎，勿恤其孚，于食有福。象曰：「无往不復」，天地際也。

爻辭：九三，（如果三往）平地無不成為險陂，前往無不回復；只要艱守持正固沒有過失，不怕不取信於人，食享俸祿自有福慶。象傳說：「无往不復」，三在天地交接的邊際。

命題：九三陽剛健實。★三位多凶無咎。★三陽＊上陰相應。

分析：(1)雖然三往上，但內卦陽爻能直往天位而不往，以致三能往上而不往，所以三「艱貞」、「勿恤其孚，于食有福」。(2)如果三往「無平不陂，無往不復」。(3)相對立場的外卦皆陰無來象，所以三「無咎」。

結論：※維持現狀：明哲保身。※前往：動則得咎。※退來：動則得咎。

演式：

天1　上六 ■■ ■■ ＊上乘阻，上五四乘三二初。

天3　六五 ■■ ■■

人5　六四 ■■ ■■

人6　九三 ■■■■ ★三往上（三能往上而不往）／三來阻。

地4　九二 ■■■■

地2　初九 ■■■■ △初往阻，初二三往四五上。

爻辭：六四，翩翩，不富，以其鄰不戒以孚。象曰：「翩翩不富」，皆失實也；「不戒以孚」，中心願也。

爻辭：六四，（四乘初）連翩依附陽實，本身虛懷不富實，與近鄰不用警戒心存誠信。象傳說：「翩翩不富」，上卦陰爻都失殷實；「不戒以孚」，四有相應於下的心願。

命題：六四陰柔順虛。★四位多懼無咎。★四陰＊初陽相應。

分析：(1)四爲虛，四「翩翩不富」、「失實也」。(2)初二三往四五上，初與四同在外卦，立場相同，陰陽相應；所以初往對四而言「不戒而孚」。

結論：※維持現狀：等待時機。※前往：動則得咎。※退來：動則得咎。

演式：

天1　上六 ■■ ■■◎上乘阻，上五四乘三二初。

天3　六五 ■■ ■■

人5　六四 ■■ ■■★四乘初／四承阻。

人6　九三 ■■■■

地4　九二 ■■■■

地2　初九 ■■■■＊初往阻，初二三往四五上。

爻辭：六五，帝乙歸妹，以祉元吉。象曰：「以祉元吉」，中以行願也。

爻辭：六五，（五與二相應，五）帝乙下嫁少女，以此獲得福澤至爲吉祥。象傳說：「以祉元吉」，五居中不偏相應於下的心願。

命題：六五陰柔順虛。★五位多功。★五陰＊二陽相應。分析：(1)五乘阻無陽依附不能來；雖然二往阻，但二三往上，不過內卦陽爻能直往天位而不往，以致二三能往上而不往。(2)然而五與二相應，且皆無比；所以五「帝乙歸妹，以祉元吉」。

結論：※維持現狀：漸入佳境。※前來：動則得咎。

演式：

天1　上六 ■■ ■■◎上乘阻，上五四乘三二初。

天3　六五 ■■ ■■★五乘阻／五承阻。

人5　六四 ■■ ■■

人6　九三 ■■■■■

地4　九二 ■■■■■＊二往阻，二三往上（二三能往上而不往）／二來阻。

地2　初九 ■■■■■△初往阻，初二三往四五上。

爻辭：上六，城復于隍；勿用師，自邑告命，貞吝。象曰：「城復于隍」，其命亂也。

爻辭：上六，（外卦皆陰）城牆傾覆到枯竭的城溝裡；（上乘阻無陽依附不能來）不可出兵征戰，自修城邑頒布典誥政令，（三能往上而不往，上）守持正固以免憾惜。象傳說：「城復于隍」，上的發展已經錯亂。

命題：上六陰柔順虛。★上位亢極無咎。★上陰＊三陽相應。

分析：(1)外卦皆陰「城復于隍」。(2)上乘阻無陽依附不能來，上「勿用師，自邑告命」。(3)由於三能往上而不往，上與三分立外內卦，立場不同；如果上來「用師」，會造成三往上，反而危及上陰虛的局面；所以上「貞吝」。(4)上亢極又不能前來，所以上「其命亂也」。

結論：※維持現狀：等待時機。※前來：動則得咎。

演式：

天1　上六 ■■ ■■◎上乘阻，上五四乘三二初。

天3　六五 ■■ ■■

人5　六四 ■■ ■■

人6　九三 ■■■■＊三往上（三能往上而不往）／三來阻。

地4　九二 ■■■■

地2　初九 ■■■■△初往阻，初二三往四五上。

䷋（上乾下坤）天地　否　　12

卦辭：否之匪人，不利，君子貞；大往小來。

卦辭：否卦象徵否閉：否閉的世代人道不通，天下無利，君子守持正固；剛大者居外而柔小者居內。

彖曰：「否之匪人，不利，君子貞；大往小來」，則是天地不交而萬物不通也；上下不交而天下无邦也。內陰而外陽；內柔而外剛；內小人而外君子；小人道長，君子道消也。

象傳：「否之匪人，不利，君子貞；大往小來」，就是天地陰陽互不交合，萬物的生養之道不得暢通；君臣上下互不交合，天下離異不成邦國。陰者居內而陽者居外；柔小者居內而剛大者居外；小人居內而君子居外；小人之道盛長，君子之道消亡。

象曰：（上天下地）天地不交，否；君子以儉德辟難，不可榮以祿。

象傳：天地不相交合，象徵否閉；君子以節儉爲德避開危難，不可追求榮華以謀取祿位。

衍義：否閉、壞、阻塞、閉塞、黑暗、不調和、相違、道消。

爻辭：初六，拔茅茹，以其彙；貞吉，亨。象曰：拔茅貞吉，志在君也。

爻辭：初六，（上五四來三二初）拔起茅草根鬚相牽，這是同質類聚所致；守持正固可獲吉祥，亨通。象傳說：拔起茅草守持正固可獲吉祥，初守正不進的心志是爲君主著想。

命題：初六陰柔順虛。★初位無爲有咎。★初陰＊四陽相應。

分析：初承阻無陽依附不能往；相對立場的外卦皆陽有實，上五四來三二初，初與四同在內卦，立場相同，陰陽相應。上五四來「拔」初二三「茅茹，以其彙」，所以對初而言「貞吉，亨」。

結論：※維持現狀：等待時機。※前往：動則得咎。

演式：

天1　上九 ▇▇▇▇ ▽上來阻，上五四來三二初。

天3　九五 ▇▇▇▇

人5　九四 ▇▇▇▇ ＊四來初／四往阻。

人6　六三 ▇▇ ▇▇

地4　六二 ▇▇ ▇▇

地2　初六 ▇▇ ▇▇ ★初承阻，初二三承四五上。

068

爻辭：六二，包承，小人吉；大人否，亨。象曰：「大人否亨」，不亂群也。

爻辭：六二，（五四來初，五來對二而言）被包容而奉承尊者，小子獲得吉祥；（五來）大人否定群小之道，亨通。　象傳說：「大人否亨」，五來不會被小人的群黨所亂。

命題：六二陰柔順虛。★二位多譽。★二陰＊五陽相應。分析：(1)二承阻無陽依附不能往；雖然相對立場的五來阻，但五四來初，二與五同在內卦，立場相同，陰陽相應，所以五來對二而言「包承，小人吉」。(3)五來「否」定內卦群陰之亂，所以五前來「亨」。

結論：※維持現狀：穩健發展。※前往：動則得咎。

演式：

天1　上九 ■■■■▽上來阻，上五四來三二初。

天3　九五 ■■■＊五來阻，五四來初／五往阻。

人5　九四 ■■■

人6　六三 ■■ ■

地4　六二 ■■ ■★二承阻／二乘阻。

地2　初六 ■■ ■◎初承阻，初二三承四五上。

爻辭：六三，包羞。象曰：「包羞」，位不當也。

爻辭：六三，（上五四來三二初，上來對三而言）被包容羞辱。象傳說：「包羞」，三居位不正當。

命題：六三陰柔順虛。★三位多凶有咎。★三陰＊上陽相應。

分析：三承上不能往；相對立場的上五四來三二初，三與上同在內卦，立場相同，陰陽相應；但三陰爻居陽位又不能往來，上來對三而言「包羞」，只因三「位不當也」。

結論：※維持現狀：明哲保身。※前往：動則得咎。※退來：動則得咎。

演式：

天1　上九 ■■■■＊上來阻，上五四來三二初。

天3　九五 ■■■■

人5　九四 ■■■■

人6　六三 ■■ ■■★三承上／三乘阻。

地4　六二 ■■ ■■

地2　初六 ■■ ■■◎初承阻，初二三承四五上。

爻辭：九四，有命无咎，疇離祉。象曰：「有命无咎」，志行也。

爻辭：九四，（四來初）奉行扭轉否道的使命沒有過失，眾類皆依附可獲福祉。象傳說：「有命无咎」，四濟否的志向正在施行。

命題：九四陽剛健實。★四位多懼有咎。★四陽＊初陰相應。

分析：(1)四來初，四與初同在內卦，立場相同，陰陽相應；所以四來「有命」、「疇離祉」、「志行也」。(2)相對立場的內卦皆陰無往象，所以四來初「無咎」。

結論：※維持現狀：處境困難。※前來：動則得咎。※退來：漸入佳境。

演式：

天1　上九 ▉▉▉▉▉▽上來阻，上五四來三二初。

天3　九五 ▉▉▉▉▉

人5　九四 ▉▉▉▉▉★四來初／四往阻。

人6　六三 ▉▉　▉▉

地4　六二 ▉▉　▉▉

地2　初六 ▉▉　▉▉＊初承阻，初二三承四五上。

爻辭：九五，休否，大人吉；其亡其亡，繫于苞桑。象曰：大人之吉，位正當也。

爻辭：九五，（五四來初，五來）休止否閉局面，大人獲得吉祥；（如果五不來）將面臨國家危亡、危亡，就像繫於叢生的桑樹無所施展。　象傳說：五大人的吉祥，居位中正得當。

命題：九五陽剛健實。★五位多功。★五陽＊二陰相應。

分析：(1)雖然五來阻，但五四來初，五與二同在內卦，立場相同，陰陽相應。五來否定內卦群陰之亂，所以五前來「休否，大人吉」。(2)如果五不來反而「其亡其亡，繫于苞桑」。

結論：※維持現狀：漸入佳境。※前來：錦上添花。

演式：

天1　上九 ■■■■▽上來阻，上五四來三二初。

天3　九五 ■■■■★五來阻，五四來初／五往阻。

人5　九四 ■■■■

人6　六三 ■■ ■■

地4　六二 ■■ ■■＊二承阻／二乘阻。

地2　初六 ■■ ■■◎初承阻，初二三承四五上。

爻辭：上九，傾否；先否後喜。象曰：否終則傾，何可長也？

爻辭：上九，（上五四來三二初，上來）傾覆否閉之局；起先否閉最後通泰欣喜。　象傳說：否閉至極終會被傾覆，怎能久長呢？（否閉不能長久）

命題：上九陽剛健實。★上位亢極有咎。★上陽＊三陰相應。

分析：(1)雖然上來阻，上「先否」。(2)但上五四來三二初，上與三同在內卦，立場相同，陰陽相應，所以上來「傾否」。(3)上來擺脫上亢極有咎的局面，上前來「後喜」。

結論：※維持現狀：明哲保身。※前來：穩健發展。

演式：

天1　上九 ■■■■★上來阻，上五四來三二初。

天3　九五 ■■■

人5　九四 ■■■

人6　六三 ■■ ■■＊三承上／三乘阻。

地4　六二 ■■ ■■

地2　初六 ■■ ■■◎初承阻，初二三承四五上。

䷌（上乾下離）天火　同人　13

卦辭：（同人：）同人于野，亨，利涉大川，利君子貞。

卦辭：同人卦象徵和同於人：在寬闊的原野和同於人，亨通，利於涉越大河巨流，利於君子守持正固。

彖曰：同人，柔得位得中而應乎乾，曰同人。同人曰「同人于野，亨，利涉大川」，乾行也。文明以健，中正而應，君子正也。唯君子爲能通天下之志。

彖傳：和同於人，就像柔順者在正位而守持中道又能上應剛健者，所以能夠和同於人。和同於人：「同人于野，亨，利涉大川」，剛健者的求同心志在施行。稟性文明而又強健，行爲中正而又互相應和，這是君子和同於人的純正美德。只有君子才能貫通天下民衆的意志。

象曰：（上天下火）天與火，同人；君子以類族辨物。

象傳：天親與火親和，象徵和同於人；君子分析類別族群審辨事物異同。

衍義：和同於人、與人親近、集結、和同、光照、光明、合作。

爻辭：初九，同人于門，无咎。象曰：出門同人，又誰咎也？

爻辭：初九，（初往二）剛出門口就能和別人融合一起，不會有過失。象傳說：剛出門口就能和別人融合一起，又有誰會有過失呢？（不會有過失）

命題：初九陽剛健實。★初位無爲無咎。★初陽＊四陽不應。

分析：(1)初往二，初「同人于門」。(2)相對立場的外卦皆陽有實而來阻，所以初往二「無咎」。

説明：(3)初往二，初親比二，並沒有離開初位。(4)由於初往二，三成了阻擋外卦三陽前來的阻力，以致四三能來二而不來。

結論：※維持現狀：漸入佳境。※前往：動則得咎。

演式：

天1　上九 ■■■■■▽上來阻，上五四來阻。

天3　九五 ■■■■■

人5　九四 ■■■■■＊四來阻，四三來二（四三能來二而不來）／四往阻。

人6　九三 ■■■■■

地4　六二 ■■　■■

地2　初九 ■■■■■★初往二。

爻辭：六二，同人于宗，吝。象曰：「同人于宗」，吝道
也。

爻辭：六二，（二乘初）在宗族內部和同於人，有所憾惜。
象傳說：「同人于宗」，就是憾惜的道理。

命題：六二陰柔順虛。★二位多譽。★二陰＊五陽相應。

分析：二承上不能往；二與相對立場的外卦五相應，且五四
三來二；但二乘初，二「同人于宗，吝」。

結論：※維持現狀：等待時機。※前往：動則得咎。

演式：

天1　上九 ■■■■■■▽上來阻，上五四來阻。

天3　九五 ■■■■■■＊五來阻，五四三來二／五往阻。

人5　九四 ■■■■■■

人6　九三 ■■■■■■

地4　六二 ■■■ ■■■★二承上／二乘初。

地2　初九 ■■■■■■△初往二。

爻辭：九三，伏戎于莽，升其高陵，三歲不興。象曰：「伏戎于莽」，敵剛也；「三歲不興」，安行也？

爻辭：九三，（三往阻）潛伏兵戎在草莽間，（初往二，三能來二而不來）登上高陵觀察，三年不敢興兵交戰。象傳說：「伏戎于莽」，三前臨剛強之敵；「三歲不興」，怎麼能冒然前往呢？（三不能冒然前往）

命題：九三陽剛健實。★三位多凶無咎。★三陽＊上陽不應。

分析：(1)相對立場的外卦皆陽有實，以致三往阻「伏戎于莽，敵剛」、「三歲不興」。(2)初往二，以致三能來二而不來，所以三「升其高陵」。

結論：※維持現狀：明哲保身。※前往：動則得咎。※退來：動則得咎。

演式：

天1　上九 ■■■■＊上來阻，上五四來阻。

天3　九五 ■■■■

人5　九四 ■■■■

人6　九三 ■■■■★三往阻／三來二（三能來二而不來）。

地4　六二 ■■ ■■

地2　初九 ■■■■△初往二。

爻辭：九四，乘其墉，弗克攻，吉。象曰：「乘其墉」，義
弗克也；其吉，則困而反則也。

爻辭：九四，（四來阻）乘據城牆之上，不能進攻，吉祥。

象傳說：「乘其墉」，意義上是不能發動進攻；之所以獲得吉
祥，是因爲困厄時能夠遵循正確的法則。

命題：九四陽剛健實。★四位多懼有咎。★四陽＊初陽不
應。

分析：(1)四來阻，所以四退來「乘其墉」、「弗克攻」。(2)
四陽居陰位多懼有咎，不能往來，何以言「吉」？原因是相對立
場的內卦亦往阻，只要四不貿然退來「困而反則」，所以四
「吉」。(3)由於初往二，三成了阻擋外卦三陽前來的阻力，以致
四三能來二而不來。

結論：※維持現狀：處境困難。※前往：動則得咎。※退
來：動則得咎。

演式：

天1　上九 ▅▅▅▅▽上來阻，上五四來阻。

天3　九五 ▅▅▅▅

人5　九四 ▅▅▅▅★四來阻，四三來二（四三能來二而不來）／四往阻。

人6　九三 ▅▅▅▅

地4　六二 ▅▅ ▅▅

地2　初九 ▅▅▅▅＊初往二。

爻辭：九五，同人，先號咷而後笑，大師克相遇。象曰：同人之先，以中直也；大師相遇，言相克也。

爻辭：九五，（五與二相應）和同於人，（五來阻）起先痛哭號咷（五四三來二，五來）後來欣喜歡笑，大軍出戰告捷，志同者相遇會合。　象傳說：和同於人在先，是因為五中正誠直；大軍出戰與志同者相遇，五與敵對者交戰獲勝。

命題：九五五陽剛健實。★五位多功。★五陽＊二陰相應。

分析：⑴五與二相應「同人」；但五來阻，五「先號咷」。⑵不過五四三來二，五來「後笑」、「大師克相遇」。

說明：⑶二乘初，二依附初，並沒有離開二位，所以五來才能「克」之。

結論：※維持現狀：漸入佳境。※前來：錦上添花。

演式：

天1　上九 ■■■■▽上來阻，上五四來阻。

天3　九五 ■■■■★五來阻，五四三來二／五往阻。

人5　九四 ■■■■

人6　九三 ■■■■

地4　六二 ■■ ■■＊二承上／二乘初。

地2　初九 ■■■■△初往二。

爻辭：上九，同人于郊，无悔。象曰：「同人于郊」，志未得也。

爻辭：上九，（上來阻）在荒遠的郊外和同於人，雖未遇上志同道合的人也不覺悔恨。象傳說：「同人于郊」，上與人和同的志向未能實現。

命題：上九陽剛健實。★上位亢極有咎。★上陽＊三陽不應。

分析：(1)上來阻，而二乘初，所以上「同人于郊」。(2)雖然上來阻，但相對立場的內卦陽爻亦往阻，所以上來阻「無悔」，只是「志未得也」。

結論：※維持現狀：明哲保身。※前來：動則得咎。

演式：

天1　上九 ■■■■■★上來阻，上五四來阻。

天3　九五 ■■■■

人5　九四 ■■■■

人6　九三 ■■■■＊三往阻／三來二（三能來二而不來）。

地4　六二 ■■　■■

地2　初九 ■■■■■△初往二。

䷍（上離下乾）火天　大有　14

卦辭：大有：元亨。

卦辭：大有卦象徵大獲所有：至爲亨通。

彖曰：大有，柔得尊位大中，而上下應之，曰大有。其德剛健而文明，應乎天而時行，是以元亨。

彖傳：大獲所有，就像陰柔者得尊位且高大守持中道，上下陽剛紛紛相應，所以稱大獲所有。剛健有德陰柔依附，順應天（大自然）的規律而萬事按時施行，至爲亨通。

象曰：（上火下天）火在天上，大有；君子以遏惡揚善，順天休命。

象傳：火焰高懸在天上無處不照，象徵大獲所有；君子遏止邪惡而倡揚善行，順從天（大自然）的規律而休美萬物性命。

衍義：大獲所有、所獲衆多、大有收獲、偉大的事業、富足、充實、國富。

爻辭：初九，无交害，匪咎；艱則?咎。象曰：大有初九，无交害也。

爻辭：初九，（初往阻）不交往不惹禍，不會有過失；但必須艱守不往才不會有過失。　象傳說：大獲所有的初九，不交往不會惹禍害。

命題：初九陽剛健實。★初位無爲無咎。★初陽＊四陽不應。

分析：(1)相對立場的外卦陽爻不能來；初往阻，初只要不冒然前往，初「無交害，匪咎」。(2)看似內卦諸陽可以跟隨四往五，但上來五，以致四往五而不往，四反而成了阻擋內卦諸陽前往的阻力，所以初不要冒然前往「艱則無咎」。

結論：※維持現狀：等待時機。※前往：動則得咎。

演式：

天1　上九 ■■■■▽上來五。

天3　六五 ■■ ■■

人5　九四 ■■■■＊四來阻／四往五（四能往五而不往）。

人6　九三 ■■■■

地4　九二 ■■■■

地2　初九 ■■■■★初往阻，初二三往阻。

爻辭：九二，大車以載，有攸往，无咎。象曰：「大車以載」，積中不敗也。

爻辭：九二，（二三四往五，二往）用大車運載財貨，有所前往，不會有咎害。象傳說：「大車以載」，二堆積在中位不致危敗。命題：九二陽剛健實。★二位多譽。★二陽＊五陰相應。

分析：(1)二與五相應，雖然二往阻，但二三四往五，二「有攸往」(2)五依附上，但沒有離開五位，所以二往「無咎」。

結論：※維持現狀：漸入佳境。※前往：錦上添花。

演式：

天1　上九 ▉▉▉▉▽上來五。

天3　六五 ▉▉ ▉▉＊五乘初／五承上。

人5　九四 ▉▉▉▉

人6　九三 ▉▉▉▉

地4　九二 ▉▉▉▉★二往阻，二三四往五／二來阻。

地2　初九 ▉▉▉▉△初往阻，初二三往阻。

爻辭：九三，公用亨于天子；小人弗克。象曰：「公用亨于天子」，小人害也。

爻辭：九三，（三往阻）王公向天子獻禮致敬；小人不能擔當此任。象傳說：「公用亨于天子」，小人擔此大任會有禍害。

命題：九三陽剛健實。★三位多凶無咎。★三陽＊上陽不應。

分析：(1)三往阻，三「公用亨于天子」。(2)如果三為陰「小人」，就會發生三與四互為比附的局面，而不能「亨于天子」，所以如果三為陰「小人弗克」。

說明：(3)由於上來五，以致四能往五而不往，四反而成了阻擋內卦三陽前往的阻力，以致三四能往五而不往。

結論：※維持現狀：明哲保身。※前往：動則得咎。※退來：動則得咎。

演式：

天1　上九 ■■■■＊上來五。

天3　六五 ■■ ■■

人5　九四 ■■■■

人6　九三 ■■■■★三往阻，三四往五（三四能往五而不往）／三來阻。

地4　九二 ■■■■

地2　初九 ■■■■△初往阻，初二三往阻。

爻辭：九四，匪其彭，旡咎。象曰：「匪其彭旡咎」，明辨
晢也。

爻辭：九四，（四不能往來）不能自我膨脹，沒有過失。
象傳說：「匪其彭旡咎」，四要有明辨事理，權衡分析的智慧。

命題：九四陽剛健實。★四位多懼有咎。★四陽＊初陽不
應。

分析：上來五，以致四能往五而不往，所以四「匪其彭」；
不過相對立場的內卦諸陽亦往阻，所以四「無咎」。

結論：※維持現狀：處境困難。※前往：動則得咎。※退
來：動則得咎。

演式：

天1　上九 ■■■■■▽上來五。

天3　六五 ■■　■■

人5　九四 ■■■■■★四來阻／四往五（四能往五而不往）。

人6　九三 ■■■■■

地4　九二 ■■■■■

地2　初九 ■■■■■＊初往阻，初二三往阻。

爻辭：六五，厥孚交如，威如，吉。象曰：「厥孚交如」，信以發志也；威如之吉，易而无備也。

爻辭：六五，（五承上又乘初）其誠信足以接交上下，威嚴自顯，吉祥。　象傳說：「厥孚交如」，五用誠信激發他人的忠信之志；五威嚴自顯的吉祥，行為簡易而無所防備。

命題：六五陰柔順虛。★五位多功。★五陰＊二陽相應。

分析：(1)五承上又乘初，五依附諸陽，且居多功之位，所以五「厥孚交如，威如，吉」。

說明：(2)五承上又乘初，五依附諸陽，並沒有離開五位。

結論：※維持現狀：等待時機。※前來：動則得咎。

演式：

天1　上九 ■■■■■■▽上來五。

天3　六五 ■■ ■■★五乘初／五承上。

人5　九四 ■■■■■■

人6　九三 ■■■■■■

地4　九二 ■■■■■■＊二往阻，二三四往五／二來阻。

地2　初九 ■■■■■■△初往阻，初二三往阻。

084

爻辭：上九，自天祐之，吉无不利。象曰：大有上吉，自天祐也。

爻辭：上九，（上來五）從上天降下祐助，吉祥無所不利。象傳說：上大獲所有的吉祥，正是從天上降下的祐助所致。

命題：上九陽剛健實。★上位亢極有咎。★上陽＊三陽不應。

分析：(1)上來五，雖然沒有離開上位，不過相對立場的內卦諸陽亦往阻，不會危及上爻；上來五，所以上「自天祐之，吉無不利」、「大有上吉」。

說明：(2)上來五，上親比五，並沒有離開上位。

結論：※維持現狀：等待時機。※前來：動則得咎。

演式：

天1　上九 ▇▇▇▇ ★上來五。

天3　六五 ▇▇ ▇▇

人5　九四 ▇▇▇▇

人6　九三 ▇▇▇▇ ＊三往阻，三四往五（三四能往五而不往）／三來阻。

地4　九二 ▇▇▇▇

地2　初九 ▇▇▇▇ △初往阻，初二三往阻。

☶ (上坤下艮) 地山　謙　15

卦辭：謙：亨，君子有終。

卦辭：謙卦象徵謙虛：亨通，君子能保持謙德至終。

彖曰：謙，亨。天道下濟而光明，地道卑而上行。天道虧盈而益謙，地道變盈而流謙，鬼神害盈而福謙，人道惡盈而好謙。謙尊而光，卑而不可踰，君子之終也。

彖傳：謙虛，亨通。就像天的規律是天氣下降濟物愈顯光明，地的規律是低處卑微而地氣源源上升。天的規律是虧損盈滿而補益謙虛，地的規律是變易盈滿而充實謙虛，鬼神的規律是危害盈滿而施福謙虛，人類的規律是憎惡盈滿而愛好謙虛。謙虛的人高居尊位而道德更加光明，下處卑位外物也不會改變謙虛的性情，只有君子能夠保持謙德至終啊。

象曰：（上地下山）地中有山，謙；君子以哀多益寡，稱物平施。

象傳：高山低藏在地中，象徵謙虛；君子引取多餘補充不足，權衡各種事物公平施予。

衍義：謙虛、輕己重人、謙遜的美德、卑下、容讓、勞謙。

爻辭：初六，謙謙君子，用涉大川，吉。象曰：「謙謙君子」，卑以自牧也。

爻辭：初六，（初二能隨三往上而不往，初）謙之又謙的君子，可以準備涉越大河，吉祥。象傳說：「謙謙君子」，初用謙卑來自我約束。

命題：初六陰柔順虛。★初位無為有咎。★初陰＊四陰不應。

分析：(1)雖然初承阻無陽依附不能往，但初二隨三往上；不過內卦陽爻能直往天位而不往，所以三能往上而不往「謙君子」；以致初二能隨三往上而不往，所以初「謙謙」。(2)三來初，所以初「吉」。

說明：(3)「用涉大川」，用者，尚未行，準備也；所指未來而非當下。

結論：※維持現狀：明哲保身。※前往：動則得咎。

演式：

天1　上六 ■■ ■■◎上乘阻，上五四乘三，上五四隨三來初。

天3　六五 ■■ ■■

人5　六四 ■■ ■■＊四乘三／四承阻。

人6　九三 ■■■■■

地4　六二 ■■ ■■

地2　初六 ■■ ■■★初承阻，初二隨三往上（初二能隨三往上而不往）。

爻辭：六二，鳴謙，貞吉。象曰：「鳴謙貞吉」，中心得也。

爻辭：六二，（二能隨三往上而不往，二）謙虛名聲外聞，守持正固可獲吉祥。　象傳說：「鳴謙貞吉」，二居中心持正獲得名聲。

命題：六二陰柔順虛。★二位多譽。★二陰＊五陰不應。

分析：(1)雖然二承三不能往，但二隨三往上；不過內卦陽爻能直往天位而不往，以致三能往上而不往。(2)二能隨三往上而不往；二承三，所以二「鳴謙，貞吉」。

說明：(3)二承三，二依附三，並沒有離開二位。

結論：※維持現狀：穩健發展。※前往：動則得咎。

演式：

天1　上六 ■■ ■■◎上乘阻，上五四乘三，上五四隨三來初。

天3　六五 ■■ ■■＊五乘阻／五承阻。

人5　六四 ■■ ■■

人6　九三 ■■■■■

地4　六二 ■■ ■■★二承三，二隨三往上（二能隨三往上而不往）／二乘阻。

地2　初六 ■■ ■■◎初承阻，初二隨三往上（初二能隨三往上而不往）。

087

爻辭：九三，勞謙君子，有終，吉。象曰：「勞謙君子」，萬民服也。

爻辭：九三，（三來初）勤勞謙虛的君子，保持謙德至終，吉祥。象傳說：「勞謙君子」，四方民眾都信服他。

命題：九三陽剛健實。★三位多凶無咎。★三陽＊上陰相應。

分析：⑴雖然三往上，但內卦陽爻能直往天位而不往，以致三能往上而不往。⑵三來初，而且相對立場的外卦諸陰隨三來初；三來「勞謙君子，有終，吉」。

説明：⑶卦中只有一陽爻，不論在何爻位，一定是來而不往。

結論：※維持現狀：明哲保身。※前往：動則得咎。※退來：漸入佳境。

演式：

天1　上六 ▆▆ ▆▆ ＊上乘阻，上五四乘三，上五四隨三來初。

天3　六五 ▆▆ ▆▆

人5　六四 ▆▆ ▆▆

人6　九三 ▆▆▆▆▆ ★三往上（三能往上而不往）／三來初。

地4　六二 ▆▆ ▆▆

地2　初六 ▆▆ ▆▆ ◎初承阻，初二隨三往上（初二能隨三往上而不往）。

爻辭：六四，无不利，撝謙。象曰：「无不利撝謙」，不違則也。

爻辭：六四，（四隨三來初，四來）無所不利，發揮謙虛的美德。象傳說：「无不利撝謙」，四不違背謙虛的法則。

命題：六四陰柔順虛。★四位多懼無咎。★四陰＊初陰不應。

分析：雖然四乘三不能來，但四隨三來初；而且相對立場的三已來初，所以四退來「無不利，撝謙」。

結論：※維持現狀：明哲保身。※前往：動則得咎。※退來：漸入佳境。

演式：

天1　上六 ■■ ■■◎上乘阻，上五四乘三，上五四隨三來初。

天3　六五 ■■ ■■

人5　六四 ■■ ■■★四乘三，四隨三來初／四承阻。

人6　九三 ■■■■

地4　六二 ■■ ■■

地2　初六 ■■ ■■＊初承阻，初二隨三往上（初二能隨三往上而不往）。

爻辭：六五，不富，以其鄰利用侵伐，无不利。象曰：「利用侵伐」，征不服也。

爻辭：六五，（五乘阻無陽依附不能來）虛中不富實，（五四隨三來初，五來）與近鄰一起利於出征討伐，無所不利。象傳說：「利用侵伐」，五是征伐驕橫不順者。

命題：六五陰柔順虛。★五位多功。★五陰＊二陰不應。

分析：(1)五乘阻無陽依附不能來，五「不富」。(2)但五四隨三來初，五與四「其鄰」。(3)相對立場的三已來初，所以五來「利用侵伐，無不利」。

結論：※維持現狀：漸入佳境。※前來：錦上添花。

演式：

天1　上六 ■■ ■■◎上乘阻，上五四乘三，上五四隨三來初。

天3　六五 ■■ ■■★五乘阻，五四隨三來初／五承阻。

人5　六四 ■■ ■■

人6　九三 ■■■■■

地4　六二 ■■ ■■＊二承三，二隨三往上（二能隨三往上而不往）／二乘阻。

地2　初六 ■■ ■■◎初承阻，初二隨三往上（初二能隨三往上而不往）。

爻辭：上六，鳴謙，利用行師、征邑國。象曰：「鳴謙」，
志未得也；可用行師，征邑國也。

爻辭：上六，（上五四隨三來初，上來）謙虛名聲遠聞，利
於出兵作戰，征討外邦異國。象傳說：「鳴謙」，上的心志尚未
完全實現；可以出兵作戰，征討外邦異國。

命題：上六陰柔順虛。★上位亢極無咎。★上陰＊三陽相
應。

分析：(1)雖然上乘阻無陽依附不能來，所以上「鳴謙」。(2)
但上五四隨三來初，上來「利用行師、征邑國」。

説明：(3)何以謙卦外卦皆陰可以「行師」，而師卦外卦皆陰
不能「行師」？關鍵就在謙卦九三，以及師卦九二這個「君子」
的動向。謙卦九三來初，已經離開三位，所以外卦上五四能隨三
而來。師卦九二來初，二親比初，並沒有離開二位，所以外卦除
了四能退來，如果五上要來，反而造成二往上危及外卦的局面。

結論：※維持現狀：等待時機。※前來：穩健發展。

演式：

天1　上六 ■■ ■■★上乘阻，上五四乘三，上五四隨三來初。

天3　六五 ■■ ■■

人5　六四 ■■ ■■

人6　九三 ■■■■＊三往上（三能往上而不往）／三來初。

地4　六二 ■■ ■■

地2　初六 ■■ ■■◎初承阻，初二隨三往上（初二能隨三往上而不往）。

䷏（上震下坤）雷地　豫　　16

卦辭：豫：利建侯行師。

卦辭：豫卦象徵歡樂：利於建立諸侯事業以及出師征戰。

象曰：豫，剛應而志行，順以動，豫。豫，順以動，故天地如之，而況建侯行師乎？天地以順動，故日月不過而四時不忒；聖人以順動，則刑罰清而民服。豫之時義大矣哉！

象傳：歡樂，就像陽剛與陰柔相應而心志暢行，又隨順物性而動，就能歡樂。歡樂，既然是隨順物性而動，甚至天地的運行都像這樣，何況像建立諸侯事業及出師征戰這些事呢？天地隨順物性而動，所以日月周轉不致過失，四時更替不出差錯；聖人隨順民情而動，於是施行刑罰清明而民眾服從。歡樂的時機意義多麼弘大啊！

象曰：（上雷下地）雷出地奮，豫；先王以作樂崇德，殷薦之上帝以配祖考。

象傳：雷聲發出大地振奮，象徵歡樂；先王效法其原理製作音樂歌頌天的美德，通過隆盛的典禮獻祀天帝，並讓祖先的神靈一起配享。

衍義：愉樂、縱樂懈怠、喜悅、安樂、安和、悅樂、樂道。

爻辭：初六，鳴豫，凶。象曰：「初六鳴豫」，志窮凶也。

爻辭：初六，（如果初前往）自鳴得意，有凶險。象傳說：
「初六鳴豫」，意志窮極而有凶險。

命題：初六陰柔順虛。★初位無爲有咎。★初陰＊四陽相
應。

分析：(1)初承阻無陽依附不能往，而內卦初二三承四，看似
諸陰隨四往上；不過位居相對立場的四正象是來而不往，以致四
能往上而不往，所以內卦諸陰能隨四往上而不往。(2)如果初冒然
前往「鳴豫，凶」。

結論：※維持現狀：等待時機。※前往：動則得咎。

演式：

天1　上六 ▆▆ ▆▆◎上乘阻，上五隨四來初。

天3　六五 ▆▆ ▆▆

人5　九四 ▆▆▆▆＊四來初／四往上（四能往上而不往）。

人6　六三 ▆▆ ▆▆

地4　六二 ▆▆ ▆▆

地2　初六 ▆▆ ▆▆★初承阻，初二三承四。

　　爻辭：六二，介于石，不終日，貞吉。象曰：「不終日貞吉」，以中正也。

　　爻辭：六二，（二承阻無陽依附不能往）耿介如石，不用等候一天，就已經明白守持正固可獲吉祥。象傳說：「不終日貞吉」，二居中持正。

　　命題：六二陰柔順虛。★二位多譽。★二陰＊五陰不應。

　　分析：二承阻無陽依附不能往，所以二「介如石」、「貞吉」。

　　結論：※維持現狀：漸入佳境。※前往：動則得咎。

演式：

天1　上六 ■■ ■■◎上乘阻，上五隨四來初。

天3　六五 ■■ ■■＊五乘四，五隨四來初／五承阻。

人5　九四 ■■■■

人6　六三 ■■ ■■

地4　六二 ■■ ■■★二承阻／二乘阻。

地2　初六 ■■ ■■◎初承阻，初二三承四。

爻辭：六三，盱豫，悔；遲有悔。象曰：盱豫有悔，位不當也。

爻辭：六三，（如果三隨四往上，三往）媚上尋求歡樂，導致悔恨；（上五隨四來初，三）若是悔悟太遲又生悔恨。象傳說：媚上尋求歡樂導致悔恨，三居位不正當。

命題：六三陰柔順虛。★三位多凶有咎。★三陰＊上陰不應。

分析：(1)雖然三承四不能往，但三隨四往上，三往「盱豫」；不過四來而不往，以致三能隨四往上而不往，如果三冒然前往「悔」。(2)不但三往有悔，而且相對立場的上五隨四來初，如果三仍執意前往「遲有悔」。

結論：※維持現狀：明哲保身。※前往：動則得咎。※退來：動則得咎。

演式：

天1　上六 ■■ ■■＊上乘阻，上五隨四來初。

天3　六五 ■■ ■■

人5　九四 ■■■■■

人6　六三 ■■ ■■★三承四，三隨四往上（三能隨四往上而不往）／三乘阻。

地4　六二 ■■ ■■

地2　初六 ■■ ■■◎初承阻，初二三承四。

爻辭：九四，由豫，大有得；勿疑，朋盍簪。象曰：「由豫大有得」，志大行也。

爻辭：九四，（上五隨四來初，四來）人們依附他喜獲歡樂，大有所得；不疑於人，朋友像頭髮括束於簪子一樣聚合。象傳說：「由豫大有得」，四的陽剛志向廣泛推行。

命題：九四陽剛健實。★四位多懼有咎。★四陽＊初陰相應。

分析：(1)四來初，四與初同在內卦，立場相同，陰陽相應；而且上五隨四來初，所以諸陰「由豫，大有得」。(2)所以四退來「勿疑，朋盍簪」。

說明：(3)卦中只有一陽爻，不論在何爻位，一定是來而不往。

結論：※維持現狀：處境困難。※前往：動則得咎。※退來：等待時機。

演式：

天1　上六 ▆▆ ▆▆◎上乘阻，上五隨四來初。

天3　六五 ▆▆ ▆▆

人5　九四 ▆▆▆▆▆★四來初／四往上（四能往上而不往）。

人6　六三 ▆▆ ▆▆

地4　六二 ▆▆ ▆▆

地2　初六 ▆▆ ▆▆＊初承阻，初二三承四。

爻辭：六五，貞疾；恆不死。象曰：「貞疾」，乘剛也；「恆不死」，中未亡也。

爻辭：六五，（五乘四不能來）守持正固難免有恙；（五隨四來初，五來）即使有恙也不致喪亡。象傳說：「貞疾」，陰柔乘凌陽剛難免有恙；「恆不死」，居中不偏就未必敗亡。

命題：六五陰柔順虛。★五位多功。★五陰＊二陰不應。

分析：(1)五乘四不能來，五「貞疾」、「乘剛」。(2)不過五隨四來初，且相對立場的內卦皆陰無往象，所以五來「恆不死」、「中未亡也」。

結論：※維持現狀：漸入佳境。※前來：錦上添花。

演式：

天1　上六 ■■ ■■◎上乘阻，上五隨四來初。

天3　六五 ■■ ■■★五乘四，五隨四來初／五承阻。

人5　九四 ■■■■

人6　六三 ■■ ■■

地4　六二 ■■ ■■＊二承阻／二乘阻。

地2　初六 ■■ ■■◎初承阻，初二三承四。

爻辭：上六，冥豫成，有渝无咎。象曰：冥豫在上，何可長也？

爻辭：上六，（上乘阻無陽依附不能來）昏冥縱樂鑄成惡果，（上五隨四來初，上來）及早改正不會有過失。象傳說：昏冥縱樂且在高位，這樣怎能保持長久？（昏冥縱樂不能長久）命題：上六陰柔順虛。★上位亢極無咎。★上陰＊三陰不應。

分析：(1)上無陽依附不能來，所以上「冥豫成」。(2)不過上五隨四來初，且相對立場的內卦皆陰無往象，所以上來「有渝無咎」。

結論：※維持現狀：等待時機。※前來：穩健發展。

演式：

天1　上六 ■■ ■■★上乘阻，上五隨四來初。

天3　六五 ■■ ■

人5　九四 ■■■

人6　六三 ■■ ■＊三承四，三隨四往上（三能隨四往上而不往）／三乘阻。

地4　六二 ■■ ■

地2　初六 ■■ ■■◎初承阻，初二三承四。

䷐（上兌下震）澤雷　隨　　17

卦辭：隨：元亨，利貞。无咎。

卦辭：隨卦象徵隨從：至爲亨通，利於守持正固，不會有過失。

彖曰：隨，剛來而下柔，動而説。隨，大亨，貞?咎，而天下隨時。隨時之義大矣哉！

彖傳：隨從，就像陽剛者前來謙居於陰柔之下，有所行動使人欣悅。隨從，大爲亨通，守持正固沒有過失，於是天下萬物隨從在適宜的時機。隨從在適宜時機的意義多麼弘大啊！

象曰：（上澤下雷）澤中有雷，隨；君子以嚮晦入宴息。

象傳：大澤中響著雷聲，澤隨雷動，象徵隨從；君子隨著作息在傍晚時入室飲食休息。

衍義：隨從、毫無成見、隨和、流動、相愛、隨喜。

爻辭：初九，官有渝，貞吉；出門交有功。象曰：「官有渝」，從正吉也；「出門交有功」，不失也。

爻辭：初九，（初往三，初往）思想觀念改善，占卜的結果吉祥；出門與人交往會成功。

象傳說：「官有渝」，初隨從正道可獲吉祥；「出門交有功」，不會有過失。

命題：初九陽剛健實。★初位無為無咎。★初陽＊四陽不應。

分析：相對立場的四來二，但初往三，初二三皆在內卦，以致四能來二而不來；初往三，所以初往「出門交有功」。

結論：※維持現狀：等待時機。※前往：穩健發展。

演式：

天1　上六 ■■ ■■◎上乘四。

天3　九五 ■■■■

人5　九四 ■■■■＊四來二（四能來二而不來）／四往阻，四五往上。

人6　六三 ■■ ■■

地4　六二 ■■ ■■

地2　初九 ■■■■★初往三。

爻辭：六二，係小子，失丈夫。象曰：「係小子」，弗兼與也。

爻辭：六二，（二乘初）傾心附從小子，（二承阻無陽依附不能往）失去陽剛丈夫。象傳說：「係小子」，無法兩方兼顧親好。

命題：六二陰柔順虛。★二位多譽。★二陰＊五陽相應。

分析：(1)二承阻無陽依附不能往，相對立場的五四能來二而不來，所以二「失丈夫」。(2)二乘初，二「係小子」。

說明：(3)二乘初，二依附初，並沒有離開二位。

結論：※維持現狀：穩健發展。※前往：動則得咎。

演式：

天1　上六 ■■ ■■◎上乘四。

天3　九五 ■■■＊五來阻，五四來二（五四能來二而不來）／五往上。

人5　九四 ■■■

人6　六三 ■■ ■

地4　六二 ■■ ■■★二承阻／二乘初。

地2　初九 ■■■△初往二。

爻辭：六三，係丈夫，失小子；隨有求得，利居貞。象曰：「係丈夫」，志舍下也。

爻辭：六三，（三隨四五往上，三往）傾心附從陽剛丈夫，（三乘阻無陽依附不能往）失去在下小子；（初往三，初往）隨從於人有求必得，（所以三能隨四五往上而不往）利於安居守持正固。象傳說：「係丈夫」，三的意念是捨棄下者。

命題：六三陰柔順虛。★三位多凶有咎。★三陰＊上陰不應。

分析：(1)雖然三承五不能往，但三隨四五往上，三往「係丈夫」，三就會失去初「失小子」。(2)不過初往「隨有求得」，三受到初往的牽制，所以三「利居貞」。

結論：※維持現狀：處境困難。※前往：動則得咎。※退來：動則得咎。

演式：

天1　上六 ■■ ＊上乘四。

天3　九五 ■■■

人5　九四 ■■■

人6　六三 ■■ ★三承五，三隨四五往上（三能隨四五往上而不往）／三乘阻。

地4　六二 ■■

地2　初九 ■■■ △初往三。

爻辭：九四，隨有獲，貞凶；有孚在道，以明何咎？象曰：「隨有獲」，其義凶也；「有孚在道」，明功也。

爻辭：九四，（初往三）隨從者頗有收獲，（四能來二而不來）守持正固以防凶險；（四五往上，四往）心懷誠信合乎陽動之道，光明磊落又有什麼過失呢？象傳說：「隨有獲」，四的地位有凶險；「有孚在道」，四光明磊落的功效。

命題：九四陽剛健實。★四位多懼有咎。★四陽＊初陽不應。

分析：(1)相對立場的初往三「隨有獲」，以致四能來二而不來；四更要防範初往的勢力，所以四「貞凶」。(2)雖然四往阻，但四五往上，四往「有孚在道」、「明功也」。

結論：※維持現狀：處境困難。※前往：等待時機。※退來：動則得咎。

演式：

天1　上六 ▉▉ ▉▉◎上乘四。

天3　九五 ▉▉▉▉▉

人5　九四 ▉▉▉▉▉★四來二（四能來二而不來）／四往阻，四五往上。

人6　六三 ▉▉ ▉▉

地4　六二 ▉▉ ▉▉

地2　初九 ▉▉▉▉▉＊初往三。

爻辭：九五，孚于嘉，吉。象曰：「孚于嘉吉」，位正中也。

爻辭：九五，（五往上）誠信給美善者，吉祥。象傳說：「孚于嘉吉」，五居位正中不偏。

命題：九五陽剛健實。★五位多功。★五陽＊二陰相應。

分析：(1)相對立場的內卦不能往外卦，所以五往上，五「孚于嘉，吉」。

説明：(2)五往上，五親比上，並沒有離開五位。

結論：※維持現狀：穩健發展。※前來：動則得咎。

演式：

天1　上六 ■■ ■■◎上乘四。

天3　九五 ■■■■★五來阻，五四來二（五四能來二而不來）／五往上。

人5　九四 ■■■■

人6　六三 ■■ ■■

地4　六二 ■■ ■■＊二承阻／二乘初。

地2　初九 ■■■■△初往三。

爻辭：上六，拘係之，乃從，維之；王用亨于西山。象曰：
「拘係之」，上窮也。

爻辭：上六，（上乘四）拘禁強迫附從，（五四）順服相
隨，（上）還得用繩索栓緊；（初往三）君王設祭在西山。象傳
說：「拘係之」，上居位亢極窮盡。

命題：上六陰柔順虛。★上位亢極無咎。★上陰＊三陰不
應。

分析：(1)上乘四，上「拘係之，維之」(2)五四「乃從」。(3)
相對立場的初往三，以致上能隨五四來二而不能來；上亢極「上
窮也」。(4)初往三，初往「王用亨于西山」。

結論：※維持現狀：漸入佳境。※前來：動則得咎。

演式：

天1　上六 ■■ ■■★上乘四。

天3　九五 ■■■■■

人5　九四 ■■■■■

人6　六三 ■■ ■■＊三承五，三隨四五往上（三能隨四五往上而不往）／三乘
　　　　　　阻。

地4　六二 ■■ ■■

地2　初九 ■■■■■△△初往三。

䷑（上艮下巽）山風　蠱　18

卦辭：蠱：元亨，利涉大川；先甲三日，後甲三日。

卦辭：蠱卦象徵拯弊治亂：至為亨通，利於涉越大河；預先思考甲日前三天的事狀，在甲日後三天制定治理措施。

彖曰：蠱，剛上而柔下，巽而止蠱。蠱，元亨而天下治也。「利涉大川」，往有事也。「先甲三日，後甲三日」，終則有始，天行也。

彖傳：拯弊治亂，陽剛居上而陰柔在下，事物馴順就能抑止弊亂。拯弊治亂，至為亨通而後乃見天下大治。「利涉大川」，前往可以大有作為。「先甲三日，後甲三日」，事物結束之後又開始新的發展，這是天（大自然）的運行規律。

象曰：（上山下風）山下有風，蠱；君子以振民育德。

象傳：山下吹起大風，物壞待治，象徵拯弊治亂；君子在弊壞之世努力振濟百姓培育道德。

衍義：拯弊治亂、腐敗生事端、用心治亂、腐敗、革新、吹壞、禍害、改過。

爻辭：初六，幹父之蠱，有子考，无咎，屬終吉。象曰：
「幹父之蠱」，意承考也。

爻辭：初六，（初能隨二三往五，初往）匡正父輩的弊亂，
（初承三）兒子能夠成就先業，不會有過失，即使面臨險境最終
可獲吉祥。象傳說：「幹父之蠱」，初的意願在繼承前輩的成
就。

命題：初六陰柔順虛。★初位無爲有咎。★初陰＊四陰不
應。

分析：(1)雖然初承三不能往，但初隨二三往五，初往「幹父
之蠱」；不過內卦陽爻能直往天位而不往，且相對立場的上來
四，以致初能隨二三往五而不往。(2)上來四勢力未至內卦，所以
初承三「有子考」，只要三不冒然前往「無咎，屬終吉」。

結論：※維持現狀：等待時機。※前往：動則得咎。

演式：

天1　上九 ■■■■▽上來四。

天3　六五 ■■ ■■

人5　六四 ■■ ■■＊四乘二，四隨三二來初（四能隨三二來初而不來）／四承
　　　　　　阻。

人6　九三 ■■■■

地4　九二 ■■■■

地2　初六 ■■ ■■★初承三，初隨二三往五（初能隨二三往五而不往）。

爻辭：九二，幹母之蠱，不可貞。象曰：「幹母之蠱」，得
中道也。

爻辭：九二，（二三往五，二往）匡正母輩的弊亂，（二三
能往五而不往）情勢不許可時不勉強而為，（二來初）守持正固
以待時。象傳說：「幹母之蠱」，二深得居中的道理。

命題：九二陽剛健實。★二位多譽。★二陽＊五陰相應。

分析：(1)雖然二往阻，但二三往五，二往「幹母之蠱」；不
過內卦陽爻能直往天位而不往，且相對立場的上來四，以致二三
能往五而不能往，所以二「不可貞」。(2)二來初，所以二「得中
道也」。

說明：(3)二來初，二親比初，並沒有離開二位。

結論：※維持現狀：穩健發展。※前往：動則得咎。

演式：

天1　上九 ■■■■▽上來四。

天3　六五 ■■ ■■＊五乘阻／五承上。

人5　六四 ■■ ■■

人6　九三 ■■■■

地4　九二 ■■■■★二往阻，二三往五（二三能往五而不往）／二來初。

地2　初六 ■■ ■■◎初承三，初隨二三往五（初能隨二三往五而不往）。

　　爻辭：九三，幹父之蠱，小有悔，无大咎。象曰：「幹父之蠱」，終无咎也。

　　爻辭：九三，（三往五，三往）匡正父輩的弊亂，（三能往五而不往）稍有悔恨，（三隨二來初，三來）沒有重大過失。象傳說：「幹父之蠱」，三最終不會有過失。

　　命題：九三陽剛健實。★三位多凶無咎。★三陽＊上陽不應。

　　分析：(1)三往五，三往「幹父之蠱」；但內卦陽爻能直往天位而不往，且上來四，以致三能往五而不往，三「小有悔」。(2)雖然三來阻，但三二來初；而相對立場的外卦上來四未至內卦，所以三來「無大咎」、「終無咎」。

　　結論：※維持現狀：明哲保身。※前往：動則得咎。※退來：漸入佳境。

演式：

天1　上九 ■■■■■＊上來四。

天3　六五 ■■　■■

人5　六四 ■■　■■

人6　九三 ■■■■★三往五（三能往五而不往）／三來阻，三二來初。

地4　九二 ■■■■

地2　初六 ■■　■■◎初承三，初隨二三往五（初能隨二三往五而不往）。

爻辭：六四，裕父之蠱，往見吝。象曰：「裕父之蠱」，往未得也。

爻辭：六四，（四承阻無陽依附不能往）寬裕不急的緩治父輩的弊亂，前往必然出現憾惜。象傳說：「裕父之蠱」，四前往無法獲得治弊之道。

命題：六四陰柔順虛。★四位多懼無咎。★四陰＊初陰不應。分析：四承阻無陽依附不能往；上來四，四受到上的牽制，以致四能隨三二來初而不來，所以四「裕父之蠱，往見吝」、「往未得也」。

結論：※維持現狀：明哲保身。※前往：動則得咎。※退來：動則得咎。

演式：

天1　上九 ■■■■▽上來四。

天3　六五 ■■ ■■

人5　六四 ■■ ■■ ★四乘二，四隨三二來初（四能隨三二來初而不來）／四承阻。

人6　九三 ■■■■

地4　九二 ■■■■

地2　初六 ■■ ■■ ＊初承三，初隨二三往五（初能隨二三往五而不往）。

　　爻辭：六五，幹父之蠱，用譽。象曰：幹父用譽，承以德也。

　　爻辭：六五，（五承上）匡正父輩的弊亂，備受稱譽。象傳說：匡正父輩的弊亂備受稱譽，五繼承先業並發揚自身美德。

　　命題：六五陰柔順虛。★五位多功。★五陰＊二陽相應。

　　分析：(1)相對立場的內卦陽爻不能往，所以五承上「幹父用譽，承以德也」。

　　說明：(2)五承上，五親比上，並沒有離開五位。

　　結論：※維持現狀：穩健發展。※前來：動則得咎。

演式：

天1　上九 ■■■■ ▽上來五。

天3　六五 ■■ ■■ ★五乘阻／五承上。

人5　六四 ■■ ■■

人6　九三 ■■■■

地4　九二 ■■■■ ＊二往阻，二三往五（二三能往五而不往）／二來初。

地2　初六 ■■ ■■ ◎初承三，初隨二三往五（初能隨二三往五而不往）。

爻辭：上九，不事王侯，高尚其事。象曰：「不事王侯」，志可則也。

爻辭：上九，（上來四）不從事王侯的事業，還有比物質享受更高尚的行為。象傳說：「不事王侯」，上的高潔志向值得效法。

命題：上九陽剛健實。★上位亢極有咎。★上陽＊三陽不應。

分析：上來四，以致相對立場的內卦陽爻不往；上離開亢極之位，所以上來「不事王侯，高尚其事」。

結論：※維持現狀：明哲保身。※前來：漸入佳境。

演式：

天1　上九 ■■■■★上來四。

天3　六五 ■■ ■■

人5　六四 ■■ ■■

人6　九三 ■■■■＊三往五（三能往五而不往）／三來阻，三隨二來初。

地4　九二 ■■■■

地2　初六 ■■ ■■◎初承三，初隨二三往五（初能隨二三往五而不往）。

䷒（上坤下兌）地澤　臨　19

卦辭：臨：元亨，利貞；至于八月有凶。

卦辭：臨卦象徵監臨；至爲亨通，利於守持正固；就像到了陽氣日衰的八月將有凶險。

彖曰：臨，剛浸而長，說而順，剛中而應。大亨以正，天之道也；「至于八月有凶」，消不久也。

彖傳：監臨，就像陽剛日漸增長，和悅溫順，剛健者居中而上下相應。大獲亨通又須守持正固，順合天（大自然）的規律；「至于八月有凶」，接近消亡好景不能長久。

象曰：（上地下澤）澤上有地，臨；君子以教思无窮，容保民无疆。

象傳：低澤之上有高地，象徵監臨；君子爲了教導百姓費盡思慮，容納保育民衆發揮無盡的美德。

衍義：監臨、居高治下、施予、迫臨、臨下、上待下、臨事、指導。

爻辭：初九，咸臨，貞吉。象曰：「咸臨貞吉」，志行正也。

爻辭：初九，（初二能往上而不往，初與四相應，初）感應於尊者施行監臨，守持正固可獲吉祥。象傳說：「咸臨貞吉」，初的心志行為端正。

命題：初九陽剛健實。★初位無為無咎。★初陽＊四陰相應。

分析：(1)雖然初往阻，但初二往上；不過地位的陽爻能直往天位而不往，以致初二能往上而不往，所以初「貞吉」。(2)初與四相應，所以初「咸臨」。

結論：※維持現狀：等待時機。※前往：動則得咎。

演式：

天1　上六 ■■ ■■◎上乘阻，上五四乘阻。

天3　六五 ■■ ■■

人5　六四 ■■ ■■＊四乘阻／四承阻。

人6　六三 ■■ ■■

地4　九二 ■■■■

地2　初九 ■■■■★初往阻，初二往上（初二能往上而不往）。

爻辭：九二，咸臨，吉，无不利。象曰：「咸臨吉无不利
」，未順命也。

爻辭：九二，（二能往上而不往，二與五相應，二）感應於
尊者施行監臨，吉祥，無所不利。象傳說：「咸臨吉?不利」，
二不僅順從於君命。

命題：九二陽剛健實。★二位多譽。★二陽＊五陰相應。

分析：(1)雖然二往上，但地位的陽爻能直往天位而不往，以
致二能往上而不往，所以二「吉，無不利」。(2)二與五相應，所
以二「咸臨」。

結論：※維持現狀：漸入佳境。※前往：動則得咎。

演式：

天1　上六 ■■ ■■◎上乘阻，上五四乘阻。

天3　六五 ■■ ■＊五乘阻／五承阻。

人5　六四 ■■ ■

人6　六三 ■■ ■

地4　九二 ■■■■★二往上（二能往上而不往）／二來阻。

地2　初九 ■■■■△初往阻，初二往上（初二能往上而不往）。

爻辭：六三，甘臨，无攸利；既憂之，无咎。象曰：「甘臨」，位不當也；「既憂之」，咎不長也。

爻辭：六三，（三承阻無陽依附，如果三往）靠甜言侫語監臨於眾，無所利益；因憂懼改正過失，沒有過失。象傳說：「甘臨」，三居位不正當；「既憂之」，過失不會久長。

命題：六三陰柔順虛。★三位多凶有咎。★三陰＊上陰不應。

分析：(1)三承阻無陽依附不能往，如果三往「甘臨，無攸利」。(2)相對立場的外卦皆陰不能來，只要三不冒然前往，雖然「位不當」但「無咎」。

結論：※維持現狀：明哲保身。※前往：動則得咎。※退來：動則得咎。

演式：

天1　上六 ■■ ■■ ＊上乘阻，上五四乘阻。

天3　六五 ■■ ■■

人5　六四 ■■ ■■

人6　六三 ■■ ■■ ★三承阻／三乘初。

地4　九二 ■■■■

地2　初九 ■■■■ △初往阻，初二往上（初二能往上而不往）。

爻辭：六四，至臨，无咎。象曰：「至臨无咎」，位當也。

爻辭：六四，（四無陽依附不能來，四與初相應，四）非常親近的監臨眾人，不會有過失。象傳說：「至臨?咎」，四居位正當。

命題：六四陰柔順虛。★四位多懼無咎。★四陰＊初陽相應。

分析：四無陽依附不能退來，相對立場的內卦陽爻亦不往；只要四不貿然退來，四「至臨，無咎」、「位當也」。

結論：※維持現狀：明哲保身。※前往：動則得咎。※退來：動則得咎。

演式：

天1　上六 ■■ ■■◎上乘阻，上五四乘阻。

天3　六五 ■■ ■■

人5　六四 ■■ ■■★四乘阻／四承阻。

人6　六三 ■■ ■

地4　九二 ■■■■

地2　初九 ■■■■■＊初往阻，初二往上（初二能往上而不往）。

爻辭：六五，知臨，大君之宜，吉。象曰：「大君之宜」，行中之謂也。

爻辭：六五，（五無陽依附不能來，五與二相應，五）聰明的監臨眾人，大人君主應當如此，吉祥。象傳說：「大君之宜」，五的行爲持中所致。

命題：六五陰柔順虛。★五位多功。★五陰＊二陽相應。

分析：五乘阻無陽依附不能來，相對立場的二能往上而不往；五居多功之位，所以五「知臨，大君之宜，吉」。

結論：※維持現狀：漸入佳境。※前來：動則得咎。

演式：

天1　上六 ■■ ■■◎上乘阻，上五四乘阻。

天3　六五 ■■ ■■★五乘阻／五承阻。

人5　六四 ■■■■

人6　六三 ■■ ■■

地4　九二 ■■■■＊二往上（二能往上而不往）／二來阻。

地2　初九 ■■■■△初往阻，初二往上（初二能往上而不往）。

爻辭：上六，敦臨，吉，无咎。象曰：「敦臨之吉」，志在內也。

爻辭：上六，（上乘阻無陽依附不能來）敦厚的監臨眾人，吉詳，沒有過失。象傳說：「敦臨之吉」，上志在安內不假外求。

命題：上六陰柔順虛。★上位亢極無咎。★上陰＊三陰不應。

分析：上乘阻無陽依附不能來，上雖然亢極，不過相對立場的陽爻能往而不往；所以上「敦臨，吉，無咎」。

結論：※維持現狀：等待時機。※前來：動則得咎。

演式：

天1　上六 ■■ ■■★上乘阻，上五四乘阻。

天3　六五 ■■ ■■

人5　六四 ■■ ■■

人6　六三 ■■ ■■＊三承阻／三乘初。

地4　九二 ■■■■

地2　初九 ■■■■△初往阻，初二往上（初二能往上而不往）。

☰☷（上巽下坤）風地　觀　　20

卦辭：觀：盥而不薦，有孚顒若。

卦辭：觀卦象徵觀仰：剛開始觀仰祭祀傾酒灌地的儀式，還沒到看到後面的獻享細節，心中已經充滿誠敬肅穆的心情。

彖曰：大觀在上，順而巽，中正以觀天下。「觀，盥而不薦，有孚顒若」，下觀而化也。觀天之神道，而四時不忒；聖人以神道設教，而天下服矣。

彖傳：宏大壯觀的氣象呈現在崇高之處，溫順和巽，居中剛正讓天下人觀仰。「觀，盥而不薦，有孚顒若」，在下者觀仰能夠領受的教化。觀仰天（大自然）運行的神妙規律，就能理解四季交轉毫不差錯的道理；聖人效法大自然的神妙規律設教於天下，天下萬民紛紛順服。

象曰：（上風下地）風行地上，觀；先王以省方觀民設教。

象傳：和風吹行地上，萬物廣受感化，象徵觀仰；先王省巡萬方以觀察民風設計教化。

衍義：觀仰、營求、觀看、展示、遍觀、觀察、觀生。

爻辭：初六，童觀，小人无咎；君子吝。象曰：初六「童觀」，小人道也。

爻辭：初六，（初承阻）像幼童一樣觀仰景物，（五來初，對初而言）小人沒有過失；（五來）君子將有憾惜。象傳說：初六「童觀」，這是小人的淺見之道。

命題：初六陰柔順虛。★初位無爲有咎。★初陰＊四陰不應。

分析：(1)初承阻無陽依附不能往，初「童觀」。(2)五來初，初與五同在內卦，立場相同，所以五來對初而言「小人無咎」。(3)五來初，錯失五與二相應，所以五來「君子吝」。

結論：※維持現狀：等待時機。※前往：動則得咎。

演式：

天1　上九 ■■■■▽上來阻，上五來初。

天3　九五 ■■■■

人5　六四 ■■ ■■＊四乘阻／四承上。

人6　六三 ■■ ■■

地4　六二 ■■ ■■

地2　初六 ■■ ■■★初承阻，初二三承阻。

爻辭：六二，闚觀，利女貞。象曰：闚觀女貞，亦可醜也。

爻辭：六二，（二承阻無陽依附不能往）偷觀美盛景物，利於女子守持正固。象傳說：偷觀美盛景物，女子守持正固，這對（五）男子來說卻是羞醜的。

命題：六二陰柔順虛。★二位多譽。★二陰＊五陽相應。

分析：⑴二承阻無陽依附不能往；五來初在二之內，二比附初，所以二「闚觀，利女貞」。⑵五來初，五與二不能相應，所以五來「亦可醜也」。

結論：※維持現狀：漸入佳境。※前往：動則得咎。

演式：

天1　上九 ■■■■▽上來阻，上五來初。

天3　九五 ■■■■＊五來初／五往阻。

人5　六四 ■■ ■■

人6　六三 ■■ ■■

地4　六二 ■■ ■■★二承阻／二乘阻。

地2　初六 ■■ ■■◎初承阻，初二三承阻。

爻辭：六三，觀我生，進退。象曰：「觀我生進退」，未失道也。

爻辭：六三，（三承乘皆阻無陽依附不能往來）觀察自己的行為，謹慎抉擇進退。象傳說：「觀我生進退」，三未失正確的觀仰之道。

命題：六三陰柔順虛。★三位多凶有咎。★三陰＊上陽相應。

分析：⑴三無陽依附不能往來，所以三「觀我生」。⑵看似三四能隨而往「進」；然而上五來初，三又看似可以隨之「退」來。⑶三多凶有咎，居位不正當，所以才有「進退」之慮，但三無陽依附不能進退。

結論：※維持現狀：處境困難。※前往：動則得咎。※退來：動則得咎。

演式：

天1　上九 ■■■■＊上來阻，上五來初。

天3　九五 ■■■■

人5　六四 ■■ ■■

人6　六三 ■■ ■■★三承阻／三乘阻。

地4　六二 ■■ ■■

地2　初六 ■■ ■■◎初承阻，初二三承阻。

爻辭：六四，觀國之光，利用賓于王。象曰：「觀國之光」，尚賓也。

爻辭：六四，（四承上）觀仰王朝的光輝盛治，利於成爲君王的貴賓。象傳說：「觀國之光」，君王禮遇貴賓。

命題：六四陰柔順虛。★四位多懼無咎。★四陰＊初陰不應。

分析：相對立場的內卦皆陰不能往，而四承上不能往來，所以四「觀國之光，利用賓于王」。

結論：※維持現狀：等待時機。※前往：動則得咎。※退來：動則得咎。

演式：

天1　上九 ■■■■▽上來阻，上五來初。

天3　九五 ■■■

人5　六四 ■■ ■■★四乘阻／四承上。

人6　六三 ■■ ■■

地4　六二 ■■ ■■

地2　初六 ■■ ■■＊初承阻，初二三承阻。

爻辭：九五，觀我生，君子无咎。象曰：「觀我生」，觀民也。

爻辭：九五，（五來初，五來）觀察自己的行為，君子不會有過失。象傳說：「觀我生」，即是觀察民風自省。

命題：九五陽剛健實。★五位多功。★五陽＊二陰相應。

分析：⑴五來初，所以五來「觀我生」即「觀民」。⑵相對立場的內卦皆陰不能往；五來初，所以五來「君子無咎」。

結論：※維持現狀：漸入佳境。※前來：錦上添花。

演式：

天1　上九 ███████▽上來阻，上五來初。

天3　九五 ███████★五來初／五往阻。

人5　六四 ███ ███

人6　六三 ███ ███

地4　六二 ███ ███＊二承阻／二乘阻。

地2　初六 ███ ███◎初承阻，初二三承阻。

120

爻辭：上九，觀其生，君子旡咎。象曰：「觀其生」，志未平也。

爻辭：上九，（上來阻）人們都觀仰他的行為，（上五來初，上來）君子不會有過失。象傳說：「觀其生」，上的心志未能安逸鬆懈。

命題：上九陽剛健實。★上位亢極有咎。★上陽＊三陰相應。

分析：(1)上來阻，上居亢極之位有咎，所以上「志未平」；相對立場的內卦皆陰不能往，所以「觀其生」。(2)雖然上來阻，但上五來初，所以上來「君子無咎」。

結論：※維持現狀：明哲保身。※前來：漸入佳境。

演式：

天1　上九 ■■■■★上來阻，上五來初。

天3　九五 ■■■■

人5　六四 ■■ ■■

人6　六三 ■■ ■■＊三承阻／三乘阻。

地4　六二 ■■ ■■

地2　初六 ■■ ■■◎初承阻，初二三承阻。

䷔（上離下震）火雷　噬嗑　21

卦辭：噬嗑：亨，利用獄。

卦辭：噬嗑卦象徵嚙合：亨通，利於施用刑法。

彖曰：頤中有物，曰噬嗑。噬嗑而亨，剛柔分，動而明，雷電合而章。柔得中而上行，雖不當位，利用獄也。

彖傳：口中有食物，象徵嚙合。嚙合而後亨通，剛柔上下先各自分開，然後交相運動嚙合的意義顯明，就像雷震閃電交擊昭彰嚙合的道理。陰柔者居中向上依附，雖然不在陰柔之位，但利於施用刑法。

象曰：（上火下雷）雷電，噬嗑；先王以明罰敕法。

象傳：雷電交擊，象徵嚙合；先王以此嚴明刑罰而肅正法令。

衍義：嚙合、相合、如口進食、咬合、刑罰、摩擦、威嚴、克服。

爻辭：初九，屨校滅趾，无咎。象曰：「屨校滅趾」，不行
也。

爻辭：初九，（四來二，對初而言）戴著腳鐐的刑具磨傷腳
趾，沒有過失。象傳說：「屨校滅趾」，初不前往。

命題：初九陽剛健實。★初位無爲無咎。★初陽＊四陽不
應。

分析：(1)四來二對初而言「屨校」；以致初能往三而不往，
初「滅趾」、「不行也」。(2)最終相對立場的外卦四能來二而不
來，所以初「無咎」。

結論：※維持現狀：等待時機。※前往：動則得咎。

演式：

天1　上九 ▉▉▉▉▉▽上來五。

天3　六五 ▉▉　▉▉

人5　九四 ▉▉▉▉▉＊四來二（四能來二而不來）／四往五（四能往五而不往）。

人6　六三 ▉▉　▉▉

地4　六二 ▉▉　▉▉

地2　初九 ▉▉▉▉▉★初往三（初能往三而不往）。

爻辭：六二，噬膚，滅鼻，无咎。象曰：「噬膚滅鼻」，乘
剛也。

爻辭：六二，（初往二）就像咬嚙皮膚般的施刑，傷滅犯人
的鼻梁，不會有過失。象傳說：「噬膚滅鼻」，二乘凌剛強者。

命題：六二陰柔順虛。★二位多譽。★二陰＊五陰不應。

分析：(1)二承阻無陽依附不能往，且又受到初往的牽制，所
以二「噬膚，滅鼻」。(2)相對立場的外卦陽爻不能來；二乘初，
所以二「無咎」、「乘剛」。

説明：(3)二乘初，二依附初，並沒有離開二位。

結論：※維持現狀：穩健發展。※前往：動則得咎。

演式：

天1　上九 ▇▇▇▇▽上來五。

天3　六五 ▇▇ ▇▇＊五乘四，五隨四來二（五能隨四來二而不來）／五承上。

人5　九四 ▇▇▇▇

人6　六三 ▇▇ ▇▇

地4　六二 ▇▇ ▇▇★二承阻／二乘初。

地2　初九 ▇▇▇▇△初往三（初能往三而不往）。

爻辭：六三，噬腊肉，遇毒；小吝，无咎。象曰：「遇毒」
，位不當也。

爻辭：六三，（如果三往）好像咬嚙堅硬的腊肉，肉中有毒
物；（三承四）稍致憾惜，但不會有過失。象傳說：「遇毒」，
三居位不正當。

命題：六三陰柔順虛。★三位多凶有咎。★三陰＊上陽相
應。

分析：(1)雖然三承四不能往，但三隨四往五，不過上來五，
三又受到初往的牽制，以致三能隨四往五而不往，如果三往「噬
腊肉，遇毒」。(2)三承四不能往，所以三「小吝」。(3)相對立場
的外卦陽爻不能來，只要三不冒然前往「無咎」。

說明：(4)三承四，三依附四，並沒有離開三位。

結論：※維持現狀：明哲保身。※前往：動則得咎。※退
來：動則得咎。

演式：

天1　上九　■■■■■＊上來五。

天3　六五　■■　■■

人5　九四　■■■■■

人6　六三　■■　■■★三承四，三隨四往五（三能隨四往五而不往）／三乘阻。

地4　六二　■■　■■

地2　初九　■■■■■△初往三（初能往三而不往）。

爻辭：九四，噬乾胏，得金矢。利艱貞，吉。象曰：「利艱貞吉」，未光也。

爻辭：九四，（四來二）就像咬嚙乾硬帶骨的肉，（初往三，對四而言）遇見金箭般的剛強力量對抗；（以致四能來二而不來）利於在艱難守持正固，可獲吉祥。象傳說：「利艱貞吉」，四的行爲尚未發揚光大。

命題：九四陽剛健實。★四位多懼有咎。★四陽＊初陽不應。

分析：(1)雖然四來二，但初往三，以致四能來二而不來，所以如果四來「噬乾胏，得金矢」。(2)最終相對立場的初能往三而不能往，只要四不貿然退來「利艱貞，吉」。

結論：※維持現狀：處境困難。※前往：動則得咎。※退來：動則得咎。

演式：

天1　上九 ■■■■▽上來五。

天3　六五 ■■ ■

人5　九四 ■■■■★四來二（四能來二而不來）／四往五（四能往五而不往）。

人6　六三 ■■ ■

地4　六二 ■■ ■

地2　初九 ■■■■＊初往三（初能往三而不往）。

爻辭：六五，噬乾肉，得黃金；貞厲，无咎。象曰：「貞厲无咎」，得當也。

爻辭：六五，（五隨四來二）就像咬嚙乾硬的肉脯，（初往三，對五而言）遇見黃金般的堅毅力量對抗；（五承上）守持正固以防危險，沒有過失。象傳說：「貞厲无咎」，五的行為符合正當。

命題：六五陰柔順虛。★五位多功。★五陰＊二陰不應。

分析：(1)雖然五乘四不能來，但五隨四來二，五來「噬乾肉」。(2)不過初往三，初往對四來而言「得黃金」；以致五能隨四來二而不來。(3)如果五來將會引發相對立場的初往三，所以五「貞厲」。(4)最終相對立場的初能往三而不往；五承上，所以五「無咎」。

說明：（5）五承上，五依附上，並沒有離開五位。

結論：※維持現狀：穩健發展。※前來：動則得咎。

演式：

天1　上九 ■■■■■▽上來五。

天3　六五 ■■ ■■★五乘四，五隨四來二（五能隨四來二而不來）／五承上。

人5　九四 ■■■■■

人6　六三 ■■ ■■

地4　六二 ■■ ■■＊二承阻／二乘初。

地2　初九 ■■■■■△初往三（初能往三而不往）。

爻辭：上九，何校滅耳，凶。象曰：「何校滅耳」，聰不明
也。

爻辭：上九，（上來五）肩負刑具傷滅耳朶，有凶險。象傳
說：「何校滅耳」，上太不聰明了。

命題：上九陽剛健實。★上位亢極有咎。★上陽＊三陰相
應。

分析：⑴上來五，上亢極有咎不能來，上「何校滅耳，
凶」。

說明：⑵上來五，上親比五，並沒有離開上位。

結論：※維持現狀：明哲保身。※前來：動則得咎。

演式：

天1　上九 ■■■■■★上來五。

天3　六五 ■■ ■■

人5　九四 ■■■■■

人6　六三 ■■ ■■＊三承四，三隨四往五（三能隨四往五而不往）／三乘阻。

地4　六二 ■■ ■■

地2　初九 ■■■■■△初往三（初能往三而不往）。

☲ （上艮下離）山火 賁 22

卦辭：賁：亨，小利有攸往。

卦辭：賁卦象徵文飾：亨通，小利有所前往。

彖曰：「賁，亨」，柔來而文剛，故亨；分剛上而文柔，故「小利有攸往」，天文也；文明以止，人文也。觀乎天文，以察時變；觀乎人文，以化成天下。

彖傳：「賁，亨」，就像陰柔者來文飾陽剛，亨通；有分陽剛居上文飾陰柔，所以「小利有攸往」，這是天的文彩；文章燦明止於禮義，這是人類的文彩。觀察天的文彩，以知四季轉變的規律；觀察人類的文彩，以教化育成天下四方民眾。

象曰：（上山下火）山下有火，賁；君子以明庶政，无敢折獄。

象傳：山下燃燒著火焰，象徵文飾；君子修明眾多的政務，但不敢靠文飾處理刑獄。

衍義：文飾、美飾不須色彩、裝飾、交錯、明辨、純潔。

爻辭：初九，賁其趾，舍車而徒。象曰：「舍車而徒」，義弗乘也。

爻辭：初九，（初往二）在腳趾做文飾，捨棄大車徒步行走。象傳說：「舍車而徒」，初居卑下不應乘坐大車。

命題：初九陽剛健實。★初位無為無咎。★初陽＊四陰相應。

分析：(1)初往二，所以初「賁其趾，舍（捨）車而徒」。

說明：(2)初往二，初親比二，並沒有離開初位。

結論：※維持現狀：漸入佳境。※前往：動則得咎。

演式：

天1　上九 ■■■■■▽上來四。

天3　六五 ■■ ■■

人5　六四 ■■ ■■＊四乘三，四隨三來二（四能隨三來二而不來）／四承阻。

人6　九三 ■■■■■

地4　六二 ■■ ■■

地2　初九 ■■■■■★初往二。

爻辭：六二，賁其須。象曰：「賁其須」，與上興也。

爻辭：六二，（二乘初）文飾尊者的美鬚。象傳說：「賁其須」，二與上卦的五各自發展興盛互為文飾。

命題：六二陰柔順虛。★二位多譽。★二陰＊五陰不應。

分析：⑴雖然二承三不能往，但二隨三往五；不過上來四，以致二能隨三往五而不往。二乘初何以「與上興也」？因為相對立場五承上，而二乘初，二與五互不侵犯，各自發展，所以「與上興也」。

說明：⑵二乘初，二依附初，並沒有離開二位。

結論：※維持現狀：穩健發展。※前往：動則得咎。

演式：

天1　上九 ■■■■■▽上來四。

天3　六五 ■■ ■■＊五乘阻／五承上。

人5　六四 ■■ ■■

人6　九三 ■■■■■

地4　六二 ■■ ■■★二承三，二隨三往五（二能隨三往五而不往）／二乘初。

地2　初九 ■■■■■△初往二。

爻辭：九三，賁如，濡如，永貞吉。象曰：永貞之吉，終莫
之陵也。

爻辭：九三，（三能往來而不往來）文飾的非常俊美，與人
頻頻互施惠澤，永久守持正固可獲吉祥。象傳說：永久守持正固
可獲吉祥，三始終沒有被逾越凌壓。

命題：九三陽剛健實。★三位多凶無咎。★三陽＊上陽不
應。

分析：(1)雖然三往五，但內卦陽爻能直往天位而不往，而且
上來四，以致三能往五而不往；初往二，以致三能來二而不來；
三能往來而不往來，所以三「賁如，濡如」。(2)相對立場的上來
四，只要三不冒然前往「永貞吉」。

結論：※維持現狀：明哲保身。※前往：動則得咎。※退
來：動則得咎。

演式：

天1　上九 ■■■■＊上來四。

天3　六五 ■■ ■■

人5　六四 ■■ ■■

人6　九三 ■■■■★三往五（三能往五而不往）／三來二（三能來二而不來）。

地4　六二 ■■ ■■

地2　初九 ■■■■△初往二。

爻辭：六四，賁如，皤如，白馬翰如；匪寇，婚媾。象曰：六四當位，疑也；「匪寇婚媾」，終无尤也。

爻辭：六四，（四乘三）文飾的非常素美，全身潔白，坐下白馬也清純無雜；並非強寇，而是聘求婚配的佳偶。象傳說：四當位得正，但心中仍存疑懼；「匪寇婚媾」，四最終無所怨尤。

命題：六四陰柔順虛。★四位多懼無咎。★四陰＊初陽相應。

分析：(1)雖然四乘三不能來，但四隨三來二，不過初往二，且四又受到上來的牽制，以致四能隨三來二而不來，所以四來有所「疑也」。(2)四乘三，所以四與三「賁如，皤如，白馬翰如；匪寇，婚媾。」、「終無尤也」。

說明：(3)四乘三，四依附三，並沒有離開四位。

結論：※維持現狀：等待時機。※前往：動則得咎。※退來：動則得咎。

演式：

天1　上九 ■■■■▽上來四。

天3　六五 ■■ ■

人5　六四 ■■ ■■★四乘三，四隨三來二（四能隨三來二而不來）／四承阻。

人6　九三 ■■■■

地4　六二 ■■ ■

地2　初九 ■■■■＊初往二。

　　爻辭：六五，賁于丘園，束帛戔戔；吝，終吉。象曰：六五
之吉，有喜也。

　　爻辭：六五，（五承上）文飾在山丘園圃中，持一束微薄的
絲帛禮聘賢士；（五與二不應）縱使下無應而有憾惜，（五承
上）但最終可獲吉祥。象傳說：五的吉祥，必有喜慶。

　　命題：六五陰柔順虛。★五位多功。★五陰＊二陰不應。

　　分析：(1)五承上「賁于丘園，束帛戔戔」。(3)五與二不應，
所以五「吝」。(2)相對立場的內卦不能往，五承上，所以五「終
吉」。

　　說明：(3)五承上，五依附上，並沒有離開五位。

　　結論：※維持現狀：穩健發展。※前來：動則得咎。

演式：

天1　上九 ■■■■▽上來五。

天3　六五 ■■ ■■★五乘阻／五承上。

人5　六四 ■■ ■■

人6　九三 ■■■■

地4　六二 ■■ ■■＊二承三，二隨三往五（二能隨三往五而不往）／二乘初。

地2　初九 ■■■■△初往二。

爻辭：上九，白賁，无咎。象曰：「白賁无咎」，上得志也。

爻辭：上九，（上來四）素白無華的文飾，沒有過失。象傳說：「白賁无咎」，上大遂心志。

命題：上九陽剛健實。★上位亢極有咎。★上陽＊三陽不應。

分析：(1)上來四，上五四都在外卦，立場相同，所以上來「白賁無咎，上得志也」。(2)由於相對立場的內卦不能往，所以上來「無咎」。

結論：※維持現狀：明哲保身。※前來：漸入佳境。

演式：

天1　上九 ■■■■★上來四。

天3　六五 ■■ ■■

人5　六四 ■■ ■■

人6　九三 ■■■■＊三往五（三能往五而不往）／三來二（三能來二而不來）。

地4　六二 ■■ ■■

地2　初九 ■■■■△初往二。

䷖（上艮下坤）山地　剝　**23**

卦辭：剝：不利有攸往。

卦辭：剝卦象徵剝落：不利於有所前往。

彖曰：剝，剝也，柔變剛也。「不利有攸往」，小人長也，順而止之，觀象也；君子尚消息盈虛，天行也。

彖傳：剝，意思是剝落，就像陰柔者侵蝕改變了陽剛的本質。「不利有攸往」，陰柔小人的勢力盛長，應當順勢抑止小人之勢，從觀察剝卦的卦象可以獲知；君子崇尚消亡與生息、盈盛與虧虛的轉化哲理，這是天（大自然）的運行規律啊。

象曰：（上山下地）山附於地，剝；上以厚下安宅。

象傳：高山頹落在地面，象徵剝落；居上者以厚實底下基礎安固住宅。

衍義：剝落、爛熟剝落、浸蝕、壓制、逼迫、消除。

133

爻辭：初六，剝牀以足，蔑；貞凶。象曰：「剝牀以足」，
以滅下也。

爻辭：初六，（上來初）剝落牀先剝及牀腳，牀腳侵蝕；
（初）守持正固以防凶險。象傳說：「剝牀以足」，最初是侵蝕
下部基礎。

命題：初六陰柔順虛。★初位無為有咎。★初陰＊四陰不
應。

分析：相對立場的上來初，天剝地；上來對初而言「剝牀以
足，蔑；貞凶」。

結論：※維持現狀：處境困難。※前往：動則得咎。

演式：

天1　上九 ■■■■ ▽上來初。

天3　六五 ■■ ■■

人5　六四 ■■ ■■ ＊四乘阻／四承阻。

人6　六三 ■■ ■■

地4　六二 ■■ ■■

地2　初六 ■■ ■■ ★初承阻，初二三承阻。

爻辭：六二，剝牀以辨，蔑；貞凶。象曰：「剝牀以辨」，未有與也。

爻辭：六二，（上來二）剝落牀已經剝至牀頭，牀頭侵蝕；㈡守持正固以防凶險。象傳說：「剝牀以辨」，二未獲五的相助。

命題：六二陰柔順虛。★二位多譽。★二陰＊五陰不應。

分析：⑴相對立場的上來二，天剝地；上來對二而言「剝牀以辨，蔑；貞凶」。

說明：⑵何以本爻為初爻的時候是「上來初」，本爻為二爻的時候是「上來二」？因為演卦時，「天地根」的陽爻，除了上、初爻是本爻之外，不論是上來、初往（即陽遇陰）皆不過越本爻。

結論：※維持現狀：等待時機。※前往：動則得咎。

演式：

天1　上九 ■■■■ ▽上來二。

天3　六五 ■■ ■■ ＊五乘阻／五承上。

人5　六四 ■■ ■■

人6　六三 ■■ ■■

地4　六二 ■■ ■■ ★二承阻／二乘阻。

地2　初六 ■■ ■■ ◎初承阻，初二三承阻。

爻辭：六三，剝之，无咎。象曰：「剝之无咎」，失上下也。

爻辭：六三，（上來三，只要三不冒然前往）雖處剝落之時，沒有過失。象傳說：「剝之无咎」，三不依附上下群陰獨應上陽。

命題：六三陰柔順虛。★三位多凶有咎。★三陰＊上陽相應。

分析：(1)三承乘皆阻無陽依附不能往來，上來三，三與上同在內卦，立場相同，陰陽相應，上來對三而言「剝之」。(2)不過三與上相應，只要三不冒然前往「無咎」。

結論：※維持現狀：明哲保身。※前往：動則得咎。※退來：動則得咎。

演式：

天1　上九 ■■■＊上來三。

天3　六五 ■■ ■

人5　六四 ■■ ■

人6　六三 ■■ ■★三承阻／三乘阻。

地4　六二 ■■ ■

地2　初六 ■■ ■◎初承阻，初二三承阻。

爻辭：六四，剝牀以膚，凶。象曰：「剝牀以膚」，切近災也。

爻辭：六四，（上來四）剝落牀已剝至牀面，（四不能往來）有凶險。象傳說：「剝牀以膚」，四迫近災禍了。

命題：六四陰柔順虛。★四位多懼無咎。★四陰＊初陰不應。

分析：(1)上來四，四受到上的牽制，上來對四而言「剝牀以膚」。(2)四承乘皆阻無陽依附不能往來；四已在外卦，所以「切近災也」、「凶」。

結論：※維持現狀：明哲保身。※前往：動則得咎。※退來：動則得咎。

演式：

天1　上九 ■■■■■▽上來四。

天3　六五 ■■ ■■

人5　六四 ■■ ■■★四乘阻／四承阻。

人6　六三 ■■ ■■

地4　六二 ■■ ■■

地2　初六 ■■ ■■＊初承阻，初二三承阻。

爻辭：六五，貫魚以宮人寵，无不利。象曰：「以宮人寵」，終无尤也。

爻辭：六五，（五承上）像魚串起來一樣引領眾宮女承寵於君王，無所不利。象傳說：「以宮人寵」，五最終不會有怨尤。

命題：六五陰柔順虛。★五位多功。★五陰＊二陰不應。

分析：(1)相對立場的內卦初二三隨四五承上「貫魚」；五承上，所以五「無不利」。

說明：(2)五承上，五依附上，沒有離開五位，所以五「終無尤也」。

結論：※維持現狀：穩健發展。※前來：動則得咎。

演式：

天1　上九 ■■■■▽上來五。

天3　六五 ■■ ■■★五乘阻／五承上。

人5　六四 ■■ ■■

人6　六三 ■■ ■■

地4　六二 ■■ ■■＊二承阻／二乘阻。

地2　初六 ■■ ■■◎初承阻，初二三承阻。

爻辭：上九，碩果不食，君子得輿，小人剝廬。象曰：「君子得輿」，民所載也；「小人剝廬」，終不可用也。

爻辭：上九，（初二三四五承上，上）碩大的果食未被摘食，（上來初，上來）君子能驅車濟世，（如果內卦諸陰前往）小人剝落家產。象傳說：「君子得輿」，因為民眾所愛戴；「小人剝廬」，小人最終不可任用。

命題：上九陽剛健實。★上位亢極有咎。★上陽＊三陰相應。

分析：(1)初二三四五承上，上「碩果不食」。(2)上來初，上來「君子得輿」。(3)相對立場的內卦皆陰不能往，如果內卦諸陰前往「小人剝廬」。

說明：(4)卦中只有一陽爻，不論在何爻位，一定是來而不往。

結論：※維持現狀：明哲保身。※前來：漸入佳境。

演式：

天1　上九 ■■■■★上來初。

天3　六五 ■■ ■■

人5　六四 ■■ ■■

人6　六三 ■■ ■■＊三承阻／三乘阻。

地4　六二 ■■ ■■

地2　初六 ■■ ■■◎初承阻，初二三承阻。

☷☳（上坤下震）地雷　復　　24

卦辭：復：亨。出入无疾，朋來无咎；反復其道，七日來復，利有攸往。

卦辭：復卦象徵回復；亨通。陽氣內生外長無所疾患，朋友來依附不會有過失；回復有一定的規律，過不了七日必將回復，利於有所前往。

彖曰：「復，亨」，剛反；動而以順行，是以「出入无疾，朋來无咎」。「反復其道，七日來復」，天行也。「利有攸往」，剛長也。復，其見天地之心乎！

彖傳：「復，亨」，陽剛回復；奮動而順暢通行，所以「出入無疾，朋來无咎」。「反復其道，七日來復」，這是天（大自然）的運行法則。「利有攸往」，陽剛日益盛長。回復的道理，體現天地生育萬物的用心吧！

象曰：（上地下雷）雷在地中，復；先王以至日閉關，商旅不行，后不省方。

象傳：春雷在地中微動，象徵陽氣回復；先王在微陽初動的冬至之日閉關靜養，商賈旅客不外出遠行，君主也不省巡四方。

衍義：回復、重返正本、復歸、復來、變動、恢復、道長。

爻辭：初九，不遠復，无祇悔，元吉。象曰：不遠之復，以修身也。

爻辭：初九，（初能往上而不往）剛走不遠就回頭，不會有悔恨，至為吉祥。象傳說：剛走不遠就回頭，初能修身自省。

命題：初九陽剛健實。★初位無為無咎。★初陽＊四陰相應。

分析：(1)雖然初往上，但地位陽爻能直往天位而不往，以致初能往上而不往，初「不遠復」。(2)相對立場的外卦諸陰不能來，初能往上而不往，所以初「無祇悔，元吉」。

結論：※維持現狀：等待時機。※前往：動則得咎。

演式：

天1　上六 ■■ ■■◎上乘阻，上五四乘阻。

天3　六五 ■■ ■■

人5　六四 ■■ ■■＊四乘阻／四承阻。

人6　六三 ■■ ■■

地4　六二 ■■ ■■

地2　初九 ■■■■★初往上（初能往上而不往）。

爻辭：六二，休復，吉。象曰：休復之吉，以下仁也，。

爻辭：六二，（二乘初）美好的回復，吉祥。象傳說：美好的回復可獲吉祥，二依附居下仁人。

命題：六二陰柔順虛。★二位多譽。★二陰＊五陰不應。

分析：(1)相對立場的外卦諸陰不能來，二乘初，所以二「休復，吉」。

説明：(2)二乘初，二依附初，並沒有離開二位。(3)何以本爻為初爻的時候是「初往上」，本爻為二爻的時候是「初往二」？因為演卦時，「天地根」的陽爻，除了上、初爻本身就是本爻之外，不論是上來、初往（即陽遇陰）皆不過越本爻。

結論：※維持現狀：穩健發展。※前往：動則得咎。

演式：

天1　上六 ■■ ■■◎上乘阻，上五四乘阻。

天3　六五 ■■ ■■＊五乘阻／五承阻。

人5　六四 ■■ ■■

人6　六三 ■■ ■■

地4　六二 ■■ ■■★二承阻／二乘初。

地2　初九 ■■■■△初往上（初能往上而不往）。

爻辭：六三，頻復，屬无咎。象曰：頻復之屬，義无咎也。

爻辭：六三，（三承乘皆阻無陽依附不能往來，三又受到初往的牽制，三）頻頻回頭，（只要三不冒然前往）雖有危險並沒有過失。象傳說：頻頻回頭而有危險，但沒有過失。

命題：六三陰柔順虛。★三位多凶有咎。★三陰＊上陰不應。

分析：(1)三承乘皆阻無陽依附不能往來；初往三，三又受到初往的牽制，所以三「頻復」。(2)相對立場的外卦皆陰不能來，只要三不冒然前往，三雖「屬」而「無咎」。

結論：※維持現狀：處境困難。※前往：動則得咎。※退來：動則得咎。

演式：

天1　上六 ■■ ■■＊上乘阻，上五四乘阻。

天3　六五 ■■ ■■

人5　六四 ■■ ■■

人6　六三 ■■ ■■★三承阻／三乘阻。

地4　六二 ■■ ■■

地2　初九 ■■■■△初往上（初能往上而不往）。

爻辭：六四，中行獨復。象曰：「中行獨復」，以從道也。

爻辭：六四，（四承乘皆阻無陽依附不能往來）居中行正專心回復。象傳說：「中行獨復」，四遵行正道的行為。

命題：六四陰柔順虛。★四位多懼無咎。★四陰＊初陽相應。

分析：初往四，初與四同在外卦，立場相同，陰陽相應；四承乘皆阻無陽依附不能往來，所以四「中行獨復，以從道也」。

結論：※維持現狀：等待時機。※前往：動則得咎。※退來：動則得咎。

演式：

天1　上六 ■■ ■■◎上乘阻，上五四乘阻。

天3　六五 ■■ ■■

人5　六四 ■■ ■■★四乘阻／四承阻。

人6　六三 ■■ ■■

地4　六二 ■■ ■■

地2　初九 ■■■■＊初往四（初能往上而不往）。

爻辭：六五，敦復，无悔。象曰：「敦復无悔」，中以自考
也。

爻辭：六五，（五乘阻無陽依附不能來）敦厚的回復，無所
悔恨。象傳說：「敦復无悔」，五居中並能自我省察。

命題：六五陰柔順虛。★五位多功。★五陰＊二陰不應。

分析：(1)雖然相對立場的初往五，但地位陽爻能直往天位而
不往，以致初能往五而不往。(2)雖然五乘阻無陽依附不能來，但
五居多功之位，所以五「敦復無悔」、「中以自考」。

結論：※維持現狀：漸入佳境。※前來：動則得咎。

演式：

天1　上六 ■■ ■■◎上乘阻，上五四乘阻。

天3　六五 ■■ ■■★五乘阻／五承阻。

人5　六四 ■■ ■■

人6　六三 ■■ ■■

地4　六二 ■■ ■■＊二承阻／二乘初。

地2　初九 ■■■■△初往五（初能往五而不往）。

爻辭：上六，迷復，凶，有災眚。用行師，終有大敗；以其國，君凶，至于十年不克征。小象曰：迷復之凶，反君道也。

爻辭：上六，（上乘阻無陽依附不能來）迷入歧途不知回復，有凶險，會有災禍。（如果上來）用來帶兵作戰，最終將遭大敗；（上乘阻）用以治理國政，會導致國亂君凶，（上無陽依附不能來）甚至十年的時間也無法征伐。象傳說：迷入歧途不知回復的凶險，違反君主作為。

命題：上六陰柔順虛。★上位亢極無咎。★上陰＊三陰不應。

分析：(1)上亢極「迷復，凶；有災眚」。(2)如果上有所行動，上來「用行師」，會引發相對立場的初往上，所以上「終將大敗」。(3)上乘阻，上居亢極之位「以其國」，所以「君凶」。(4)上無陽依附不能來「不克征」。

結論：※維持現狀：明哲保身。※前來：動則得咎。

演式：

天1　上六 ▉▉ ▉▉★上乘阻，上五四乘阻。

天3　六五 ▉▉ ▉▉

人5　六四 ▉▉ ▉▉

人6　六三 ▉▉ ▉▉＊三承阻／三乘阻。

地4　六二 ▉▉ ▉▉

地2　初九 ▉▉▉▉▉△初往上（初能往上而不往）。

（上乾下震）天雷　无妄　25

卦辭：无妄：元亨，利貞；其匪正有眚，不利有攸往。

卦辭：无妄卦象徵不妄為：至為亨通，利於守持正固；背離正道必有禍患，不利於有所前往。

彖曰：无妄，剛自外來而為主於內，動而健，剛中而應；大亨以正，天之命也。「其匪正有眚，不利有攸往」，无妄之往，何之矣？天命不祐，行矣哉！

彖傳：不妄為，陽剛者從外部前來成為內部的主宰，威勢震動而又剛健，剛正居中應合於下，大為亨通執中不偏，這是天的使命。「其匪正有眚，不利有前往」，不可妄為之時卻想要前往，那裡有路可走呢？天的使命不給予祐助，怎敢這樣一意孤行啊！

象曰：（上天下雷）天下雷行，物與无妄；先王以茂對時育萬物。

象傳：天下雷聲震行，象徵萬物敬畏而不妄為；先王用強盛威勢配合天時養育萬物。

衍義：不妄為、意外災害、不虛偽、望外、自行運行、誠動、震動。

爻辭：初九，无妄，往吉。象曰：无妄之往，得志也。

爻辭：初九，（初往三）不妄爲，往前可獲吉祥。象傳說：不妄爲往前可獲吉祥，初遂其心願。

命題：初九陽剛健實。★初位無爲無咎。★初陽＊四陽不應。

分析：初往三，初二三同在內卦，立場相同，以致相對立場的四能來二而不來，所以初「往吉」。

結論：※維持現狀：等待時機。※前往：穩健發展。

演式：

天1　上九 ▉▉▉▉▉▽上來阻，上五四來二（上五四能來二而不來）。

天3　九五 ▉▉▉▉▉

人5　九四 ▉▉▉▉▉＊四來二（四能來二而不來）／四往阻。

人6　六三 ▉▉　▉▉

地4　六二 ▉▉　▉▉

地2　初九 ▉▉▉▉▉★初往三。

爻辭：六二，不耕穫，不菑畬，則利有攸往。象曰：「不耕穫」，未富也。

爻辭：六二，（二乘初）不事耕耘也不圖收穫，不務開墾也不謀良田，（爾後初往三，二就有隨往的機會）這樣有利於前往。象傳說：「不耕穫」，二未曾希求富貴。

命題：六二陰柔順虛。★二位多譽。★二陰＊五陽相應。

分析：(1)二乘初，二「不耕穫，不菑畬」、「未富」。(2)爾後初往三，二就有隨往的機會，所以二「利有攸往」；只是二當下「未富」。

說明：(3)二乘初，二依附初，並沒有離開二位。

結論：※維持現狀：穩健發展。※前往：動則得咎。

演式：

天1　上九 ■■■■■▽上來阻，上五四來二（上五四能來二而不來）。

天3　九五 ■■■■■＊五來阻，五四來二（五四能來二而不來）／五往阻。

人5　九四 ■■■■■

人6　六三 ■■ ■■

地4　六二 ■■ ■■★二承阻／二乘初。

地2　初九 ■■■■■△初往二。

爻辭：六三，无妄之災，或繫之牛，行人之得，邑人之災。
象曰：行人得牛，邑人災也。

爻辭：六三，（初往三）不妄爲卻也遭致災禍，就像有人繫
栓著一頭牛，路人順手牽走，（三不能往來）邑中無關此事的人
家被誣而遭捕。象傳說：路人順手牽走牛，邑中無關此事的人家
被誣而遭捕。

命題：六三陰柔順虛。★三位多凶有咎。★三陰＊上陽相
應。

分析：(1)初往三，初往「行人得之」。(2)三不能往來，所以
對三而言是「無妄之災，或繫之牛，邑人之災」。

結論：※維持現狀：處境困難。※前往：動則得咎。※退
來：動則得咎。

演式：

天1　上九 ■■■＊上來阻，上五四來二（上五四能來二而不來）。

天3　九五 ■■■

人5　九四 ■■■

人6　六三 ■■ ■■★三承上／三乘阻。

地4　六二 ■■ ■■

地2　初九 ■■■△初往三。

爻辭：九四，可貞，无咎。象曰：「可貞无咎」，固有之也。

爻辭：九四，（四能來二而不來）能夠守持正固，不會有過失。象傳說：「可貞无咎」，四要牢牢守住所有。

命題：九四陽剛健實。★四位多懼有咎。★四陽＊初陽不應。

分析：(1)雖然四來二，但初往三，以致四能來二而不來，所以四「可貞」。(2)由於相對立場的內卦陽爻不能往外卦，所以四「無咎」。

結論：※維持現狀：處境困難。※前往：動則得咎。※退來：動則得咎。

演式：

天1　上九 ■■■■▽上來阻，上五四來二（上五四能來二而不來）。

天3　九五 ■■■■

人5　九四 ■■■■★四來二（四能來二而不來）／四往阻。

人6　六三 ■■ ■■

地4　六二 ■■ ■■

地2　初九 ■■■■＊初往三。

爻辭：九五，无妄之疾，勿藥有喜。象曰：无妄之藥，不可
試也。

爻辭：九五，（五四來二，五來）不妄為卻染恙疾，（五四
能來二而不來）不用服藥自癒有喜。象傳說：不妄為卻染恙疾不
用服藥，藥物是不可胡亂試用的。

命題：九五陽剛健實。★五位多功。★五陽＊二陰相應。

分析：(1)雖然五來阻，但五四來二，不過相對立場的初往
三，以致五四能來二而不來；如果五來「無妄之疾」。(2)相對立
場的內卦陽爻不能往外卦；雖然五來阻，但五居多功之位「勿藥
有喜」。

結論：※維持現狀：漸入佳境。※前來：動則得咎。

演式：

天1　上九 ▇▇▇▇▽上來阻，上五四來二（上五四能來二而不來）。

天3　九五 ▇▇▇▇★五來阻，五四來二（五四能來二而不來）／五往阻。

人5　九四 ▇▇▇▇

人6　六三 ▇▇ ▇▇

地4　六二 ▇▇ ▇▇＊二承阻／二乘初。

地2　初九 ▇▇▇▇△初往三。

爻辭：上九，无妄，行有眚，无攸利。象曰：无妄之行，窮之災也。

爻辭：上九，（上來阻）不妄爲，（如果上來）前來會有禍患，無所利益。象傳說：上不妄爲有所行動，這是由於時窮難通前來遭災禍。

命題：上九陽剛健實。★上位亢極有咎。★上陽＊三陰相應。

分析：(1)相對立場的初往三，以致上五四能來二而不來。(2)如果上來將會「行有眚，無攸利」。(3)上亢極有咎來阻，所以上「窮之災也」。

結論：※維持現狀：明哲保身。※前來：動則得咎。

演式：

天1　上九 ■■■■■★上來阻，上五四來二（上五四能來二而不來）。

天3　九五 ■■■■■

人5　九四 ■■■■■

人6　六三 ■■ ■■＊三承上／三乘阻。

地4　六二 ■■ ■■

地2　初九 ■■■■■△初往三。

䷙（上艮下乾）山天　大畜　26

卦辭：大畜：利貞；不家食吉；利涉大川。

卦辭：大畜卦象徵大為畜聚：利於守持正固；不使人在家中自食可獲吉祥；利於涉越大河。

彖曰：大畜，剛健篤實，輝光日新其德；剛上而尚賢，能止健，大正也。「不家食吉」，養賢也。「利涉大川」，應乎天也。

彖傳：大為畜聚，剛健篤實，乃至光輝日日增新自身的德行；陽剛居上而崇尚賢人，又能夠制約健強者，這是極大的正道。「不家食吉」，畜養賢人。「利涉大川」，應合天（大自然）的規律。

象曰：（上山下天）天在山中，大畜；君子以多識前言往行，以畜其德。

象傳：天包涵在山中，象徵大為畜聚；君子因此多方記取前賢的言論與往聖的事跡，以此畜聚自身的德行。

衍義：大為畜聚、畜聚、大蓄積、大阻止、包容、擴充、養德。

爻辭：初九，有厲，利已。象曰：「有厲利已」，不犯災也。

爻辭：初九，（如果初二三往五，初往）有危險！有利的情勢已經結束。象傳說：「有厲利已」，初不可冒著災患前往。

命題：初九陽剛健實。★初位無爲無咎。★初陽＊四陰相應。

分析：(1)雖然初往阻，但初二三往五；不過相對立場的外卦上來四，以致初二三能往五而不往；如果初往「有厲利已」。(2)初能往而不往，所以初「不犯災」。

結論：※維持現狀：等待時機。※前往：動則得咎。

演式：

天1　上九 ■■■■■▽上來四。

天3　六五 ■■ ■■

人5　六四 ■■ ■■＊四乘初／四承阻。

人6　九三 ■■■■■

地4　九二 ■■■■■

地2　初九 ■■■■■★初往阻，初二三往五（初二三能往五而不往）。

152

爻辭：九二，輿說輹。象曰：「輿說輹」，中无尤也。

爻辭：九二，（二三能往五而不往）車脫落輪輹不前。象傳說：「輿說（脫）輹」，二居中無所過尤。

命題：九二陽剛健實。★二位多譽。★二陽＊五陰相應。

分析：(1)雖然二往阻，但二三往五；不過上來四，以致二三能往五而不往，所以二「輿說（脫）輹」。(2)相對立場的外卦上來四不至內卦，所以二居多譽之位「中無尤也」。

結論：※維持現狀：漸入佳境。※前往：動則得咎。

演式：

天1　上九 ▆▆▆▆▽上來四。

天3　六五 ▆▆ ▆▆＊五乘阻／五承上。

人5　六四 ▆▆ ▆▆

人6　九三 ▆▆▆▆

地4　九二 ▆▆▆▆★二往阻，二三往五（二三能往五而不往）／二來阻。

地2　初九 ▆▆▆▆△初往阻，初二三往五（初二三能往五而不往）。

爻辭：九三，良馬逐，利艱貞；日閑輿衛，利有攸往。象曰：「利有攸往」，上合志也。

爻辭：九三，（三往五）良馬奔逐，（三能往五而不往）利於艱守正固；能夠每天不斷的練習車馬防衛的技能，才能利於有所前往。象傳說：「利有攸往」，三與四五的意志相投。

命題：九三陽剛健實。★三位多凶無咎。★三陽＊上陽不應。

分析：(1)三往五，三往「良馬逐」。(2)但相對立場的上來四，上五四同在外卦，以致三能往五而不往；當下三應該「利艱貞」、「日閑輿衛」，爲爾後「利有攸往」作準備。

説明：(3)三與上分立內外卦，立場相對，同陽相爭，三何以「上合志也」？三往是依據四五爲陰爻，上來反而阻撓三往，所以三「利有攸往」是合四五之志，非指上爻。(4)本爻辭重點在當下「利艱貞」，而非爾後的「利有攸往」。

結論：※維持現狀：明哲保身。※前往：動則得咎。※退來：動則得咎。

演式：

天1　上九 ▇▇▇▇＊上來四。

天3　六五 ▇▇ ▇▇

人5　六四 ▇▇ ▇▇

人6　九三 ▇▇▇▇★三往五（三能往五而不往）／三來阻。

地4　九二 ▇▇▇▇

地2　初九 ▇▇▇▇△初往阻，初二三往五（初二三能往五而不往）。

154

爻辭：六四，童牛之牿，元吉。象曰：六四元吉，有喜也。

爻辭：六四，（上來四）在小牛頭上縛木牿，至為吉祥。象傳說：四至為吉祥，有欣喜。

命題：六四陰柔順虛。★四位多懼無咎。★四陰＊初陽相應。

分析：上來四，四受到上來的牽制，而相對立場的內卦諸陽不能往；只要四不貿然退來，四「童牛之牿，元吉」。

結論：※維持現狀：等待時機。※前往：動則得咎。※退來：動則得咎。

演式：

天1　上九 ■■■■■▽上來四。

天3　六五 ■■　■■

人5　六四 ■■　■■★四乘初／四承阻。

人6　九三 ■■■■■

地4　九二 ■■■■■

地2　初九 ■■■■■＊初往阻，初二三往五（初二三能往五而不往）。

爻辭：六五，豶豕之牙，吉。象曰：六五之吉，有慶也。

爻辭：六五，（五承上）制約閹豬的尖牙，吉祥。象傳說：六五的吉祥，說明方法適當值得慶賀。

命題：六五陰柔順虛。★五位多功。★五陰＊二陽相應。

分析：(1)五承上，而相對立場的內卦諸陽不能往；所以五「豶豕之牙，吉」。

說明：(2)五承上，五依附上，並沒有離開五位。

結論：※維持現狀：穩健發展。※前來：動則得咎。

演式：

天1　上九 ▬▬▬▬▽上來五。

天3　六五 ▬▬　▬▬★五乘阻／五承上。

人5　六四 ▬▬　▬▬

人6　九三 ▬▬▬▬

地4　九二 ▬▬▬▬＊二往阻，二三往五（二三能往五而不往）／二來阻。

地2　初九 ▬▬▬▬△初往阻，初二三往五（初二三能往五而不往）。

爻辭：上九，何天之衢，亨。象曰：「何天之衢」，道大行也。

爻辭：上九，（上來四）何等通達的大道，亨通。象傳說：「何天之衢」，上的作爲大爲通行。

命題：上九陽剛健實。★上位亢極有咎。★上陽＊三陽不應。

分析：上來四，而相對立場的諸陽不能往外卦，所以上來「何天之衢，亨」、「道大行也」。

結論：※維持現狀：明哲保身。※前來：漸入佳境。

演式：

天1　上九 ■■■■■★上來四。

天3　六五 ■■　■■

人5　六四 ■■　■■

人6　九三 ■■■■■＊三往五（三能往五而不往）／三來阻。

地4　九二 ■■■■■

地2　初九 ■■■■■△初往阻，初二三往五（初二三能往五而不往）。

䷚（上艮下震）山雷　頤　　27

卦辭：頤：貞吉；觀頤，自求口實。

卦辭：頤卦象徵頤養：守持正固可獲吉祥；觀察頤養的情事，來自求口中的食物。

象曰：「頤，貞吉」，養正則吉也。「觀頤」，觀其所養也；「自求口實」，觀其自養也。天地養萬物，聖人養賢以及萬民，頤之時大矣哉！

象傳：「頤，貞吉」，用正當作爲養身才能獲得吉祥。「觀頤」，是觀察養生的方式；「自求口實」，是觀察自我養生的正確方法。天地養育萬物，聖人養育賢者以及廣大民衆，頤養的時機多麼弘大啊！

象曰：（上山下雷）山下有雷，頤；君子以愼言語，節飲食。

象傳：山下響著震雷，如口嚼食，象徵頤養；君子以此謹愼發言，節制飲食。

衍義：頤養、養、養身、養生、生育、養賢、口。

爻辭：初九，舍爾靈龜；觀我朵頤，凶。象曰：「觀我朵頤」，亦不足貴也。

爻辭：初九，（初能往五而不往）捨棄你送來的靈龜；（上來二）又來窺看我的食物，（初）必有凶險。象傳說：「觀我朵頤」，上只顧求養的行為，也不值得獲得尊重。

命題：初九陽剛健實。★初位無為無咎。★初陽＊四陰相應。

分析：(1)雖然初往五，但地位的陽爻能直往天位而不往，且上來二，以致初能往五而不往，所以初「舍爾靈龜」。(2)上來二，上來「觀我朵頤」，如果初往「凶」。

結論：※維持現狀：等待時機。※前往：動則得咎。

演式：

天1　上九 ■■■■ ▽上來二。

天3　六五 ■■ ■■

人5　六四 ■■ ■■ ＊四乘阻／四承阻。

人6　六三 ■■ ■■

地4　六二 ■■ ■■

地2　初九 ■■■■ ★初往五（初能往五而不往）。

爻辭：六二，顛頤，拂經；于丘頤，征凶。象曰：六二征凶，行失類也。

爻辭：六二，（二乘初）顛倒過來向下乞求頤養，違背常理；（如果二往）向高丘上的尊者索求頤養，往前會有凶險。象傳說：二前往會有凶險，前往得不到朋類。

命題：六二陰柔順虛。★二位多譽。★二陰＊五陰不應。

分析：(1)雖然上來二，上與二同在內卦，立場相同；不過二又乘初，所以二「顛頤，拂經」。(2)二承阻無陽依附不能往，如果二往「于丘頤，征凶」、「行失類也」。

說明：(3)二乘初，二依附初，並沒有離開二位。(4)「朋」、「類」即陰遇陽，陽遇陰；二前往所遇皆陰，所以二往「行失類也」。

結論：※維持現狀：穩健發展。※前往：動則得咎。

演式：

天1　上九 ■■■■▽上來二。

天3　六五 ■■ ■■＊五乘阻／五承上。

人5　六四 ■■ ■■

人6　六三 ■■ ■■

地4　六二 ■■ ■■★二承阻／二乘初。

地2　初九 ■■■■△初往二（初能往五而不往）。

爻辭：六三，拂頤，貞凶，十年勿用，无攸利。象曰：「十年勿用」，道大悖也。

爻辭：六三，（三承乘皆阻無陽依附不能往來）違背頤養的作為，守持正固以防凶險，十年的時間不能施展才用，如要施展才用無所利益。象傳說：「十年勿用」，三違逆頤養的作為。

命題：六三陰柔順虛。★三位多凶有咎。★三陰＊上陽相應。

分析：(1)原本上與三同在內卦，立場相同，陰陽相應；但三又受到初往的牽制，以致上能來三而不來，初能往三而不往。(2)三承乘皆阻無陽依附不能往來；所以三「拂頤，貞凶，十年勿用，無攸利」。

結論：※維持現狀：處境困難。※前往：動則得咎。※退來：動則得咎。

演式：

天1　上九 ███ ＊上來三（上能來三而不來）。

天3　六五 ███ ██

人5　六四 ███ ██

人6　六三 ███ ██ ★三承阻／三乘阻。

地4　六二 ███ ██

地2　初九 ████ △初往三（初能往三而不往）。

爻辭：六四，顛頤，吉；虎視眈眈，其欲逐逐，无咎。象曰：顛頤之吉，上施光也。

爻辭：六四，（上來四，四）顛倒過來向上尋求頤養，吉祥；（上來初往對四）就像猛虎注視獵物，（四）迫切的尋求頤養，不會有過失。象傳說：顛倒過來向上尋求頤養可獲吉祥，上能對四施予光明。

命題：六四陰柔順虛。★四位多懼無咎。★四陰＊初陽相應。

分析：(1)雖然初往四，初與四同在外卦，立場相同；原本四與初陰陽相應，但四又受到上來的牽制，以致初能往四而不往。(2)所以四向上「顛頤，吉」。(3)初往四，上亦來四，上來初往「虎視眈眈」，所以四「其欲逐逐」。(4)四無陽依附不能往來；相對立場的內卦初能往四而不往，只要四不貿然退來「無咎」。

說明：(5)四在外卦，正象是來內卦，而且初與四相應，四應該向下求頤養；不過上來四，以致初能往四而不往，所以「顛頤」應該是四向上求頤養。

結論：※維持現狀：明哲保身。※前往：動則得咎。※退來：動則得咎。

演式：

天1　上九 ■■■■■▽上來四。

天3　六五 ■■ ■■

人5　六四 ■■ ■■★四乘阻／四承阻。

人6　六三 ■■ ■■

地4　六二 ■■ ■■

地2　初九 ■■■■■＊初往四（初能往四而不往）。

161

　　爻辭：六五，居貞吉，不可涉大川。象曰：居貞之吉，順以從上也。

　　爻辭：六五，（五承上）靜居守持正固可獲吉祥，（五乘阻無陽依附不能來）不可涉越大河。象傳說：靜居守持正固可獲吉祥，五順從依附上。

　　命題：六五陰柔順虛。★五位多功。★五陰＊二陰不應。

　　分析：(1)相對立場的內卦初能往五而不能往；所以五承上「居貞吉」、「順以從上也」。(2)五乘阻無陽依附不能來，所以五「不可涉大川」。

　　結論：※維持現狀：穩健發展。※前來：動則得咎。

演式：

天1　上九 ███████▽上來五。

天3　六五 ███ ███★五乘阻／五承上。

人5　六四 ███ ███

人6　六三 ███ ███

地4　六二 ███ ███＊二承阻／二乘初。

地2　初九 ███████△初往五（初能往五而不往）。

爻辭：上九，由頤；厲吉，利涉大川。象曰：「由頤厲吉」，大有慶也。

爻辭：上九，（上來二）群眾依附他獲得頤養，知危能夠謹慎會有吉祥，利於涉越大河。象傳說：「由頤厲吉」，上大有吉慶。

命題：上九陽剛健實。★上位亢極有咎。★上陽＊四陰相應。

分析：(1)上來二，以致相對立場的內卦初能往五而不往；上來二，所以上來「由頤；厲吉，利涉大川」。

說明：(2)上來二要面臨初往的威脅，所以上來「厲吉」。

結論：※維持現狀：等待時機。※前來：穩健發展。

演式：

天1　上九 ■■■■■★上來二。

天3　六五 ■■ ■■

人5　六四 ■■ ■■

人6　六三 ■■ ■■＊三承阻／三乘阻。

地4　六二 ■■ ■■

地2　初九 ■■■■■△初往五（初能往五而不往）。

（上兌下巽）澤風　大過　28

卦辭：大過：棟橈；利有攸往，亨。

卦辭：大過卦象徵大爲過甚：就像棟梁曲折彎橈；利於有所前往，亨通。

彖曰：「大過」，大者過也；「棟橈」，本末弱也。剛過而中，巽而說行，「利有攸往」，乃亨。大過之時大矣哉！

彖傳：「大爲過甚」，指剛大者過甚；「棟橈」，首尾兩端柔弱。陽剛過甚時能夠適中調濟，馴順而和悅的施行整治，如此「利有攸往」，可獲亨通。大過之時的作用多麼弘大啊！

象曰：（上澤下風）澤滅木，大過；君子以獨立不懼，遯世无悶。

象傳：大澤淹沒樹木，象徵大爲過甚；君子以能獨自屹立而毫不畏懼，毅然逃世而所苦悶。

衍義：大爲過甚、顛倒常理、大的過度、非常行動、淹沒、超過、卓越。

爻辭：初六，藉用白茅，无咎。象曰：「藉用白茅」，柔在下也。

爻辭：初六，（初承五）用潔白的茅草墊底承放祭品，不會有過失。象傳說：「藉用白茅」，初柔順處下行為敬慎。

命題：初六陰柔順虛。★初位無為有咎。★初陰＊四陽相應。

分析：(1)初承五，初承諸陽不動，初「藉用白茅」。(2)相對立場的外卦陽爻不能來，內外卦互不侵犯，所以初「無咎」。

結論：※維持現狀：等待時機。※前往：動則得咎。

演式：

天1　上六 ▰▰ ▰▰◎上乘二。

天3　九五 ▰▰▰▰▰

人5　九四 ▰▰▰▰▰　＊四來阻，四三二來初（四三二能來初而不來）／四往阻，四五往上。

人6　九三 ▰▰▰▰▰

地4　九二 ▰▰▰▰▰

地2　初六 ▰▰ ▰▰★初承五。

爻辭：九二，枯楊生稊，老夫得其女妻；无不利。象曰：老夫女妻，過以相與也。

爻辭：九二，（二來初）枯槁的楊樹生出嫩牙新枝，老漢娶了年少驕妻；無所不利。象傳說：老漢配年少驕妻，二陽剛過盛和初陰柔親附。

命題：九二陽剛健實。★二位多譽。★二陽＊五陽不應。

分析：(1)二來初，二「枯楊生稊，老夫得其女妻」。(2)相對立場的外卦不能來，二來初，所以二「無不利」。

說明：(3)二來初，二親比初，並沒有離開二位。

結論：※維持現狀：穩健發展。※前往：動則得咎。

演式：

天1　上六 ■■ ■■◎上乘二。

天3　九五 ■■■■＊五來阻／五往上。

人5　九四 ■■■■

人6　九三 ■■■■

地4　九二 ■■■■★二往阻／二來初。

地2　初六 ■■ ■■◎初承五。

爻辭：九三，棟橈，凶。象曰：棟橈之凶，不可以有輔也。

爻辭：九三，（三二來初，三來）棟樑扭曲彎橈，有凶險。象傳說：棟樑扭曲彎橈會有凶險，三的剛勢不能再加以增輔益助。

命題：九三陽剛健實。★三位多凶無咎。★三陽＊上陰相應。

分析：(1)雖然三來阻，但三二來初，三來「棟橈，凶」。何故？(2)因為相對立場的外卦陽爻不能來的關鍵就在於三的阻擋；如果三退來，外卦上隨五四來三，造成「棟橈」的局面；所以三不要貿然退來，也不要冒然前往。

結論：※維持現狀：明哲保身。※前往：動則得咎。※退來：動則得咎。

演式：

天1　上六 ▇▇ ▇▇ ＊上乘二。

天3　九五 ▇▇▇▇

人5　九四 ▇▇▇▇

人6　九三 ▇▇▇▇ ★三往阻／三來阻，三二來初（三二能來初而不來）。

地4　九二 ▇▇▇▇

地2　初六 ▇▇ ▇▇ ◎初承五。

爻辭：九四，棟隆，吉；有它，吝。象曰：棟隆之吉，不橈乎下也。

爻辭：九四，（四五往上，四往）棟樑膨脹隆起又平復，吉祥；（如果四來）又應與其他的地方，會深感憾惜。象傳說：棟樑膨脹隆起又平復可獲吉祥，棟樑不再往下扭曲彎橈。

命題：九四陽剛健實。★四位多懼有咎。★四陽＊初陰相應。

分析：(1)雖然四往阻，但四五往上，四往「棟隆，吉」。(2)四與初有應，如果四三二來初，四來「有它」；但原本相對立場的內卦不能往，四來反而造成內卦陽爻前往侵犯外卦，所以四來「吝」，以致四三二能來初而不來。

結論：※維持現狀：處境困難。※前往：等待時機。※退來：動則得咎。

演式：

天1　上六 ■■ ■■◎上乘二。

天3　九五 ■■■■

人5　九四 ■■■■★四來阻，四三二來初（四三二能來初而不來）／四往阻，四五往上。

人6　九三 ■■■■

地4　九二 ■■■■

地2　初六 ■■ ■■＊初承五。

爻辭：九五，枯楊生華，老婦得其士夫；无咎无譽。象曰：
「枯楊生華」，何可久也？老婦士夫，亦可醜也。

爻辭：九五，（五往上）枯槁的楊樹開出了新花，（上乘
二）老太婆配個壯男；沒有過失也沒有佳譽。象傳說：「枯楊生
華」，何能維持長久？老太婆配個壯男，五情況也太羞醜了。

命題：九五陽剛健實。★五位多功。★五陽＊二陽不應。

分析：(1)五往上，所以上「枯楊生華，老婦得其士夫」。(2)
相對立場的內卦不能往，五往上，所以五「無咎無譽」。

說明：(3)五往上，五親比上，並沒有離開五位。

結論：※維持現狀：穩健發展。※前來：動則得咎。

演式：

天1　上六 ■■ ■■◎上乘二。

天3　九五 ■■■■■★五來阻／五往上。

人5　九四 ■■■■■

人6　九三 ■■■■■

地4　九二 ■■■■■＊二往阻／二來初。

地2　初六 ■■ ■■◎初承五。

爻辭：上六，過涉滅頂；凶，无咎。象曰：過涉之凶，不可咎也。

爻辭：上六，（上乘二）涉水過深以致淹沒頭頂；有凶險，但沒有過失。象傳說：涉水過深以致淹沒頭頂有凶險，上的境況不可視為過失。

命題：上六陰柔順虛。★上位亢極無咎。★上陰＊三陽相應。

分析：(1)上乘二，上乘諸陽不動，上六極「過涉滅頂」、「凶」。(2)相對立場的內卦陽爻不能往，內外卦互不侵犯，所以上「無咎」。(3)上之所以「凶」，只因位在亢極不能來。

結論：※維持現狀：漸入佳境。※前來：動則得咎。

演式：

天1　上六 ■■ ■■★上乘二。

天3　九五 ■■■■■

人5　九四 ■■■■■

人6　九三 ■■■■■＊三往阻／三來阻，三二來初（三二能來初而不來）。

地4　九二 ■■■■■

地2　初六 ■■ ■■◎初承五。

（坎爲水）坎　爲水　29

卦辭：習坎：有孚，維心亨；行有尚。

卦辭：坎卦象徵重重險陷：胸懷信實，於是內心亨通，還可以前往。

象曰：習坎，重險也，水流而不盈。行險而不失其信，「唯心亨」，乃以剛中也；「行有尚」，往有功也。天險不可升也，地險山川丘陵也，王公設險以守其國，險之時用大矣哉！

象傳：兩坎相疊，重重險陷，就像水流進陷穴不見盈滿。行走在險境而不喪失信實，「唯心亨」，這是由於陽剛居中不偏所致；「行有尚」，往前可以建功勛。天險高遠無法升越，地險山川丘陵也難以逾越，君王公侯於是設險守護國境，險陷之時的功用是多麼弘大啊！

象曰：（坎爲水）水洊至，習坎；君子以常德行，習教事。

象傳：水流迭連而至，象徵重重險陷；君子恆久保持良美德行，反復熟習政教事務。

衍義：險陷、水勢流下、陷无、重重險難、危險、陷溺、險難。

爻辭：初六，習坎，入于坎窞，凶。象曰：習坎入坎，失道凶也。

爻辭：初六，（初承二）面臨重重陷阱，落入陷阱深處，會有凶險。象傳說：面臨重重危險並落入陷阱深處，初違背履險之道會有凶險。

命題：初六陰柔順虛。★初位無爲有咎。★初陰＊四陰不應。

分析：(1)相對立場的外卦不能來，初承二，初「習坎，入于坎窞，凶」。

說明：(2)初承二，初依附二，並沒有離開初位；因爲二能往四而不往，以致初能隨二往四而不往。

結論：※維持現狀：等待時機。※前往：動則得咎。

演式：

天1　上六 ■■ ■■◎上乘五，上隨五來三（上能隨五來三而不來）。

天3　九五 ■■■■

人5　六四 ■■ ■■＊四乘阻／四承五，四隨五往上。

人6　六三 ■■ ■

地4　九二 ■■■■

地2　初六 ■■ ■■★初承二，初隨二往四（初能隨二往四而不往）。

爻辭：九二，坎有險，求小得。象曰：「求小得」，未出中
也。

爻辭：九二，（二能往四而不往）困在陷阱有危險，（二來
初）從小處脫險會有所得。象傳說：「求小得」，二尚未脫出危
險之中。

命題：九二陽剛健實。★二位多譽。★二陽＊五陽不應。

分析：⑴雖然二往四，但四隨五往上，以致二能往四而不
往；如果二往「坎有險」。⑵二來初，二「求小得」。

說明：⑶二來初，二親比初，並沒有離開二位，所以「未出
中也」。

結論：※維持現狀：穩健發展。※前往：動則得咎。

演式：

天1　上六 ■■ ■■◎上乘五，上隨五來三（上能隨五來三而不來）。

天3　九五 ■■■■＊五來三（五能來三而不來）／五往上。

人5　六四 ■■ ■■

人6　六三 ■■ ■■

地4　九二 ■■■■★二往四（二能往四而不往）／二來初。

地2　初六 ■■ ■■◎初承二，初隨二往四（初能隨二往四而不往）。

爻辭：六三，來之坎坎，險且枕，入于坎窞；勿用。象曰：
「來之坎坎」，終无功也。

爻辭：六三，（三隨二來初，三來）退來落入更深的陷阱，
面臨危險退居難安，落入陷穴深處；（三不能往來）切勿施展才
用。象傳說：「來之坎坎」，三最終難成行險之功。

命題：六三陰柔順虛。★三位多凶有咎。★三陰＊上陰不
應。

分析：(1)由於相對立場的外卦不能來，三沒有必要隨二來
初；如果三退來「來之坎坎，險且枕，入于坎窞」、「終無功
也」。(2)三能隨二來初而不來，三承阻無陽依附不能往，所以三
不能往來「勿用」。

結論：※維持現狀：明哲保身。※前往：動則得咎。※退
來：動則得咎。

演式：

天1　上六 ■ ■＊上乘五，上隨五來三（上能隨五來三而不來）。

天3　九五 ■■■

人5　六四 ■ ■

人6　六三 ■ ■★三承阻／三乘二，三隨二來初（三能隨二來初而不來）。

地4　九二 ■■■

地2　初六 ■ ■◎初承二，初隨二往四（初能隨二往四而不往）。

爻辭：六四，樽酒，簋貳，用缶，納約自牖，終旡咎。象
曰：「樽酒簋貳」，剛柔際也。

爻辭：六四，（四隨五往上，四往）一樽薄酒，兩簋淡食，
用簡陋的瓦缶盛物，通過明窗接納信約，最終沒有過失。象傳
說：「樽酒簋貳」，四陰柔與五陽剛正在互相比附。

命題：六四陰柔順虛。★四位多懼無咎。★四陰＊初陰不
應。

分析：雖然四承五不能往，但四隨五往上；而且相對立場的
內卦不能往，所以四往「終無咎」。

結論：※維持現狀：等待時機。※前往：漸入佳境。※退
來：動則得咎。

演式：

天1　上六 ■■ ■■◎上乘五，上隨五來三（上能隨五來三而不來）。

天3　九五 ■■■■

人5　六四 ■■ ■■★四乘阻／四承五，四隨五往上。

人6　六三 ■■ ■

地4　九二 ■■■■

地2　初六 ■■ ■■＊初承二，初隨二往四（初能隨二往四而不往）。

爻辭：九五，坎不盈；祇既平，无咎。象曰：「坎不盈」，中未大也。

爻辭：九五，（如果五來）險陷尚未盈止；（五往上）小丘已被鏟平，沒有過失。象傳說：「坎不盈」，五雖居中位但平險之功尚未光大。

命題：九五陽剛健實。★五位多功。★五陽＊二陽不應。

分析：⑴雖然五來三，但三隨二來初，以致五能來三而不來；如果五來「坎不盈，中未大也」。⑵五往上，五「祇既平」。⑶相對立場的內卦陽爻不能往，所以五往上「無咎」。

說明：⑷五往上，五親比上，並沒有離開五位。

結論：※維持現狀：穩健發展。※前來：動則得咎。

演式：

天1　上六 ▇▇ ▇▇◎上乘五，上隨五來三（上能隨五來三而不來）。

天3　九五 ▇▇▇★五來三（五能來三而不來）／五往上。

人5　六四 ▇▇ ▇▇

人6　六三 ▇▇ ▇▇

地4　九二 ▇▇▇＊二往四（二能往四而不往）／二來初。

地2　初六 ▇▇ ▇▇◎初承二，初隨二往四（初能隨二往四而不往）。

爻辭：上六，係用徽纆，寘于叢棘，三歲不得，凶。象曰：上六失道，凶三歲也。

爻辭：上六，（上乘五）被繩索捆縛，囚禁在荊棘叢中，三年不得解脫，有凶險。象傳說：上違失履險正道，凶險將延續三年之久。

命題：上六陰柔順虛。★上位亢極無咎。★上陰＊三陰不應。

分析：(1)相對立場的內卦陽爻不能往；上承五，上居位亢極不能來，上所以「凶」。

說明：(2)上乘五，上依附五，並沒有離開上位；因為五能來三而不來，以致上能隨五來三而不來，所以上「三歲不得」、「凶三歲也」。

結論：※維持現狀：漸入佳境。※前來：動則得咎。

演式：

天1　上六 ■■ ■■ ★上乘五，上隨五來三（上能隨五來三而不來）。

天3　九五 ■■■■

人5　六四 ■■ ■■

人6　六三 ■■ ■■ ＊三承阻／三乘二，三隨二來初（三能隨二來初而不來）。

地4　九二 ■■■■

地2　初六 ■■ ■■ ◎初承二，初隨二往四（初能隨二往四而不往）。

䷝（離爲火）離　爲火　　30

卦辭：離：利貞，亨；畜牝牛吉。

卦辭：離卦象徵附著：利於守持正固，亨通；畜養母牛可獲吉祥。

彖曰：離，麗也；日月麗乎天，百穀草木麗乎土。重明以麗乎正，乃化成天下；柔麗乎中正，故亨，是以「畜牝牛吉」也。

彖傳：離，象徵附著；就像太陽月亮附著在天上，百穀草木附著在地上。光明重疊而附著於正道，就能教化以促成天下昌盛；柔順者附著於中正之處，所以亨通，就以「畜牝牛吉」爲比喻。

象曰：（離爲火）明兩作，離；大人以繼明照于四方。

象傳：光明接連升起懸附高空；象徵附著；大人就像太陽連續不斷的用光明照臨四方。

衍義：附著、附麗、攀附、火燄炎上、上昇的太陽、太陽、熱忱、光明。

爻辭：初九，履錯然，敬之，无咎。象曰：履錯之敬，以辟咎也。

爻辭：初九，（初往二）履行事務小心，恭敬謹慎，不會有過失。象傳說：辦事小心恭敬謹慎，初才能避免過失。

命題：初九陽剛健實。★初位無爲無咎。★初陽＊四陽不應。

分析：(1)初與相對立場的四爭於二，初往二，二爲虛，初用虛；雖然四三來二，四用實；不過初爲地根，初往二，三阻擋外卦前來，以致四三能來二而不來。(2)相對立場的外卦陽爻不能來；初往二，初用虛，所以初「敬之，無咎」。

說明：(3)初往二，初親比二，並沒有離開初位。

結論：※維持現狀：漸入佳境。※前往：動則得咎。

演式：

天1　上九 ■■■■■■▽上來五。

天3　六五 ■■ ■■

人5　九四 ■■■■■■ ＊四來阻，四三來二（四三能來二而不來）／四往五（四能往五而不往）。

人6　九三 ■■■■■■

地4　六二 ■■ ■■

地2　初九 ■■■■■■★初往二。

爻辭：六二，黃離，元吉。象曰：「黃離元吉」，得中道也。

爻辭：六二，（二承三又乘初不能往）黃色附著於物，至爲吉祥。象傳說：「黃離元吉」，二得中不偏之道。

命題：六二陰柔順虛。★二位多譽。★二陰＊五陰不應。

分析：(1)相對立場的外卦陽爻不能來；二承三又乘初不能往，所以二「黃離，元吉」。

説明：(2)二承三又乘初，二依附初三，並沒有離開二位，所以二「得中道也」。

結論：※維持現狀：穩健發展。※前往：動則得咎。

演式：

天1　上九 ■■■■■ ▽上來五。

天3　六五 ■■ ■■ ＊五乘三，五隨四三來二（五能隨四三來二而不來）／五承上。

人5　九四 ■■■■■

人6　九三 ■■■■■

地4　六二 ■■ ■■ ★二承四，二隨三四往五（二能隨三四往五而不往）／二乘初。

地2　初九 ■■■■■ △初往二。

爻辭：九三，日昃之離，不鼓缶而歌，則大耋之嗟，凶。象曰：「日昃之離」，何可久也？

爻辭：九三，（三能來二而不來）太陽將落附著於西方，（三四能往五而不往）不能敲起缶器作歌前往，（如果三往來）會有老暮窮衰的嗟嘆，有凶險。象傳說：「日昃之離」，怎能保持長久呢？

命題：九三陽剛健實。★三位多凶無咎。★三陽＊上陽不應。

分析：⑴初往二，以致三能來二而不來「日昃之離」。⑵雖然三四往五，三用實；不過上爲天根，上來五，四阻擋內卦前往，以致三四能往五而不往，所以三「不鼓缶而歌」。⑶如果三往來「則大耋之嗟，凶」。

結論：※維持現狀：明哲保身。※前往：動則得咎。※退來：動則得咎。

演式：

天1　上九 ■■■＊上來五。

天3　六五 ■■ ■

人5　九四 ■■■

人6　九三 ■■■★三往阻，三四往五（三四能往五而不往）／三來二（三能來二而不來）。

地4　六二 ■■ ■

地2　初九 ■■■△初往二。

178

爻辭：九四，突如其來如，焚如，死如，棄如。象曰：「突如其來如」，无所容也。

爻辭：九四，（如果四往來）突然升起火紅的晚霞，就像烈燄在焚燒，但頃刻間消散，滅亡，被遺棄。象傳說：「突如其來如」，四無處附著。

命題：九四陽剛健實。★四位多懼有咎。★四陽＊初陽不應。

分析：(1)上來五，以致四能往五而不往。(2)雖然四三來二，四來「突如其來如」；但初為地根，初往二，三阻擋外卦前來，以致四三能來二而不來；如果四往來「焚如，死如，棄如」。(3)四能往五而不往，四三能來二而不來，所以四「無所容也」。

結論：※維持現狀：處境困難。※前往：動則得咎。※退來：動則得咎。

演式：

天1　上九 ■■■■▽上來五。

天3　六五 ■■ ■■

人5　九四 ■■■■★四來阻，四三來二（四三能來二而不來）／四往五（四能往五而不往）。

人6　九三 ■■■■

地4　六二 ■■ ■■

地2　初九 ■■■■＊初往二。

　　爻辭：六五，出涕沱若，戚嗟若；吉。象曰：六五之吉，離王公也。

　　爻辭：六五，（如果五前來）流出的淚滂沱不絕，憂戚嗟傷悲切，（五承上又乘四）可獲吉祥。象傳說：六五的吉祥，附著在王公的尊位。

　　命題：六五陰柔順虛。★五位多功。★五陰＊二陰不應。

　　分析：(1)雖然五乘三不能來，但五隨四三來二；不過相對立場的初為地根，初往二，三阻擋外卦前來，以致五能隨四三來二而不來。(2)如果五前來「出涕沱若，戚嗟若」。(3)五承上又乘四，五「六五之吉，離王公也」。

　　説明：(4)五承上又乘四，五依附上四，並沒有離開五位，所以五「離王公也」。

　　結論：※維持現狀：穩健發展。※前來：動則得咎。

演式：

天1　上九　▅▅▅▅　▽上來五。

天3　六五　▅▅　▅▅　★五乘三，五隨四三來二（五能隨四三來二而不來）／五承上。

人5　九四　▅▅▅▅

人6　九三　▅▅▅▅

地4　六二　▅▅　▅▅　＊二承四，二隨三四往五（二能隨三四往五而不往）／二乘初。

地2　初九　▅▅▅▅　△初往二。

180

爻辭：上九，王用出征，有嘉折首，獲匪其醜，旡咎。象
曰：「王用出征」，以正邦也。

爻辭：上九，（上來五，四三來二）君王出師征伐，（上
來）可獲豐碩戰果且斬折敵首，又俘獲不願親附的異己，不會有
咎害。象傳說：「王用出征」，上征戰是爲了端正邦國。

命題：上九陽剛健實。★上位亢極有咎。★上陽＊三陽不
應。

分析：(1)上來五，上「王用」。(2)四三來二「出征」，所以
上來「有嘉折首，獲匪其醜」。(3)相對立場的內卦陽爻不能往，
所以上來「無咎」。

說明：(4)雖然上來五，上親比五，並沒有離開上位；但天地
根之爭，即使內外卦條件相同，上＞初，所以上能前來；「天尊
地卑」此例明矣。

結論：※維持現狀：等待時機。※前來：漸入佳境。

演式：

天1　上九 ■■■■★上來五。

天3　六五 ■■ ■■

人5　九四 ■■■■

人6　九三 ■■■■＊三往阻，三四往五（三四能往五而不往）／三來二。

地4　六二 ■■ ■■

地2　初九 ■■■■△初往二（初能往二而不往）。

下經

▤▤（上兌下艮）澤山　咸　　31

卦辭：咸：亨，利貞；取女吉。

卦辭：咸卦象徵交感：亨通，利於守持正固；求娶女子爲妻可獲吉祥。

象曰：咸，感也；柔上而剛下，二氣感應以相與。止而説，男下女，是以「亨，利貞，取女吉」也。天地感而萬物化生，聖人感人心而天下和平，觀其所感，而天地萬物之情可見矣！

象傳：咸，象徵交感；就像陰柔往上而陽剛來下，陰陽二氣感應而相往來。交感之時穩重自制而又歡悅，就像男子以禮下求女子，所以「亨，利貞，取女吉」。天地交感帶來萬物化育生長，聖人感化人心帶來天下和平昌順：觀察交感現象，天地萬物的性情就可以明白了！

象曰：山上有澤，咸；君子以虛受人。

象傳：山中有大澤，而山澤之氣相通，象徵交感；君子以虛懷若谷廣泛的容納感化衆人。

衍義：交感、感應神速、感應、夫妻之道、吸收、感動、適應。

爻辭：初六，咸其拇。象曰：「咸其拇」，志在外也。

爻辭：初六，（初四相應）交感相應在腳拇指。象傳說：「咸其拇」，初的志向是往外發展。

命題：初六陰柔順虛。★初位無為有咎。★初陰＊四陽相應。

分析：雖然初與四相應「咸其拇」、「志在外」，但初無陽依附不能往。

結論：※維持現狀：明哲保身。※前往：動則得咎。

演式：

天1　上六 ▆▆ ▆▆◎上乘三，上隨五四三來初（上能隨五四三來初而不來）。

天3　九五 ▆▆▆

人5　九四 ▆▆▆　＊四來阻，四三來初（四三能來初而不來）／四往阻，四五往上（四五往上而不往）。

人6　九三 ▆▆▆

地4　六二 ▆▆ ▆▆

地2　初六 ▆▆ ▆▆★初承阻。

爻辭：六二，咸其腓，凶；居吉。象曰：雖凶居吉，順不害也。

爻辭：六二，（二五相應）交感相應在小腿肚，（二往）有凶險；（二承五）安居守靜可獲吉祥。象傳說：雖然有凶險，但安居守靜可獲吉祥，二柔順不會有禍害。

命題：六二陰柔順虛。★二位多譽。★二陰＊五陽相應。

分析：(1)二與五相應，二「咸其腓」。(2)雖然二承五不能往，但二隨三四五往上；不過三往為四所阻擋，以致二能隨三四五往上而不往；如果二往「凶」。(3)只要二不冒然前往，二「居安」。

結論：※維持現狀：漸入佳境。※前往：動則得咎。

演式：

天1　上六 ▓▓ ▓▓◎上乘三，上隨五四三來初（上能隨五四三來初而不來）。

天3　九五 ▓▓▓▓▓＊五來阻，五四三來初（五四三能來初而不來）／五往上。

人5　九四 ▓▓▓▓▓

人6　九三 ▓▓▓▓▓

地4　六二 ▓▓ ▓▓★二承五，二隨三四五往上（二能隨三四五往上而不往）／二乘阻。

地2　初六 ▓▓ ▓▓◎初承阻。

爻辭：九三，咸其股；執其隨，往吝。象曰：「咸其股」，亦不處也；志在隨人，所執下也。

爻辭：九三，（三上相應）交感相應在大腿；（三來初）執意盲從附隨於人，（三往阻）如此往前會有憾惜。象傳說：「咸其股」，三不安居處；心執意盲從附隨於人，三執著於卑下。

命題：九三陽剛健實。★三位多凶無咎。★三陽＊上陰相應。

分析：(1)三與上相應「咸其股」；雖然三往阻，但三四五往上；不過三往為四所阻擋，以致三四五能往上而不往，所以三「往吝」。(2)三來初，「執其隨」、「亦不處」、「志在隨人，所執下」。(3)如果三退來，相對立場的外卦陽爻勢力會來內卦，所以三沒必要退來。

結論：※維持現狀：明哲保身。※前往：動則得咎。※退來：動則得咎。

演式：

天1　上六 ■■ ■■ ＊上乘三，上隨五四三來初（上能隨五四三來初而不來）。

天3　九五 ■■■■

人5　九四 ■■■■

人6　九三 ■■■■ ★三往阻，三四五往上（三四五能往上而不往）／三來初（三來初而不來）。

地4　六二 ■■ ■■

地2　初六 ■■ ■■ ◎初承阻。

爻辭：九四，貞吉，悔亡；憧憧往來，朋從爾思。象曰：「貞吉悔亡」，未感害也；「憧憧往來」，未光大也。

爻辭：九四，（四往來皆阻）守持正固可獲吉祥，悔恨就會消亡；（四隨三來初，四又隨五往上，四）心意不定的頻頻往來，（四能往來而不往來）朋友最終只好順從你的思念。象傳說：「貞吉悔亡」，四未曾因交感不正而遭害；「憧憧往來」，交感之道尚未光大。

命題：九四陽剛健實。★四位多懼有咎。★四陽＊初陰相應。

分析：(1)四與初相應「朋從爾思」。(2)雖然四三來初，但又四五往上，所以四「憧憧往來」。(3)不過四同時往來，以致四能往來而不往來，所以四「貞吉，悔亡」。

結論：※維持現狀：處境困難。※前往：動則得咎。※退來：動則得咎。

演式：

天1　上六 ■■ ■■◎上乘三，上隨五四三來初（上能隨五四三來初而不來）。

天3　九五 ■■■■

人5　九四 ■■■■ ★四來阻，四三來初（四三能來初而不來）／四往阻，四五往上（四五往上而不往）。

人6　九三 ■■■■

地4　六二 ■■ ■■

地2　初六 ■■ ■■＊初承阻。

爻辭：九五，咸其脢，无悔。象曰：「咸其脢」，志末也。

爻辭：九五，（五二相應）交感相應在背脊肉上，（五往上）不致悔恨。象傳說：「咸其脢」，五的志向淺微。

命題：九五陽剛健實。★五位多功。★五陽＊二陰相應。

分析：(1)五與二相應「咸其脢」；雖然五來阻，但五四三往初，不過四不往來，以致五四三能來初而不來(2)五往上，所以五「無悔」。

說明：(3)五往上，五親比上，並沒有離開五位。

結論：※維持現狀：穩健發展。※前來：動則得咎。

演式：

天1　上六 ■■ ■■◎上乘三，上隨五四三來初（上能隨五四三來初而不來）。

天3　九五 ■■■■★五來阻，五四三來初（五四三能來初而不來）／五往上。

人5　九四 ■■■■

人6　九三 ■■■■

地4　六二 ■■ ■■＊二承五，二隨三四五往上（二能隨三四五往上而不往）／二乘阻。

地2　初六 ■■ ■■◎初承阻。

　　爻辭：上六，咸其輔頰舌。象曰：「咸其輔頰舌」，滕口説也。

　　爻辭：上六，（上三相應）交感相應在口頭上。象傳說：「咸其輔頰舌」，上不過空言罷了。

　　命題：上六陰柔順虛。★上位亢極無咎。★上陰＊三陽相應。

　　分析：雖然上與三相應，但三已來初，而四不往來，以致上能隨五四三來初而不來；上乘三，所以上「咸其輔頰舌」、「滕口說也」。

　　結論：※維持現狀：漸入佳境。※前往：動則得咎。

演式：

天1　上六 ▆▆ ▆▆★上乘三，上隨五四三來初（上能隨五四三來初而不來）。

天3　九五 ▆▆▆▆▆

人5　九四 ▆▆▆▆▆

人6　九三 ▆▆▆▆▆＊三往阻／三來初。

地4　六二 ▆▆ ▆▆

地2　初六 ▆▆ ▆▆◎初承阻。

☰☰（上震下巽）雷風　恆　　32

卦辭：恆：亨，无咎，利貞，利有悠往。

卦辭：恆卦象徵恆久：亨通，不會有過失，利於守持正固，利於有所前往。

象曰：恆，久也。剛上而柔下，雷風相與，巽而動，剛柔皆應，恆。「恆，亨，无咎，利貞」，久於其道也。天地之道，恆久而不已也；「利有攸往」，終則有始也。日月得天而能久照，四時變化而能久成，聖人久於其道而天下化成，觀其所恆，而天地萬物之情可見矣！

象傳：恆，象徵恆久。就像陽剛居上而陰柔處下，雷發風行常相應，先要遜順而後能動，剛柔稟性皆相應合，雷風恆久可行。「恆，亨，无咎，利貞」，永久保持美好的作為道德。天地的運行規律，是恆久而不停止；「利有攸往」，事物的發展是終而復始。日月順行天（大自然）而能永久照耀天下，四季往復變化而能永久生成萬物，聖人永久遵循大自然的道理教化民眾形成美俗，觀察恆久現象，天地萬物的性情就可以明白了！

象曰：（上雷下風）雷風，恆；君子以立不易方。

象傳：雷發風行常相交助，象徵恆久；君子以樹立恆久不變的正確思想。

衍義：恆久、恆心永久、恆常、流動、永貞、經常。

爻辭：初六，浚恆，貞凶，无攸利。象曰：浚恆之凶，始求深也。

爻辭：初六，（如果初往）尋求恆久之道，（初承四）要守持正固以防凶險，（如果初往）無所利益。象傳說：尋求恆久之道的凶險，初剛開始就求之過深。

命題：初六陰柔順虛。★初位無爲有咎。★初陰＊四陽相應。

分析：雖然初承四不能往，但初隨二三四往上；不過三前往爲四所阻擋，以致初能隨二三四往上而不往；初往還要防範相對立場的外卦四來內卦；所以初「浚恆，貞凶，無攸利」。

結論：※維持現狀：等待時機。※前往：動則得咎。

演式：

天1　上六 ■■ ■■◎上乘阻。

天3　六五 ■■

人5　九四 ■■■＊四來阻，四三二來初（四三二能來初而不來）／四往上（四能往上而不往）。

人6　九三 ■■■

地4　九二 ■■■

地2　初六 ■■ ■■★初承四，初隨二三四往上（初能隨二三四往上而不往）。

爻辭：九二，悔亡。象曰：九二悔亡，能久中也。

爻辭：九二，（二來初）悔恨消亡。象傳說：九二悔恨消亡，能恆久守中不偏。

命題：九二陽剛健實。★二位多譽。★二陽＊五陰相應。

分析：(1)雖然二往阻，但二三四往上；不過三前往爲四所阻擋，以致二三四能往上而不往。(2)二來初，二「悔亡，能久中也」。

結論：※維持現狀：穩健發展。※前往：動則得咎。

演式：

天1　上六 ■■ ■■◎上乘阻。

天3　六五 ■■ ■■＊五乘二，五隨四三二來初（五能隨四三二來初而不來）／五承阻。

人5　九四 ■■■

人6　九三 ■■■

地4　九二 ■■■★二往阻，二三四往上（二三四能往上而不往）／二來初。

地2　初六 ■■ ■■◎初承四，初隨二三四往上（初能隨二三四往上而不往）。

爻辭：九三，不恆其德，或承之羞；貞吝。象曰：「不恆其德」，旡所容也。

爻辭：九三，（三二來初，三來）不能恆久保持美德，（如果三往）或承受上級施加羞辱；（三往來皆阻）要守持正固以防憾惜。象傳說：「不恆其德」，三無處容身。

命題：九三陽剛健實。★三位多凶無咎。★三陽＊上陰相應。

分析：(1)雖然三來阻不能來，但三二來初，三來「不恆其德」。(2)雖然三往阻，但三四往上；不過三前往為四所阻擋，以致三四能往上而不往，如果三往就是「或承之羞」。(3)三往來都會引發相對立場的外卦陽爻來內卦，所以三能往來而不往來以「貞吝」。

結論：※維持現狀：明哲保身。※前往：動則得咎。※退來：動則得咎。

演式：

天1　上六 ■■ ■■＊上乘阻。

天3　六五 ■■ ■■

人5　九四 ■■■■

人6　九三 ■■■■ ★三往阻，三四往上（三四能往上而不往）／三來阻，三二來初（三二能來初而不來）。

地4　九二 ■■■■

地2　初六 ■■ ■■◎初承四，初隨二三四往上（初能隨二三四往上而不往）。

爻辭：九四，田无禽。象曰：久非其位，安得禽也？

爻辭：九四，（四來阻）田獵獲不到禽獸。象傳說：四久居不當之位，田獵那能獲得禽獸呢？

命題：九四陽剛健實。★四位多懼有咎。★四陽＊初陰相應。

分析：(1)四初相應，初為虛，所以「無禽」，如果四退來「田無禽」。(2)四往上，四三二來初，四往來都會引發相對立場的內卦陽爻往外卦，以致四能往來而不往來。(3)四陽爻居陰位「久非其位」。

結論：※維持現狀：處境困難。※前往：動則得咎。※退來：動則得咎。

演式：

天1　上六 ■■ ■■◎上乘阻。

天3　六五 ■■ ■■

人5　九四 ■■■■　★四來阻，四三二來初（四三二能來初而不來）／四往上（四能往上而不往）。

人6　九三 ■■■■

地4　九二 ■■■■

地2　初六 ■■ ■■＊初承四，初隨二三四往上（初能隨二三四往上而不往）。

爻辭：六五，恆其德，貞；婦人吉，夫子凶。象曰：婦人貞
吉，從一而終也；夫子制義，從婦凶也。

爻辭：六五，（五能隨四三二來初而不來）恆久保持柔順的
美德，守持正固；婦人可獲吉祥，男子則有凶險。象傳說：婦人
守持正固可獲吉祥，跟從一個丈夫終身不改；男子制定事宜，跟
從婦人會有凶險。

命題：六五陰柔順虛。★五位多功。★五陰＊二陽相應。

分析：⑴五乘二不能來，但五隨四三二來初；不過四不能往
來，如果五來將引發相對立場的內卦陽爻往外卦，以致五能隨四
三二來初而不來，所以五「恆其德，貞」。⑵五乘二，五爲陰
虛，五「婦人吉」。⑶四爲陽實，陽爻居陰位，往來皆有咎，所
以四「夫子凶」。

結論：※維持現狀：穩健發展。※前來：動則得咎。

演式：

天1　上六 ■■ ■■◎上乘阻。

天3　六五 ■■ ■■ ★五乘二，五隨四三二來初（五能隨四三二來初而不來）／五
承阻。

人5　九四 ■■■■

人6　九三 ■■■■

地4　九二 ■■■■＊二往阻，二三四往上（二三四能往上而不往）／二來初。

地2　初六 ■■ ■■◎初承四，初隨二三四往上（初能隨二三四往上而不往）。

爻辭：上六，振恆，凶。象曰：振恆在上，大旡功也。

爻辭：上六，（如果上來）振動不安於恆久之道，有凶險。象傳說：振動不安於恆久之道又高居上位，上大爲無功。

命題：上六陰柔順虛。★上位亢極無咎。★上陰＊三陽相應。

分析：上乘阻無陽依附不能來，如果上前來將會引發相對立場的內卦陽爻往外卦；如果上來「振恆，凶」。

結論：※維持現狀：明哲保身。※前來：動則得咎。

演式：

天1　上六 ▰▰ ▰▰★上乘阻。

天3　六五 ▰▰▰▰

人5　九四 ▰▰▰▰▰

人6　九三 ▰▰▰▰▰＊三往阻，三四往上（三四能往上而不往）／三來阻，三二來初（三二能來初而不來）。

地4　九二 ▰▰▰▰▰

地2　初六 ▰▰ ▰▰◎初承四，初隨二三四往上（初能隨二三四往上而不往）。

䷠（上乾下艮）天山　遯　33

卦辭：遯：亨，小利貞。

卦辭：遯卦象徵退避：亨通，柔小者利於守持正固。

彖曰：「遯，亨」，遯而亨也；剛當位而應，與時行也。「小利貞」，浸而長也。遯之時義大矣哉！

彖傳：「遯，亨」，情勢不利退避可致亨通；就像陽剛者居尊位而能應合下者，順時而行。「小利貞」，陰氣漸漸盛長。退避之時的意義多麼弘大啊！

象曰：（上天下山）天下有山，遯；君子以遠小人，不惡而嚴。

象傳：天的下面立著大山，就像天遠避山，象徵退避；君子遠避小人，不顯露憎惡情態而嚴然矜莊。

衍義：退避、時窮退避、隱遁、靜止、隱幽、知退。

爻辭：初六，遯尾；厲，勿用有攸往。象曰：遯尾之厲，不往何災也？

爻辭：初六，（初承阻無陽依附不能往）退避不及而落在末尾；有危險，不宜有所前往。象傳說：退避不及而落在末尾以致危險，初不前往又有什麼災禍呢？

命題：初六陰柔順虛。★初位無為有咎。★初陰＊四陽相應。

分析：初承阻無陽依附不能往「遯尾」；而相對立場的四來內卦，初「厲，勿用有攸往」、「不往何災也」。

結論：※維持現狀：明哲保身。※前往：動則得咎。

演式：

天1　上九 ■■■■■▽上來阻，上五四來阻。

天3　九五 ■■■■■

人5　九四 ■■■■■＊四來阻，四三來初／四往阻。

人6　九三 ■■■■■

地4　六二 ■■ ■■

地2　初六 ■■ ■■★初承阻。

爻辭：六二，執之用黃牛之革，莫之勝說（脫）。象曰：執用黃牛，固志也。

爻辭：六二，（二承上）被黃牛的皮革捆縛住，沒有人能夠解脫。象傳說：被黃牛的皮革捆縛住，二固守不退的心志。

命題：六二陰柔順虛。★二位多譽。★二陰＊五陽相應。

分析：二承上不能往，二「執之用黃牛之革，莫之勝說（脫）」、「固志也」。

結論：※維持現狀：穩健發展。※前往：動則得咎。

演式：

天1　上九 ■■■■■▽上來阻，上五四來阻。

天3　九五 ■■■■■＊五來阻／五往阻。

人5　九四 ■■■■■

人6　九三 ■■■■■

地4　六二 ■■　■■★二承上／二乘阻。

地2　初六 ■■　■■◎初承阻。

爻辭：九三，係遯，有疾厲；畜臣妾，吉。象曰：係遯之厲，有疾憊也；「畜臣妾吉」，不可大事也。

爻辭：九三，（如果三不退來）心懷繫戀而不能退避，將有疾患與危險；（三來初）若是畜養臣僕侍妾，可獲吉祥。象傳說：心懷繫戀而不能退避以致有危險，三遭疾患而羸困不堪；「畜臣妾吉」，不可用於治國大事。

命題：九三陽剛健實。★三位多凶無咎。★三陽＊上陽不應。

分析：(1)三往阻，如果三不退來「係遯」將會「有疾厲」。(2)三來初，三退來「畜臣妾，吉」。

結論：※維持現狀：明哲保身。※前往：動則得咎。※退來：漸入佳境。

演式：

天1　上九 ■■■■＊上來阻，上五四來阻。

天3　九五 ■■■■

人5　九四 ■■■■

人6　九三 ■■■■★三往阻／三來初。

地4　六二 ■■ ■■

地2　初六 ■■ ■■◎初承阻。

爻辭：九四，好遯，君子吉，小人否。象曰：君子好遯，小人否也。

爻辭：九四，（四三來初，四來）心情好而身已退避，君子可獲吉祥，小人就做不到這樣。象傳說：君子心情好而身已退避，小人就做不到這樣。

命題：九四陽剛健實。★四位多懼有咎。★四陽＊初陰相應。

分析：(1)雖然四來阻，但四三來初，四來「好遯，君子吉」。(2)如果四為陰就會被上五所牽制而不退來，所以「小人否」。

結論：※維持現狀：處境困難。※前往：動則得咎。※退來：等待時機。

演式：

天1　上九 ■■■■■▽上來阻，上五四來阻。

天3　九五 ■■■■■

人5　九四 ■■■■■★四來阻，四三來初／四往阻。

人6　九三 ■■■■■

地4　六二 ■■　■■

地2　初六 ■■　■■＊初承阻。

爻辭：九五，嘉遯，貞吉。象曰：「嘉遯貞吉」，以正志也。

爻辭：九五，（五四三來初，五來）嘉美及時的退避，占卜的結果是吉祥的。象傳說：「嘉遯貞吉」，五能夠端正退避的心志。

命題：九五陽剛健實。★五位多功。★五陽＊二陰相應。

分析：雖然五來阻，但五四三來初，所以五來「嘉遯，貞吉」。

結論：※維持現狀：漸入佳境。※前來：錦上添花。

演式：

天1　上九 ▅▅▅▅▅▽上來阻，上五四來阻。

天3　九五 ▅▅▅▅▅★五來阻，五四三來初／五往阻。

人5　九四 ▅▅▅▅▅

人6　九三 ▅▅▅▅▅

地4　六二 ▅▅ ▅▅＊二承上／二乘阻。

地2　初六 ▅▅ ▅▅◎初承阻。

爻辭：上九，肥遯，旡不利。象曰：「肥遯旡不利」，旡所疑也。

爻辭：上九，（上五四三來初，上來）高飛遠退，無所不利。象傳說：「肥遯旡不利」，上無所疑戀。

命題：上九陽剛健實。★上位亢極有咎。★上陽＊三陽不應。

分析：雖然上來阻，但上五四三來初，上擺脫亢極之位，所以上前來「肥遯，無不利」。

結論：※維持現狀：明哲保身。※前來：漸入佳境。

演式：

天1　上九 ███████★上來阻，上五四來阻。

天3　九五 ███████

人5　九四 ███████

人6　九三 ███████＊三往阻／三來初。

地4　六二 ███ ███

地2　初六 ███ ███◎初承阻。

☰☰（上震下乾）雷天　大壯　34

卦辭：大壯：利貞。

卦辭：大壯卦象徵大爲強盛：利於守持正固。

彖曰：大壯，大者壯也；剛以動，故壯。「大壯，利貞」，大者正也。正大而天地之情可見矣！

彖傳：大爲強盛，指剛大者強盛；剛強又能奮動，所以稱爲強盛。「大壯，利貞」，剛大者正直不阿。正直剛大而天地的性情也就可以明白了！

象曰：（上雷下天）雷在天上，大壯；君子以非禮弗履。

象傳：震雷響徹天上，象徵大爲強盛；君子以不做非禮的事情善保盛壯。

衍義：大爲壯盛、大的興盛、壯大、強盛知止、隆盛、雄偉、偉大、興盛。

爻辭：初九，壯于趾，征凶；有孚。象曰：「壯于趾」，其
孚窮也。

爻辭：初九，（初往阻）足趾強壯，往前必有凶險；應當誠
信自守。象傳說：「壯于趾」，初應當誠信自守善處窮困。

命題：初九陽剛健實。★初位無為無咎。★初陽＊四陽不
應。

分析：(1)雖然初往阻，但初二三四往上；不過四往上，初往
將面臨相對立場的陽爻來內卦，以致初二三四能往上而不往。(2)
初往阻，所以初「壯于趾，征凶」。

結論：※維持現狀：等待時機。※前往：動則得咎。

演式：

天1　上六 ■■ ■■◎上乘阻。

天3　六五 ■■ ■■

人5　九四 ■■■■■＊四來阻／四往上。

人6　九三 ■■■■■

地4　九二 ■■■■■

地2　初九 ■■■■■★初往阻，初二三往阻。

200

爻辭：九二，貞吉。象曰：九二貞吉，以中也。

爻辭：九二，（二往阻）守持正固可獲吉祥。　象傳說：二守持正固可獲吉祥，是陽剛居中的緣故。

命題：九二陽剛健實。★二位多譽。★二陽＊五陰相應。

分析：(1)雖然二往阻，但二三四往上；不過四往上，二往將面臨相對立場的陽爻來內卦，以致二三四能往上而不往。(2)二往阻，所以二「貞吉」。

結論：※維持現狀：漸入佳境。※前往：動則得咎。

演式：

天1　上六 ■■ ■■◎上乘阻。

天3　六五 ■■ ■■＊五乘初／五承阻。

人5　九四 ■■■■

人6　九三 ■■■■

地4　九二 ■■■■★二往阻，二三四往上（二三四能往上而不往）／二來阻。

地2　初九 ■■■■△初往阻，初二三往阻。

爻辭：九三，小人用壯，君子用罔；貞厲，羝羊觸藩，羸其
角。象曰：「小人用壯」，君子罔也。

爻辭：九三，（上五用四）小人妄用強盛，（三四能往上而
不往）君子雖強不用；守持正固以防危險，（如果三往）就像大
羊強觸藩籬，羊角必被拘累纏繞。　象傳說：「小人用壯」，君
子雖強卻能不妄用。

命題：九三陽剛健實。★三位多凶無咎。★三陽＊上陰相
應。

分析：(1)雖然三往阻，但三四往上；不過四往上，三往將面
臨相對立場的陽爻來內卦，以致三四能往上而不往。(2)上五四同
在外卦，立場相同，上五「用」四，四為實，所以上五「小人用
壯」。(3)三能往上而不往「君子用罔」，所以「貞厲」。(4)如果
三冒然前往「羝羊觸藩，羸其角」。

結論：※維持現狀：明哲保身。※前往：動則得咎。※退
來：動則得咎。

演式：

天1　上六 ■■ ■■ ＊上乘阻。

天3　六五 ■■ ■■

人5　九四 ■■■■

人6　九三 ■■■■★三往阻，三四往上（三四能往上而不往）／三來阻。

地4　九二 ■■■■

地2　初九 ■■■■△初往阻，初二三往阻。

爻辭：九四，貞吉，悔亡；藩決不羸，壯于大輿之輹。 象曰：「藩決不羸」，尚往也。

爻辭：九四，（四往上）占卜結果可獲吉祥，悔恨必將消亡；就像藩籬觸開了缺口而羊角不被拘累纏繞，又像大車的輪輹強盛適用。 象傳說：「藩決不羸」，四利於前往。

命題：九四陽剛健實。★四位多懼有咎。★四陽＊初陽不應。

分析：(1)四往上，四五上同在外卦，立場相同，所以四往「貞吉，悔亡」。(2)當相對立場的內卦諸陽有前往意圖時，四也可以阻擋內卦諸陽前往。

結論：※維持現狀：明哲保身。※前往：等待時機。※退來：動則得咎。

演式：

天1　上六 ■ ■◎上乘阻。

天3　六五 ■ ■

人5　九四 ■★四來阻／四往上。

人6　九三 ■

地4　九二 ■

地2　初九 ■＊初往阻，初二三往阻。

爻辭：六五，喪羊于易，无悔。　象曰：「喪羊于易」，位
不當也。

爻辭：六五，（五乘初不能來）在田畔喪失了羊，無所悔
恨。　象傳說：「喪羊于易」，五居位不適當。

命題：**六五陰柔順虛。★五位多功。★五陰＊二陽相應。**

分析：(1)五乘初不能來，五「喪羊於易」。(2)相對立場的內
卦諸陽不能往；五乘初，所以五「無悔」。

結論：※維持現狀：穩健發展。※前來：動則得咎。

演式：

天1　上六 ■■ ■■◎上乘阻。

天3　六五 ■■ ■■★五乘初／五承阻。

人5　九四 ■■■■

人6　九三 ■■■■

地4　九二 ■■■■＊二往阻，二三四往上（二三四能往上而不往）／二來阻。

地2　初九 ■■■■△初往阻，初二三往阻。

爻辭：上六，羝羊觸藩，不能退，不能遂，无攸利；艱則吉。　象曰：「不能退不能遂」，不詳也；「艱則吉」，咎不長也。

爻辭：上六，（上乘阻無陽依附不能來）大羊羝觸藩籬，不能退卻，不能前往，無所利益；在艱難中自守可獲吉詳。　象傳說：「不能退不能遂」，上處事不夠周詳審慎；「艱則吉」，上的過失不致於久長。

命題：上六陰柔順虛。★上位亢極無咎。★上陰＊三陽相應。

分析：(1)上乘阻無陽依附不能來，上亢極「羝羊觸藩，不能退，不能遂，無攸利」、「不詳」。(2)相對立場的內卦諸陽不能往；而上乘阻，上用虛，謙虛以待四陽，所以「艱則吉」、「咎不長也」。

結論：※維持現狀：等待時機。※前來：動則得咎。

演式：

天1　上六 ■■ ■■★上乘阻。

天3　六五 ■■ ■■

人5　九四 ■■■■■

人6　九三 ■■■■■＊三往阻，三四往上（三四能往上而不往）／三來阻。

地4　九二 ■■■■■

地2　初九 ■■■■■△初往阻，初二三往阻。

（上離下坤）火地　晉　35

卦辭：晉：康侯用錫馬蕃庶，晝日三接。

卦辭：晉卦晉長：就像尊貴的公侯蒙受天子賞賜衆多車馬物品，一天之內榮獲三次接見。

彖曰：晉，進也，明出地上。順而麗乎大明，柔進而上行，是以「康侯用錫馬蕃庶，晝日三接」也。

彖傳：晉，象徵進長，就像光明出現在地面上。又像下者能夠順從依附於上者的弘大光明，以柔順作爲上行，所以「康侯用錫馬蕃庶，晝日三接」。

象曰：（上火下地）明出地上，晉；君子以自昭明德。

象傳：光明出現在地上，象徵晉長；君子以自我昭展光輝的美德。

衍義：晉長、前進、白天太陽進長、晉升、昇進、高升、進展。

爻辭：初六，晉如摧如，貞吉；罔孚，裕无咎。 象曰：「晉如摧如」，獨行正也；「裕无咎」，未受命也。

爻辭：初六，（初能隨往而不往）晉長之初就受到摧折抑退，（初承阻）守持正固可獲吉祥；不能見信於人，暫且寬裕待時則無過失。 象傳說：「晉如摧如」，初獨自踐行正道；「裕无咎」，初尚未受到任命。

命題：初六陰柔順虛。★初位無爲有咎。★初陰＊四陽相應。

分析：(1)雖然初承阻無陽依附不能往，但初二三隨四往五，初往「晉如」；不過上來五，以致四能往五而不往，而初能隨往而不往「摧如」。(2)初無陽依附「罔孚」。(3)四來初，初與四同在內卦，立場相同，陰陽相應，所以初「貞吉」、「裕無咎」。

結論：※維持現狀：明哲保身。※前往：動則得咎。

演式：

天1　上九 ■■■　▽上來五。

天3　六五 ■■ ■■

人5　九四 ■■■　＊四來初（四能來初而不來）／四往五（四能往五而不往）。

人6　六三 ■■ ■■

地4　六二 ■■ ■■

地2　初六 ■■ ■■　★初承阻，初二三承四，初二三隨四往五（初二三能隨四往五而不往）。

爻辭：六二，晉如愁如，貞吉；受茲介福，于其王母。　象曰：「受茲介福」，以中正也。

爻辭：六二，（二能隨往而不往）晉長之時滿面愁容，（五隨四來初，二）守持正固可獲吉祥；承受弘大的福澤，來自尊貴的王母。　象傳說：「受茲介福」，二居中守正。

命題：六二陰柔順虛。★二位多譽。★二陰＊五陰不應。

分析：⑴雖然二承阻，但二三隨四往五，二往「晉如」；不過四能往五而不往，以致二能隨往而不往「愁如」。⑵雖然五乘四不能來，但五隨四來初，五爲陰，五來「王母」；五隨四來內卦，而四來在二之內，所以二「貞吉」、「受茲介福，于其王母」。

結論：※維持現狀：穩健發展。※前往：動則得咎。

演式：

天1　上九 ▅▅▅▅▽上來五。

天3　六五 ▅▅ ▅▅＊五乘四，五隨四來初／五承上。

人5　九四 ▅▅▅▅

人6　六三 ▅▅ ▅▅

地4　六二 ▅▅ ▅▅★二承阻，二三隨四往五（二三能隨四往五而不往）／二乘阻。

地2　初六 ▅▅ ▅▅◎初承阻，初二三承四，初二三隨四往五（初二三能隨四往五而不往）。

爻辭：六三，眾允，悔亡。　象曰：眾允之志，上行也。

爻辭：六三，（初二三諸陰承四）獲得眾人信允，（三承四）悔恨消亡。　象傳說：獲得眾人信允的心志，三意欲向上行進。

命題：六三陰柔順虛。★三位多凶有咎。★三陰＊上陽相應。

分析：(1)雖然三承四不能往，但三隨四往五，不過上來五，以致三能隨四往五而不往。(2)初二三諸陰承四「眾允」；所以三承四「悔亡」。

説明：(3)三承四，三依附四，並沒有離開三位。(4)「上行」未來之勢，並非當下。

結論：※維持現狀：明哲保身。※前往：動則得咎。※退來：動則得咎。

演式：

天1　上九 ■■■■＊上來五。

天3　六五 ■■ ■■

人5　九四 ■■■■

人6　六三 ■■ ■■★三承四，三隨四往五（三能隨四往五而不往）／三乘阻。

地4　六二 ■■ ■■

地2　初六 ■■ ■■◎初承阻，初二三承四，初二三隨四往五（初二三能隨四往五而不往）。

爻辭：九四，晉如鼫鼠，貞厲。　象曰：「鼫鼠貞厲」，位不當也。

爻辭：九四，（四往五）晉長之時卻像身無專技的鼫鼠，（四能往來而不往來）守持正固以防危險。　象傳說：「鼫鼠貞厲」，四居位不適當。

命題：九四陽剛健實。★四位多懼有咎。★四陽＊初陰相應。

分析：(1)上來五，以致四能往五而不往，所以四「晉如鼫鼠」。(2)相對立場的內卦皆陰無往象，四根本沒必要退來；所以四來初「位不當也」。(3)四不能往來，所以四「貞厲」。

結論：※維持現狀：處境困難。※前往：動則得咎。※退來：動則得咎。

演式：

天1　上九 ■■■ ▽上來五。

天3　六五 ■ ■

人5　九四 ■■■ ★四來初（四能來初而不來）／四往五（四能往五而不往）。

人6　六三 ■ ■

地4　六二 ■ ■

地2　初六 ■ ■ ＊初承阻，初二三承四，初二三隨四往五（初二三能隨四往五而不往）。

爻辭：六五，悔亡，失得勿恤；往吉，无不利。　象曰：「失得勿恤」，往有慶也。

爻辭：六五，（五隨四來初，五來）悔恨消亡，得失不須憂慮；前往可獲吉祥，無所不利。　象傳說：「失得勿恤」，五前往必有福慶。

命題：六五陰柔順虛。★五位多功。★五陰＊二陰不應。

分析：雖然五乘四不能來，但五隨四來初；相對立場的內卦諸陰不能往，所以五來「往吉，無不利」。

結論：※維持現狀：漸入佳境。※前來：錦上添花。

演式：

天1　上九 ███████▽上來五。

天3　六五 ███ ███★五乘四，五隨四來初／五承上。

人5　九四 ███████

人6　六三 ███ ███

地4　六二 ███ ███＊二承阻，二三隨四往五（二三能隨四往五而不往）／二乘阻。

地2　初六 ███ ███◎初承阻，初二三承四，初二三隨四往五（初二三能隨四往五而不往）。

爻辭：上九，晉其角，維用伐邑，厲吉，无咎；貞吝。　象曰：「維用伐邑」，道未光也。

爻辭：上九，（上亢極）晉長到獸角尖，（上來五，五隨四來初，上來）宜於征伐邑國，雖處險境可獲吉祥，沒有過失；（如果上不來）守持正固預防憾惜。　象傳說：「維用伐邑」，上的晉長之道未能光大。

命題：上九陽剛健實。★上位亢極有咎。★上陽＊三陰相應。

分析：(1)上亢極「晉其角」。(2)上來五，上「用」五；五隨四來初「伐邑」，所以上來「唯用伐邑」。(3)但上來也要防範相對立場的內卦諸陰隨四往五，所以上來「厲吉」。(4)上能用四「伐邑」，內卦諸陰不能往，所以上來「無咎」。(5)如果上不來，內卦諸陰隨四往五，所以上「貞吝」。

結論：※維持現狀：等待時機。※前來：漸入佳境。

演式：

天1　上九 ▉▉▉▉★上來五。

天3　六五 ▉▉ ▉▉

人5　九四 ▉▉▉▉

人6　六三 ▉▉ ▉▉＊三承四，三隨四往五（三能隨四往五而不往）／三乘阻。

地4　六二 ▉▉ ▉▉

地2　初六 ▉▉ ▉▉◎初承阻，初二三承四，初二三隨四往五（初二三能隨四往五而不往）。

䷣（上坤下離）地火　明夷　36

卦辭：明夷：利艱貞。

卦辭：明夷卦象徵光明殞傷：利於艱守正固。

象曰：明入地中，明夷；內文明而外柔順，以蒙大難，文王以之。「利艱貞」，晦其明也；內難而能正其志，箕子以之。

象傳：光明隱入地中，象徵光明殞傷；就像內含光明美德而外呈柔順，蒙受巨大的患難，周文王就是用這種方法渡過危難。「利艱貞」，要自我隱晦光明；就像內部艱難也能守持正確的意志，殷朝的箕子就是用這種方法晦明守正。

象曰：（上地下火）明入地中，明夷；君子以莅眾，用晦而明。

象傳：光明隱入地中，象徵光明殞傷；君子謹慎治理眾人，自我晦藏明智而更加顯出光明。

衍義：損傷、創傷、暮夜光明隕傷、光明負傷、韜晦時期、黑暗、昏暗、遭難。

　　爻辭：初九，明夷于飛，垂其翼；君子于行，三日不食。有
攸往，主人有言。　　象曰：「君子于行」，義不食也。

　　爻辭：初九，（四隨三來二，四來）光明漸漸隱入地中，就
像垂下翅膀的鳥直墮地面；（如果初往）君子慌忙逃走，有三天
得不到飲食。（初與四爭於二）如果這時再有所前往，主人有責
難。　　象傳說：「君子于行」，初處於晦暗之際，不求祿食。

　　命題：初九陽剛健實。★初位無爲無咎。★初陽＊四陰不
應。

　　分析：(1)雖然相對立場的外卦四乘三不能來，但四隨初往
二，四來「明夷于飛，垂其翼」(2)不過初往「君子于行」爲三所
阻；如果初執意前往，外卦皆陰「三日不食」。(3)初與相對立場
的四爭於二「有言」；初往二，初用虛；四來用實，以致初能往
二而不往；如果初「有攸往」的話，會與四來相衝突，所以四來
「主人有言」。

　　結論：※維持現狀：等待時機。※前往：動則得咎。

演式：

天1　上六 ■■ ■■ ◎上乘阻，上五四乘三，上五四隨三來二（上五四能隨三來二
　　　　　　　　　　　而不來）。

天3　六五 ■■ ■■

人5　六四 ■■ ■■ ＊四乘三，四隨三來二／四承阻。

人6　九三 ■■■■■

地4　六二 ■■ ■■

地2　初九 ■■■■■ ★初往二（初能往二而不往）。

212

爻辭：六二，明夷；夷于左股，用拯馬壯，吉。　象曰：六二之吉，順以則也。

爻辭：六二，（二能隨三往上而不往）光明殞傷，（二乘初）損傷左大腿，借助良馬的拯濟恢復強壯，可獲吉祥。　象傳說：六二的吉祥，柔順又能堅守自晦的法則。

命題：六二陰柔順虛。★二位多譽。★二陰＊五陰不應。

分析：(1)雖然二承三不能往，但二隨三往上；不過內卦陽爻能直往天位而不往，以致二能隨三往上而不往「明夷」。(2)二乘初，二「夷于左股」、「用拯馬壯，吉」。

說明：(3)在本爻之下爲左，所以「夷于左股」。

結論：※維持現狀：穩健發展。※前往：動則得咎。

演式：

天1	上六 ▰▰ ▰▰	◎上乘阻，上五四乘三，上五四隨三來二（上五四能隨三來二而不來）。
天3	六五 ▰▰ ▰▰	＊五乘阻／五承阻。
人5	六四 ▰▰ ▰▰	
人6	九三 ▰▰▰▰	
地4	六二 ▰▰ ▰▰	★二承三，二隨三往上（二能隨三往上而不往）／二乘初。
地2	初九 ▰▰▰▰	△初往二（初能往二而不往）。

爻辭：九三，明夷于南狩，得其大首；不可疾，貞。　象
曰：南狩之志，乃大得也。

爻辭：九三，（三往上）光明殞傷在南方狩獵征伐，誅滅元
凶首惡；（三能往上來不往，三）不可操之過急，應當守持正
固。　象傳說：南方狩獵征伐的志向，三大有所得。

命題：九三陽剛健實。★三位多凶無咎。★三陽＊上陰相
應。

分析：(1)雖然三往上，三往「明夷于南狩，得其大首」。(2)
但內卦陽爻能直往天位而不往，以致三能往上而不往，所以三
「不可疾，貞」。

結論：※維持現狀：明哲保身。※前往：動則得咎。※退
來：動則得咎。

演式：

天1　上六 ■■ ＊上乘阻，上五四乘三，上五四隨三來二（上五四能隨三來二
　　　　　　 而不來）。

天3　六五 ■■

人5　六四 ■■

人6　九三 ■■■ ★三往上（三能往上而不往）／三來二（三能來二而不來）。

地4　六二 ■■

地2　初九 ■■■ △初往二（初能往二而不往）。

爻辭：六四，入于左腹，獲明夷之心，于出門庭。　象曰：「入于左腹」，獲心意也。

爻辭：六四，（四隨三來二，四來）順入退處在左方腹部地位，深刻了解光明殞傷時的內中情狀，毅然跨出門庭遠去。　象傳說：「入于左腹」，四獲知光明殞傷的內中情狀。

命題：六四陰柔順虛。★四位多懼無咎。★四陰＊初陽相應。

分析：(1)雖然四乘三不能來，但四隨三來二；四與初爭於二，四來用實；初往二，初用虛；所以四退來「入于左腹，獲明夷之心，于出門庭」。

說明：(2)在本爻之下爲左，所以「入于左腹」。

結論：※維持現狀：明哲保身。※前往：動則得咎。※退來：等待時機。

演式：

天1　上六 ■■ ■■　◎上乘阻，上五四乘三，上五四隨三來二（上五四能隨三來二而不來）。

天3　六五 ■■ ■■

人5　六四 ■■ ■■ ★四乘三，四隨三來二／四承阻。

人6　九三 ■■■■■

地4　六二 ■■ ■■

地2　初九 ■■■■■ ＊初往二（初能往二而不往）。

爻辭：六五，箕子之明夷，利貞。　小象曰：箕子之貞，明
不可息也。

爻辭：六五，（五乘阻無陽依附不能來）殷朝箕子身處光明
殞傷之時，利於守持正固。　象傳說：殷朝箕子守持正固，五內
心的光明不可熄滅。

命題：六五陰柔順虛。★五位多功。★五陰＊二陰不應。

分析：五乘阻無陽依附不能來；不過五居多功之位，而相對
立場的內卦不能往，所以五「利貞」。

結論：※維持現狀：漸入佳境。※前來：動則得咎。

演式：

天1　上六 ■■ ◎上乘阻，上五四乘三，上五四隨三來二（上五四能隨三來二
　　　　　　而不來）。

天3　六五 ■■ ■■ ★五乘阻／五承阻。

人5　六四 ■■ ■

人6　九三 ■■■■

地4　六二 ■■ ■■ ＊二承三，二隨三往上（二能隨三往上而不往）／二乘初。

地2　初九 ■■■■ △初往二（初能往二而不往）。

216

　　爻辭：上六，不明晦；初登于天，後入于地。　象曰：「初登于天」，照四國也；「後入于地」，失則也。

　　爻辭：上六，（上乘阻）不發出光明卻帶來昏暗；起初登臨天上，（如果上五四隨三來二，上來）最終墮入地下。　象傳說：「初登于天」，照耀四方諸國；「後入于地」，上違背正確的立身法則。

　　命題：上六陰柔順虛。★上位亢極無咎。★上陰＊三陽相應。

　　分析：(1)上乘阻，上為陰，上「不明晦」、「初登于天」。(2)如果上五四隨三來二，上來將會引發相對立場的內卦三往上，形成威脅上的局面，所以上前來「後入于地」、「失則」。

　　結論：※維持現狀：等待時機。※前來：動則得咎。

演式：

天1	上六 ▉▉ ▉▉	★上乘阻，上五四乘三，上五四隨三來二（上五四能隨三來二而不來）。
天3	六五 ▉▉ ▉▉	
人5	六四 ▉▉ ▉▉	
人6	九三 ▉▉▉▉▉	＊三往上（三能往上而不往）／三來二（三能來二而不來）。
地4	六二 ▉▉ ▉▉	
地2	初九 ▉▉▉▉▉	△初往二（初能往二而不往）。

䷤（上巽下離）風火　家人　37

卦辭：家人：利女貞。

卦辭：家人卦象徵一家人：利於女子守持正固。

彖曰：家人，女正位乎內，男正位乎外；男女正，天地之大義也。家人有嚴君焉，父母之謂也。父父，子子，兄兄，弟弟，夫夫，婦婦，而家道正；正家而天下定矣。

彖傳：一家人，女子在家內居正當之位，男子在家外居正當之位；男女居位都正當得體，這是天地陰陽的大道理。一家人有嚴正的君長，指的是父母。父親盡父親的責任，兒子盡兒子的責任，兄長盡兄長的責任，幼弟盡幼弟的責任，丈夫盡丈夫的責任，妻子盡妻子的責任，這樣家道就能端正；端正了家道而後天下就能安定。

象曰：（上風下火）風自火出，家人；君子以言有物而行有恆。

象傳：風從火的燃燒生出，自內延外，象徵一家人；君子以日常言語切合實際而居家行事守恆不變。

衍義：家人、合睦於內、家庭倫理、擴大、齊家、成家。

爻辭：初九，閑有家，悔亡。　象曰：「閑有家」，志未變也。

爻辭：初九，（初往二）保有其家，悔恨就會消亡。　象傳說：「閑其家」，初心志在未轉變之先就要加以預防。

命題：初九陽剛健實。★初位無為無咎。★初陽＊四陰相應。

分析：⑴初往二，所以初「閑有家，悔亡」。

說明：⑵初往二，初親比二，並沒有離開初位。

結論：※維持現狀：漸入佳境。※前往：動則得咎。

演式：

天1　上九 ■■■■▽上來阻，上五來四。

天3　九五 ■■■

人5　六四 ■■ ■■＊四乘三，四隨三來二（四能隨三來二而不來）／四承上。

人6　九三 ■■■

地4　六二 ■■ ■■

地2　初九 ■■■★初往二。

爻辭：六二，无攸遂，在中饋，貞吉。　象曰：六二之吉，順以巽也。

爻辭：六二，（二乘初）無所成就，掌管家中飲食事宜，守持正固可獲吉祥。　象傳說：二的吉祥，是由於柔順溫遜所致。

命題：六二陰柔順虛。★二位多譽。★二陰＊五陽相應。

分析：⑴雖然二承三不能往，但二隨三往四；不過相對立場的外卦上五來四，以致二能隨三往四而不往。⑵二乘初，所以二「無攸遂，在中饋，貞吉」。

說明：⑶二乘初，二依附初，並沒有離開二位。

結論：※維持現狀：穩健發展。※前往：動則得咎。

演式：

天1　上九 ■■■■■▽上來阻，上五來四。

天3　九五 ■■■■■＊五來四／五往阻。

人5　六四 ■■ ■■

人6　九三 ■■■■■

地4　六二 ■■ ■■★二承三，二隨三往四（二能隨三往四而不往）／二乘初。

地2　初九 ■■■■■△初往二。

爻辭：九三，家人嗃嗃，悔厲，吉；婦子嘻嘻，終吝。　象曰：「家人嗃嗃」，未失也；「婦子嘻嘻」，失家節也。

爻辭：九三，（三能往來而不往來）一家人傷怨嗷嗷，有悔恨及危險，但可獲吉祥；（如果三往來）讓婦人孩童笑嘻嘻，終致憾惜。　象傳說：「家人嗃嗃」，家人尚未失警戒；「婦子嘻嘻」，有失家中禮節。

命題：九三陽剛健實。★三位多凶無咎。★三陽＊上陽不應。

分析：(1)雖然三往四，但上五來四，以致三能往四而不往；雖然三來二，但初往二，以致三能來二而不來；三能往來而不往來，所以三「家人嗃嗃，悔厲；吉」。(2)如果三往來，雖然二四「婦人嘻嘻」；不過三「終吝」。

説明：(3)「失家節」即進退失據。如果三往四，相對立場的上五來四，以致三能往而不往，此時初往已堵住三的退路；三原本阻擋外卦前來，如果三退來，相對立場的外卦陽爻就會來內卦，所以三不往來雖然「悔厲」，但總比三往來「終吝」還要「吉」。

結論：※維持現狀：明哲保身。※前往：動則得咎。※退來：動則得咎。

演式：

天1　上九 ▆▆▆＊上來阻，上五來四。
天3　九五 ▆▆▆
人5　六四 ▆▆ ▆▆
人6　九三 ▆▆▆★三往四（三能往四而不往）／三來二（三能來二而不來）。
地4　六二 ▆▆ ▆▆
地2　初九 ▆▆▆△初往二。

爻辭：六四，富家，大吉。　象曰：「富家大吉」，順在位
也。

爻辭：六四，（四承上不能往）增富其家，大爲吉祥。　象
傳說：「富家大吉」，四順承陽剛者。

命題：六四陰柔順虛。★四位多懼無咎。★四陰＊初陽相
應。

分析：四承上不能往，且相對立場的內卦陽爻不能往，所以
四「富家大吉，順在位也」。

結論：※維持現狀：等待時機。※前往：動則得咎。※退
來：動則得咎。

演式：

天1　上九 ■■■■■▽上來阻，上五來四。

天3　九五 ■■■■

人5　六四 ■■ ■■★四乘三，四隨三來二（四能隨三來二而不來）／四承上。

人6　九三 ■■■■

地4　六二 ■■ ■■

地2　初九 ■■■■＊初往二。

爻辭：九五，王假有家，勿恤，吉。　象曰：「王假有家」，交相愛也。

爻辭：九五，（五來四）君王用美德感化眾人保有其家，無須憂慮，可獲吉祥。　象傳說：「王假有家」，人人交相親愛和睦。

命題：九五陽剛健實。★五位多功。★五陽＊二陰相應。

分析：(1)相對立場的內卦陽爻不能往；五來四，所以五「王假有家，勿恤，吉」。

說明：(2)五來四，五親比四，並沒有離開五位。

結論：※維持現狀：穩健發展。※前來：動則得咎。

演式：

天1　上九 ■■■■▽上來阻，上五來四。

天3　九五 ■■■■★五來四／五往阻。

人5　六四 ■■ ■

人6　九三 ■■■■

地4　六二 ■■ ■＊二承三，二隨三往四（二能隨三往四而不往）／二乘初。

地2　初九 ■■■■△初往二。

爻辭：上九，有孚，威如。終吉。　象曰：威如之吉，反身之謂也。

爻辭：上九，（上五來四，上來）心存誠信，威嚴治家，終獲吉祥。　象傳說：威嚴治家的吉祥，上要先反身嚴格要求自己。

命題：上九陽剛健實。★上位亢極有咎。★上陽＊三陽不應。

分析：(1)雖然上來阻，但上五來四，上來「有孚，威如」。(2)上與三爭於四，上用實；三用虛，以致三能往四而不往，所以上來「終吉」。

結論：※維持現狀：明哲保身。※前來：漸入佳境。

演式：

天1　上九 ■■■■■★上來阻，上五來四。

天3　九五 ■■■

人5　六四 ■■ ■■

人6　九三 ■■■■■＊三往四（三能往四而不往）／三來二（三能來二而不來）。

地4　六二 ■■ ■■

地2　初九 ■■■■■△初往二。

☲☱（上離下兌）火澤　睽　38

卦辭：睽：小事吉。

卦辭：睽卦象徵乖背睽違：小心處事可獲吉祥。

象曰：睽，火動而上，澤動而下；二女同居，其志不同行。說而麗乎明，柔進而上行，得中而應乎剛，是以「小事吉」。天地睽而其事同也，男女睽而其志通也，萬物睽而其事類也，睽之時用大矣哉！

象傳：乖背睽違，就像火燄燃動炎上，澤水流動潤下兩相逆行；又像兩個女子同居一室，志向不同而行為乖背。保持和悅附著於光明，用柔順之道求進向上直行，還要處事適中並應合於陽剛者，這就是「小事吉」的道理。天地上下乖睽但化育萬物的事理卻相同，男女陰陽乖睽但交感求合的心志卻相通，天下萬物乖背睽違但稟受天地陰陽之氣的情事卻相類似：乖睽之時有待施用的領域是多麼廣大啊！

象曰：（上火下澤）上火下澤，睽；君子以同而異。

象傳：火上而澤潤下，象徵乖背睽違；君子以謀求大同而並存小異。

衍義：乖睽、乖違、乖離、乖異、不同、志異、差異。

爻辭：初九，悔亡；喪馬，勿逐自復；見惡人，无咎。　象曰：「見惡人」，以辟咎也。

爻辭：初九，（初二能往三而不往）悔恨消亡；（三隨四往五對初而言）馬匹走失，（初）不用追逐靜等自行歸來；（四來三對初而言）接待相對立的惡人，沒有過失。　象傳說：「見惡人」，是為了避免過失。

命題：初九陽剛健實。★初位無為無咎。★初陽＊四陽不應。

分析：(1)雖然初往阻，但初二往三；不過三隨四往五，三往對初而言「喪馬」。(2)不過上來五，以致三能隨四往五而不往；三承四又乘初不能往來，對初而言「自復」。(3)以致初二能往三而不往；初往阻，所以初「悔亡」、「勿逐」。(4)相對立場的外卦四來三，所以初雖然「見惡人」但「無咎」。

結論：※維持現狀：等待時機。※前往：動則得咎。

演式：

天1　上九 ■■■■ ▽上來五。

天3　六五 ■■ ■■

人5　九四 ■■■■ ＊四來三／四往五（四能往五而不往）。

人6　六三 ■■ ■■

地4　九二 ■■■■

地2　初九 ■■■■ ★初往阻，初二往三（初二能往三而不往）。

224

爻辭：九二，遇主于巷，无咎。　象曰：「遇主于巷」，未失道也。

爻辭：九二，（二與五相應）在巷道中遇見主人，（二能往三而不往）沒有過失。　象傳說：「遇主于巷」，二未曾違失處睽之道。

命題：九二陽剛健實。★二位多譽。★二陽＊五陰相應。

分析：⑴二與五相應「遇主于巷」。⑵相對立場的五隨四來三，以致二能往三而不往，所以二「無咎」。

結論：※維持現狀：穩健發展。※前往：動則得咎。

演式：

天1　上九 ■■■■ ▽上來五。

天3　六五 ■■ ■■ ＊五乘四，五隨四來三／五承上。

人5　九四 ■■■■

人6　六三 ■■ ■■

地4　九二 ■■■■ ★二往三（二能往三而不往）／二來阻。

地2　初九 ■■■■ △初往阻，初二往三（初二能往三而不往）。

爻辭：六三，見輿曳，其牛掣；其人天且劓。无初有終。

象曰：「見輿曳」，位不當也；「无初有終」，遇剛也。

爻辭：六三，（三乘初）見大車被拖曳難行，駕車的牛受牽制不進；（如果三往）這個人受削髮截鼻的酷刑。起初乖睽，（三承四）最終歡合。　象傳說：「見輿曳」，三居位不妥當所致；「无初有終」，三與陽剛的九四遇合。

命題：六三陰柔順虛。★三位多凶有咎。★三陰＊上陽相應。

分析：(1)三乘初，三受到初二的牽制，三「見輿曳，其牛掣」。(2)雖然三承四不能往，但三隨四往五；不過上來五，以致三能隨四往五而不往；如果三往「其人天且劓」。(3)三不能往「無初」；而三承四「有終」。

說明：(4)三承四，三依附四，並沒有離開三位。

結論：※維持現狀：明哲保身。※前往：動則得咎。※退來：動則得咎。

演式：

天1　上九 ▬▬▬ ＊上來五。

天3　六五 ▬ ▬

人5　九四 ▬▬▬

人6　六三 ▬ ▬ ★三承四，三隨四往五（三能隨四往五而不往）／三乘初。

地4　九二 ▬▬▬

地2　初九 ▬▬▬ △初往阻，初二往三（初二能往三而不往）。

爻辭：九四，睽孤；遇元夫，交孚，厲无咎。　象曰：交孚无咎，志行也。

爻辭：九四，（四陽居陰位）乖背睽違而孑然孤立；（如果四往來）遇見陽剛的大丈夫爭合，（四來三）交相誠信，雖有危險卻不會有過失。　象傳說：「交孚无咎」，四在踐行濟睽的志向。

命題：九四陽剛健實。★四位多懼有咎。★四陽＊初陽不應。

分析：(1)四陽居陰位，四「睽孤」。(2)上為五的「元夫」，初為三的「元夫」，所以四往來都會「遇」見五與三的「元夫」。(3)不過初往阻，四就可以來親比三，所以四「交孚，屬無咎」。

說明：(4)四來三，四親比三，並沒有離開四位。

結論：※維持現狀：明哲保身。※前往：動則得咎。※退來：動則得咎。

演式：

天1　上九 ■■■■ ▽上來五。

天3　六五 ■■ ■■

人5　九四 ■■■■ ★四來三／四往五（四能往五而不往）。

人6　六三 ■■ ■■

地4　九二 ■■■■

地2　初九 ■■■■ ＊初往阻，初二往三（初二能往三而不往）。

爻辭：六五，悔亡，厥宗噬膚，往何咎？　象曰：「厥宗噬膚」，往有慶也。

爻辭：六五，（五隨四來三，五來）悔恨消亡，就像宗親者咬嚙柔嫩的皮膚一樣，前往有何咎害？　象傳說：「厥宗噬膚」，五前往必有喜慶。

命題：六五陰柔順虛。★五位多功。★五陰＊二陽相應。

分析：(1)雖然五乘四不能來，但五隨四來三，所以五來「悔亡，厥宗噬膚」、「往有慶也」。(2)相對立場的內卦陽爻不能往，所以五來「往何咎」？

說明：(3)「往何咎」、「往有慶」，前來即前往之意。

結論：※維持現狀：穩健發展。※前來：錦上添花。

演式：

天1　上九 ████▽上來五。

天3　六五 ██ ██★※五乘四，五隨四來三／五承上。

人5　九四 ████

人6　六三 ██ ██

地4　九二 ████＊二往三（二能往三而不往）／二來阻。

地2　初九 ████△初往阻，初二往三（初二能往三而不往）。

爻辭：上九，睽孤，見豕負塗，載鬼一車，先張之弧；匪寇，婚媾；往遇雨則吉。　象曰：遇雨之吉，群疑亡也。

爻辭：上九，（上亢極）睽違至極而孤獨狐疑，（五隨四來二）好像見到醜豬背負污泥，（三隨四往五，三往）又像見到一輛車載滿鬼怪在奔馳，（上來五）先張弓欲射；（以致三能隨四往五而不往，三承四）原來不是強寇，而是已婚配的佳偶；（上來五，五隨四來三，上來）前往遇到陰陽合和的甘雨可獲吉祥。

象傳說：遇到陰陽合和的甘雨可獲吉祥，上的種種猜疑都已經消失。

命題：上九陽剛健實。★上位亢極有咎。★上陽＊三陰相應。

分析：(1)上亢極「睽孤」。(2)五隨四來二「見豕負塗」。(3)而且三隨四往五，三往「載鬼一車」。(4)但上來五「先張之弧」，以致三能隨四往五而不往。(5)所以三承四「匪寇，婚媾」。（6）相對立場的內卦陽爻不能往，所以上來五，五隨四來三，上前來「往遇雨則吉」。

說明：（7）「往」者，前往即前來。

結論：※維持現狀：等待時機。※前來：穩健發展。

演式：

天1　上九 ■■■■★上來五。

天3　六五 ■■ ■■

人5　九四 ■■■■

人6　六三 ■■ ■■＊三承四，三隨四往五（三能隨四往五而不往）／三乘初。

地4　九二 ■■■■

地2　初九 ■■■■△初往阻，初二往三（初二能往三而不往）。

䷦（上坎下艮）水山　蹇　39

　　卦辭：蹇：利西南，不利東北；利見大人。貞吉。

　　卦辭：蹇卦象徵蹇難：利於走向西南平地，不利於走向東北山麓；利於出現大人，守持正固可獲吉祥。

　　彖曰：蹇，難也，險在前也；見險而能止，知矣哉！「蹇，利西南」，往得中也；「不利東北」，其道窮也。「利見大人」，往有功也；當位「貞吉」，以正邦也。蹇之時用大矣哉！

　　彖傳：蹇，意思是行走艱難，就像險境就在前方行走困難；出現險境而能停止不前，堪稱明智啊！「蹇，利西南」，前往得中合宜；「不利東北」，前往路困途窮。「利見大人」，前往濟蹇必能建功；居位適當「貞吉」，可以排除蹇難端正邦國。處在蹇難之時濟蹇的功用是多麼弘大啊！

　　象曰：（上水下山）山上有水，蹇；君子以反身脩德。

　　象傳：高山上有惡水，象徵蹇難；君子當蹇難之時以反求自身修美道德。

　　衍義：蹇難、濟蹇、災難、坎坷艱難、跛腳、困難、兩難、山險、困苦。

爻辭：初六，往蹇，來譽。　象曰：「往蹇來譽」，宜待也。

爻辭：初六，（初承阻無陽依附不能往）往前遇蹇難，（三來初）歸來可獲美譽。　象傳說：「往蹇來譽」，初應當等待時機以濟蹇。

命題：初六陰柔順虛。★初位無為有咎。★初陰＊四陰不應。

分析：(1)初承阻無陽依附不能往，所以初「往蹇」、「宜待」。(2)雖然四乘三不能來，但四隨三來初；最終四能隨三來初而不來，只有三來初，所以三「來譽」。

結論：※維持現狀：明哲保身。※前往：動則得咎。

演式：

天1　上六 ■■ ■■◎上乘五，上隨五來四。

天3　九五 ■■■■■

人5　六四 ■■ ■■　＊四乘三，四隨三來初（四隨三來初而不來）／四承五，四隨五往上（四能隨五往上而不往）。

人6　九三 ■■■■■

地4　六二 ■■ ■■

地2　初六 ■■ ■■★初承阻。

　　爻辭：六二，王臣蹇蹇，匪躬之故。　　象曰：「王臣蹇
蹇」，終无尤也。

　　爻辭：六二，（二能隨三往四而不往，二承三）君王的臣僕
匡濟遇蹇難，不是為了自身私事。　　象傳說：「王臣蹇蹇」，二
最終無所怨尤。

　　命題：六二陰柔順虛。★二位多譽。★二陰＊五陽相應。

　　分析：雖然二承三不能往，但二隨三往四；不過三來而不
往，以致二能隨三往四而不往；二承三，所以二「王臣蹇蹇」、
「終無尤也」。

　　結論：※維持現狀：穩健發展。※前往：動則得咎。

演式：

天1　上六 ▆▆ ▆▆◎上乘五，上隨五來四。

天3　九五 ▆▆▆▆＊五來四／五往上。

人5　六四 ▆▆ ▆▆

人6　九三 ▆▆▆▆

地4　六二 ▆▆ ▆▆★二承三，二隨三往四（二能隨三往四而不往）／二乘阻。

地2　初六 ▆▆ ▆▆◎初承阻。

爻辭：九三，往蹇，來反。　象曰：「往蹇來反」，內喜之也。

爻辭：九三，（三能往四而不往）往前遇蹇難，（三來初）歸來返居其所。　象傳說：「往蹇來反」，內部陰柔都欣喜三陽剛歸返。

命題：九三陽剛健實。★三位多凶無咎。★三陽＊上陰相應。

分析：(1)三與相對立場的外卦上爭於四；三往四，三用虛；上隨五來四，上用實，且上五四皆在外卦，立場相同，以致三能往四而不往，所以三「往蹇」。(2)三來初，三「來反（返）」、「內喜之也」。

結論：※維持現狀：明哲保身。※前往：動則得咎。※退來：漸入佳境。

演式：

天1　上六 ■■ ■■ ＊上乘五，上隨五來四。

天3　九五 ■■■■

人5　六四 ■■ ■■

人6　九三 ■■■■★三往四（三能往四而不往）／三來初。

地4　六二 ■■ ■■

地2　初六 ■■ ■■◎初承阻。

爻辭：六四，往蹇，來連。　象曰：「往蹇來連」，當位實也。

爻辭：六四，（四能隨五往上而不往，四）往前將遇蹇難，（四能隨三來初而不來，四）歸來又逢蹇難。　象傳說：「往蹇來連」，四正當實之位。

命題：六四陰柔順虛。★四位多懼無咎。★四陰＊初陰不應。

分析：(1)雖然四乘三不能來，但四隨三來初；雖然四承五不能往，但四隨五往上；四都可以隨而往來，以致四能隨而往來而不往來，所以四「往蹇，來連」。

説明：(2)四承五，四依附五，並沒有離開四位，所以四「當位實也」。

結論：※維持現狀：等待時機。※前往：動則得咎。※退來：動則得咎。

演式：

天1　上六 ■■ ■■◎上乘五，上隨五來四。

天3　九五 ■■■■■

人5　六四 ■■ ■■ ★四乘三，四隨三來初（四隨三來初而不來）／四承五，四隨五往上（四能隨五往上而不往）。

人6　九三 ■■■■■

地4　六二 ■■ ■■

地2　初六 ■■ ■■＊初承阻。

爻辭：九五，大蹇，朋來。　象曰：「大蹇朋來」，以中節也。

爻辭：九五，（五往上又來四，五）大爲蹇難，朋友紛紛來依附。　象傳說：「大蹇朋來」，五維持中正而有節制。

命題：九五陽剛健實。★五位多功。★五陽＊二陰相應。

分析：⑴五往上又來四，五不能往來「大蹇」；但上四依附五「朋來」。

說明：⑵五往上又來四，五親比上四，並沒有離開五位，所以五「以中節也」。

結論：※維持現狀：穩健發展。※前來：動則得咎。

演式：

天1　上六 ■■ ■■◎上乘五，上隨五來四。

天3　九五 ■■■■■★五來四／五往上。

人5　六四 ■■ ■

人6　九三 ■■■

地4　六二 ■■ ■■＊二承三，二隨三往四（二能隨三往四而不往）／二乘阻。

地2　初六 ■■ ■■◎初承阻。

爻辭：上六，往蹇，來碩；吉，利見大人。　象曰：「往蹇來碩」，志在內也；「利見（現）大人」，以從貴也。

爻辭：上六，（三能往四而不往）往前必遇蹇難，（上隨五來四，上來）前來可建大功；吉祥，利於出現大人。　象傳說：「往蹇來碩」，上的志向在於聯合內部共同濟蹇；「利見大人」，上應當附從尊貴的陽剛君主。

命題：上六陰柔順虛。★上位亢極無咎。★上陰＊三陽相應。

分析：雖然上乘五不能來，但上隨五來四，所以上前「來碩」、「吉，利見（現）大人」；以致三能往四而不往，所以三「往蹇」。

結論：※維持現狀：漸入佳境。※前來：穩健發展。

演式：

天1　上六 ■■ ■■★上乘五，上隨五來四。

天3　九五 ■■■■

人5　六四 ■■ ■■

人6　九三 ■■■■＊三往四（三能往四而不往）／三來初。

地4　六二 ■■ ■■

地2　初六 ■■ ■■◎初承阻。

䷧（上震下坎）雷水　解　40

卦辭：解：利西南；无所往，其來復吉；有攸往，夙吉。

卦辭：解卦象徵舒解險難：利於西南之地；無所前往，返來復居可獲吉祥；有所前往，及早前去必有吉祥。

彖曰：解，險以動，動而免乎險，解。「解，利西南」，往得眾也；「其來復吉」，乃得中也；「有攸往，夙吉」，往有功也。天地解而雷雨作，雷雨作而百果草木皆甲坼，解之時大矣哉！

象傳：舒解險難，就像身處險境而能奮動，奮動解脫避免落入險陷，這就是舒解。「解，利西南」，前往解難獲得眾人擁護；「其來復吉」，這樣就能合宜適中；「有攸往，夙吉」，前往解難必能建功。天地舒解於是雷雨興作，雷雨興作百果草木的種子都舒展萌芽而綻開外皮：舒解之時的功效多麼弘大啊！

象曰：（上雷下水）雷雨作，解；君子以赦過宥罪。象傳：雷雨興作，險難舒解；君子以赦免誤失寬宥罪愆。

衍義：舒解、解除、緩和、鬆懈舒緩、解除困難、分散、消解、解決。

爻辭：初六，无咎。 象曰：剛柔之際，義无咎也。

爻辭：初六，（初隨二往三，初往）沒有過失。 象傳說：
初與二剛柔互為交際，舒解險難的意義沒有過失。

命題：初六陰柔順虛。★初位無為有咎。★初陰＊四陽相
應。

分析：雖然初承二不能往，但初隨二往三；初往未至外卦，
且相對立場的外卦陽爻不能來，所以初往「無咎」。

結論：※維持現狀：等待時機。※前往：漸入佳境。

演式：

天1　上六 ■■ ■■◎上乘阻。

天3　六五 ■■ ■■

人5　九四 ■■■■＊四來三（四來三而不來）／四往上。

人6　六三 ■■ ■■

地4　九二 ■■■■

地2　初六 ■■ ■■★初承二，初隨二往三。

236

爻辭：九二，田獲三狐，得黃矢；貞吉。　象曰：九二貞吉，得中道也。

爻辭：九二，（二往三又來初）田獵捕獲三隻隱伏的狐狸，擁有黃色箭矢般的剛直中和美德；守持正固可獲吉祥。　象傳說：二守持正固可獲吉祥，得於居中不偏之道。

命題：九二陽剛健實。★二位多譽。★二陽＊五陰相應。

分析：(1)二往三又來初，初二三皆在內卦，所以二「田獲三狐」、「得黃矢」。(2)相對立場的外卦陽爻不能來，所以二「貞吉」。

説明：(3)二往三來初，二親比三初，並沒有離開二位，所以二「得中道也」。

結論：※維持現狀：穩健發展。※前往：動則得咎。

演式：

天1　上六 ■■ ■■◎上乘阻。

天3　六五 ■■ ■＊五乘四，五隨四來三（五能隨四來三而不來）／五承阻。

人5　九四 ■■■■■

人6　六三 ■■ ■■

地4　九二 ■■■■■★二往三／二來初。

地2　初六 ■■ ■■◎初承二，初隨二往三。

爻辭：六三，負且乘，致寇至；貞吝。　象曰：「負且乘」，亦可醜也；自我致戎，又誰咎也？

爻辭：六三，（三承四又乘二）背負重物而且身乘大車，（如果三往）自招致強寇前來奪取；（三能隨二來初而不來）守持正固以防憾惜。　象傳說：「負且乘」，三的行爲也太醜惡了；自我招致兵戎之難，又該歸咎於誰呢？

命題：六三陰柔順虛。★三位多凶有咎。★三陰＊上陰不應。

分析：(1)三承四又乘二，三「負且乘」。(2)雖然三承四不能往，但三隨四往上；不過三往將引發相對立場的外卦四來三，所以三往「致寇至」、「自我致戎」，以致三能隨四往上而不往。(3)雖然三乘二不能來，但三隨二來初；不過三退來將會引發相對立場的外卦四來內卦，以致三能隨二來初而不來；三乘二，所以三「貞吝」。

結論：※維持現狀：明哲保身。※前往：動則得咎。※退來：動則得咎。

演式：

天1　上六 ■■ ■■＊上乘阻。

天3　六五 ■■ ■■

人5　九四 ■■■■

人6　六三 ■■ ■■ ★三承四，三隨四往上（三能隨四往上而不往）／三乘二，三隨二來初（三能隨二來初而不來）。

地4　九二 ■■■■

地2　初六 ■■ ■■◎初承二，初隨二往三。

爻辭：九四，解而拇，朋至斯孚。　象曰：「解而拇」，未當位也。

爻辭：九四，（四能來三而不來）像舒解足大趾的隱患一樣擺脫小人的糾纏，（四往上）朋友就前來以誠信之心依附。　象傳說：「解而拇」，四居位尚未妥當。

命題：九四陽剛健實。★四位多懼有咎。★四陽＊初陰相應。

分析：(1)四往上，以致四能來三而不來，所以四「解而拇」。(2)四往上，所以四往「朋至斯孚」。(3)四陽居陰位「未當位也」。

結論：※維持現狀：處境困難。※前往：等待時機。※退來：動則得咎。

演式：

天1　上六 ■■ ■■◎上乘阻。

天3　六五 ■■ ■■

人5　九四 ■■■■★四來三（四來三而不來）／四往上。

人6　六三 ■■ ■■

地4　九二 ■■■■

地2　初六 ■■ ■■＊初承二，初隨二往三。

爻辭：六五，君子維有解，吉，有孚于小人。　象曰：君子有解，小人退也。

爻辭：六五，（四往上）君子能夠舒解險難，可獲吉祥，（五乘四）以誠信感化小人。　象傳說：君子能夠舒解險難，小人必將畏服退縮。

命題：六五陰柔順虛。★五位多功。★五陰＊二陽相應。

分析：(1)雖然五乘四不能來，但五隨四來三；不過四往而不來，以致五能隨四來三而不來。(2)相對立場的內卦不能往；而四「君子」，四往上，四前往「維有解，吉」，四「有孚于」五「小人」。

說明：(3)五乘四，五依附四，並沒有離開五位。

結論：※維持現狀：穩健發展。※前來：動則得咎。

演式：

天1　上六 ■■ ■■◎上乘阻。

天3　六五 ■■ ■■★五乘四，五隨四來三（五能隨四來三而不來）／五承阻。

人5　九四 ■■■

人6　六三 ■■ ■

地4　九二 ■■■＊二往三／二來初。

地2　初六 ■■ ■■◎初承二，初隨二往三。

爻辭：上六，公用射隼于高墉之上，獲之，无不利。 象曰：「公用射隼」，以解悖也。

爻辭：上六，（上乘阻，四往上）王公發矢射擊高城之上的惡隼，一舉射獲，無所不利。 象傳說：「公用射隼」，上以舒解悖逆者所造成的險難。

命題：上六陰柔順虛。★上位亢極無咎。★上陰＊三陰不應。

分析：⑴上乘阻無陽依附不能來，四往上，所以四「公用射隼于高墉之上」、「獲之」。⑵相對立場的內卦不能往，四往上，上五四同在上卦，立場相同，所以上「無不利」。

結論：※維持現狀：等待時機。※前來：動則得咎。

演式：

天1　上六 ■■ ■■ ★上乘阻。

天3　六五 ■■ ■■

人5　九四 ■■■■

人6　六三 ■■ ■■ ＊三承四，三隨四往上（三能隨四往上而不往）／三乘二，三隨二來初（三能隨二來初而不來）。

地4　九二 ■■■■

地2　初六 ■■ ■■ ◎初承二，初隨二往三。

䷨（上艮下兌）山澤　損　41

卦辭：損：有孚，元吉，无咎，可貞，利有攸往。曷之用？二簋可用享。

卦辭：損卦象徵減損：心存誠信，至為吉祥，沒有過失，可以守持正固，利於有所前往。減損之道用什麼來體現呢？兩簋淡食就足以奉獻給尊者與神靈。

彖曰：損，損下益上，其道上行。損而「有孚」，「元吉，无咎，可貞，利有攸往」。「曷之用？二簋可用享」。二簋應有時，損剛益柔有時，損剛益柔有時，損益盈虛，與時偕行。

彖傳：減損，減損下而增益上，其道理（作為）是下者有所奉獻於尊上。減損之時能夠「有孚」，於是「元吉，无咎，可貞，利有攸往」。「曷之用？二簋可用享」。奉獻兩簋淡食必須應合其時，減損處下的陽剛以增益居上的陰柔也要適時：事物的減損增益與盈滿虧虛，都是配合其時自然進行。

象曰：（上山下澤）山下有澤，損；君子以懲忿窒欲。

象傳：山下有深澤，就像澤自損以增山高，象徵減損；君子以抑止忿怒而堵塞邪欲。

衍義：減損、減少、損失、剝削。

爻辭：初九，已事遄往，无咎；酌損之。　象曰：「已事遄
往」，尚合志也。

爻辭：初九，（上來三，內卦初二得上來陽爻）充實自我，
（初）準備迅速前往輔佐上者，不會有過失；（上來三）斟酌減
損自己的剛強之質。　象傳說：「已事遄往」，初與上的意志相
合。

命題：初九陽剛健實。★初位無爲無咎。★初陽＊四陰相
應。

分析：(1)雖然初往阻，但初二往五；不過地位陽爻能直往天
位而不往，且上來三，以致初二能往五而不往。(2)上來三，初與
上同在內卦，立場相同，所以初「已事」；而且內卦初二得上來
的陽爻並準備往前進發「遄往」。(3)相對立場的外卦上來三充實
內卦；初往阻，所以初「無咎」。(4)上來三，上來「酌損之」。

說明：(5)「遄往」，準備也，尙未行；未來而非當下即行。

結論：※維持現狀：等待時機。※前往：動則得咎。

演式：

天1　上九 ■■■■■▽上來三。

天3　六五 ■■　■■

人5　六四 ■■　■■＊四乘阻／四承阻。

人6　六三 ■■　■■

地4　九二 ■■■■■

地2　初九 ■■■■■★初往阻，初二往五（初二能往五而不往）。

爻辭：九二，利貞，征凶；弗損益之。　象曰：九二利貞，中以爲志也。

爻辭：九二，（二能往五而不往）利於守持正固，（如果二往）急躁前往有凶險；（上來三對二而言）不必自我減損就可以施益於上。象傳說：九二利於守持正固，堅守中道作爲自己的志向。

命題：九二陽剛健實。★二位多譽。★二陽＊五陰相應。

分析：(1)雖然二往五，但地位陽爻能直往天位而不往，而且上來三，以致二能往五而不往，二「利貞」。(2)如果二往五，將會造成相對立場的外卦上來三，威脅二的局面，所以二往「征凶」。(3)上來三充實內卦，上來對二而言「弗損益之」。

結論：※維持現狀：漸入佳境。※前往：動則得咎。

演式：

天1　上九 ███████▽上來三。

天3　六五 ███ ███＊五乘阻／五承上。

人5　六四 ███ ███

人6　六三 ███ ███

地4　九二 ███████★二往五（二能往五而不往）／二來阻。

地2　初九 ███████△初往阻，初二往五（初二能往五而不往）。

爻辭：六三，三人行，則損一人；一人行，則得其友。　象
曰：「一人行」，三則疑也。

爻辭：六三，（如果三往）三人同行欲求一陽，必將損陽剛
一人；（上來三）一人獨行專心求合，（初二得上來陽爻）就能
得其強健朋友。　象傳說：「一人行」，三人同行將使對方疑
惑。

命題：六三陰柔順虛。★三位多凶有咎。★三陰＊上陽相
應。

分析：(1)內卦初二三「三人」，如果三往「行」「則損一
人」。(2)相對立場的外卦上來三，三與上同在內卦，立場相同，
陰陽相應；上來「一人行」，而內卦初二得上來陽爻，只要三不
冒然前往「則得其友」。(3)如果三前往「三則疑也」。

結論：※維持現狀：明哲保身。※前往：動則得咎。※退
來：動則得咎。

演式：

天1　上九 ■■■■＊上來三。

天3　六五 ■■ ■■

人5　六四 ■■ ■■

人6　六三 ■■ ■■★三承阻／三乘初。

地4　九二 ■■■■

地2　初九 ■■■■△初往阻，初二往五（初二能往五而不往）。

爻辭：六四，損其疾，使遄有喜，无咎。　象曰：「損其疾」，亦可喜也。

爻辭：六四，（四乘阻無陽依附不能來）自我減損思戀的疾患，（上來四）能夠迅速接納陽剛必有喜慶，沒有過失。　象傳說：「損其疾」，四能接納陽剛也頗為可喜。

命題：六四陰柔順虛。★四位多懼無咎。★四陰＊初陽相應。

分析：(1)四乘阻無陽依附不能來，四「損其疾」。(2)上來四，四受到上來的牽制，所以四「使遄有喜」。(3)相對立場的內卦陽爻不能往，所以四「無咎」。

結論：※維持現狀：明哲保身。※前往：動則得咎。※退來：動則得咎。

演式：

天1　上九 ■■■■■▽上來四。

天3　六五 ■■ ■■

人5　六四 ■■ ■■★四乘阻／四承阻。

人6　六三 ■■ ■■

地4　九二 ■■■■■

地2　初九 ■■■■■＊初往阻，初二往五（初二能往五而不往）。

爻辭：六五，或益之十朋之龜，弗克違，元吉。　象曰：六五元吉，自上祐也。

爻辭：六五，（上來五）有人進獻價值十朋的大寶龜，（五承上）無法辭謝，至爲吉祥。　象傳說：六五至爲吉祥，來自上天施予的祐助。

命題：六五陰柔順虛。★五位多功。★五陰＊二陽相應。

分析：⑵上來五「或益之十朋之龜」。⑶五承上，五「弗克違，元吉」。⑷上來五「自上祐也」。

説明：⑴何以「或益之十朋之龜」不是二往五呢？因爲地位陽爻能直往天位而不往，而且上來五，以致二能往五而不往，所以「益之」者上也，非二往也。⑵五承上，五依附上，並沒有離開五位。

結論：※維持現狀：穩健發展。※前來：動則得咎。

演式：

天1　上九 ■■■▽上來五。

天3　六五 ■■ ■■★五乘阻／五承上。

人5　六四 ■■

人6　六三 ■■■

地4　九二 ■■■＊二往五（二能往五而不往）／二來阻。

地2　初九 ■■■△初往阻，初二往五（初二能往五而不往）。

爻辭：上九，弗損益之；无咎，貞吉，利有攸往，得臣无家。 象曰：「弗損益之」，大得志也。

爻辭：上九，（上來三）不用自我減損即可施益於人；沒有過失，占卜的結果可獲吉祥，利於有所前往，得到廣大臣民的擁護而無自私家有的觀念。 象傳說：「弗損益之」，上大得施惠天下的心志。

命題：上九陽剛健實。★上位亢極有咎。★上陽＊三陰相應。

分析：(1)上來三，上與三同在內卦，立場相同，陰揚相應；上來「弗損益之」、「貞吉，利有攸往，得臣無家」、「大得志也」。(2)相對立場的內卦陽爻不能往；上來三，所以上來「無咎」。

結論：※維持現狀：明哲保身。※前來：漸入佳境。

演式：

天1　上九 ■■■■■★上來三。

天3　六五 ■■ ■■

人5　六四 ■■ ■■

人6　六三 ■■ ■■＊三承阻／三乘初。

地4　九二 ■■■■■

地2　初九 ■■■■■△初往阻，初二往五（初二能往五而不往）。

☶ （上巽下震）風雷　益　42

卦辭：益：利有攸往，利涉大川。

卦辭：益卦象徵增益：利於有所前往，利於涉越大河。

彖曰：益，損上益下，民說无疆；自上下下，其道大光。「利有攸往」，中正有慶；「利涉大川」，木道乃行。益動而巽，日進无疆；天施地生，其益无方。凡益之道，與時偕行。

彖傳：增益，減損上而增益下，民眾欣悅無量；從上方施利於下，其道義大放光芒。「利有攸往」，尊者剛中純正大有慶祥；「利涉大川」，就像木舟渡水通暢。增益之時下者興動而上者遜順，日日增進廣大無疆；就像上天降利施惠而大地受益化生，自然界化生的增益遍及萬方。事物增益之時所體現的道理，就是要配合其時施行得當。

象曰：（上風下雷）風雷，益；君子以見善則遷，有過則改。

象傳：風雷交助，象徵增益；君子以看見善行就傾心效法，有了過錯就迅速改正。

衍義：增益、增多、受益、關係、互益、增加。

爻辭：初九，利用爲大作，元吉，无咎。　象曰：「元吉无咎」，下不厚事也。

爻辭：初九，（初往四）有利於大有作爲，至獲吉祥，不會有過失。　象傳說：「元吉无咎」，初在地位之下原本不能勝任大事。

命題：初九陽剛健實。★初位無爲無咎。★初陽＊四陰相應。

分析：(1)初往四，初與四同在外卦，立場相同，陰陽相應；初往「利用爲大作，元吉」。(2)相對立場的外卦陽爻不能來；初往四，所以初往「無咎」。

結論：※維持現狀：等待時機。※前往：穩健發展。

演式：

天1　上九 ■■■■▽上來阻，上五來二（上五能來二而不來）。

天3　九五 ■■■

人5　六四 ■■ ■■＊四乘阻／四承上。

人6　六三 ■■ ■

地4　六二 ■■ ■

地2　初九 ■■■■★初往四。

爻辭：六二，或益之十朋之龜，弗克違，永貞吉；王用享于帝，吉。　象曰：「或益之」，自外來也。

爻辭：六二，（五來二）有人賜下價值十朋的大寶龜，（二承阻無陽依附不能往）無法辭謝，（二乘初）永久保持正固可獲吉祥；（五能來二而不來）君王正在獻祭天帝祈求降福，吉祥。

象傳說：「或益之」，從外來的增益。

命題：六二陰柔順虛。★二位多譽。★二陰＊五陽相應。

分析：⑴五來二，二與五同在內卦，立場相同，陰陽相應；五來對二而言「或益之十朋之龜」。⑵二承阻無陽依附不能往「弗克違」；初往二，二又受到初的牽制，所以二「永貞吉」，以致五能來二而不來，所以五「王用享于帝，吉」。

說明：⑶二乘初，二依附初，並沒有離開二位。

結論：※維持現狀：穩健發展。※前往：動則得咎。

演式：

天1　上九 ■■■▽上來阻，上五來二（上五能來二而不來）。

天3　九五 ■■■＊五來二（五能來二而不來）／五往阻。

人5　六四 ■■　■

人6　六三 ■■　■

地4　六二 ■■　■★二承阻／二乘初。

地2　初九 ■■■△初往二。

爻辭：六三，益之用凶事，无咎；有孚中行，告公用圭。

象曰：「益用凶事」，固有之也。

爻辭：六三，（三承乘皆阻無陽依附不能往來）有益用於救凶平險的事務上，沒有過失；要心存誠信持中慎行，就像手執圭器致意於王公一樣恭敬虔心。　象傳說：「益用凶事」，三只有這樣才能牢固保有所獲之益。

命題：六三陰柔順虛。★三位多凶有咎。★三陰＊上陽相應。

分析：(1)三居多凶有咎之位，三「凶事」。(2)三承乘皆阻無陽依附不能往來，且初往三，三又受到初往的牽制，所以三「益之用凶事」、「有孚中行」。(3)相對立場的外卦陽爻不能來，所以三「告公用圭」。

結論：※維持現狀：處境困難。※前往：動則得咎。※退來：動則得咎。

演式：

天1　上九 ■■■■■＊上來阻，上五來二（上五能來二而不來）。

天3　九五 ■■■■■

人5　六四 ■■　■■

人6　六三 ■■　■■★三承阻／三乘阻。

地4　六二 ■■　■■

地2　初九 ■■■■■△初往三。

爻辭：六四，中行告公從，利用爲依遷國。　象曰：「告公從」，或益志也。

爻辭：六四，（初往四，四承上）持中愼行致敬於王公言聽計從，利於依附君上遷國益民。　象傳說：「公告從」，四以增益天下的心志輔助王公。

命題：六四陰柔順虛。★四位多懼無咎。★四陰＊初陽相應。

分析：(1)雖然初往四，初與四同在外卦，立場相同，陰陽相應；但四承上，四「中行告公從，利用爲依遷國」。

說明：(2)四承上，四依附五上，並沒有離開四位。

結論：※維持現狀：等待時機。※前往：動則得咎。※退來：動則得咎。

演式：

天1　上九 ■■■■■▽上來阻，上五來二（上五能來二而不來）。

天3　九五 ■■■■■

人5　六四 ■■ ■■★四乘阻／四承上。

人6　六三 ■■ ■■

地4　六二 ■■ ■■

地2　初九 ■■■■■＊初往四。

爻辭：九五，有孚惠心，勿問元吉；有孚惠我德。　象曰：「有孚惠心」，勿問之矣；「惠我德」，大得志也。

爻辭：九五，（五來二而不來）眞誠信實施惠天下的心願，毫無疑問的至爲吉祥；四方群衆也眞誠信實報答我的恩德。　象傳說：「有孚惠心」，五的吉祥是毫無疑問的；「惠我德」，五大遂心志。

命題：九五陽剛健實。★五位多功。★五陽＊二陰相應。

分析：⑴五來二，五與二同在內卦，立場相同，陰陽相應；但初往四，以致五能來二而不來；五居多功之位，所以五「有孚惠心，勿問元吉」。⑵初往四，初與五同在外卦，立場相同，所以初往對五而言「有孚惠我德」；而五「大得志也」。

結論：※維持現狀：漸入佳境。※前來：動則得咎。

演式：

天1　上九 ⚊ ▽上來阻，上五來二（上五能來二而不來）。

天3　九五 ⚊ ★五來二（五能來二而不來）／五往阻。

人5　六四 ⚋

人6　六三 ⚋

地4　六二 ⚋ ＊二承阻／二乘初。

地2　初九 ⚊ △初往四。

爻辭：上九，莫益之，或擊之；立心勿恆，凶。　象曰：「莫益之」，偏辭也；「或擊之」，自外來也。

爻辭：上九，（上來阻）沒有人增益他，（初往四對上而言）或有人攻擊他；（如果上來）居心不常安貪求無厭，有凶險。　象傳說：「莫益之」，增益只是片面的言辭；「或擊之」，從外來的凶險。

命題：上九陽剛健實。★上位亢極有咎。★上陽＊三陰相應。

分析：⑴上來阻，所以「莫益之」。⑵初往四對上而言「或擊之」。⑶如果上來「立心勿恆，凶」。

結論：※維持現狀：明哲保身。※前來：動則得咎。

演式：

天1　上九 ■■■■★上來阻，上五來二（上五能來二而不來）。

天3　九五 ■■■

人5　六四 ■■ ■

人6　六三 ■■ ■＊三承阻／三乘阻。

地4　六二 ■■ ■

地2　初九 ■■■■△初往四。

☰☱（上兌下乾）澤天　夬　43

卦辭：夬：揚于王庭，孚號有厲；告自邑，不利即戎；利有攸往。

卦辭：夬卦象徵決斷：在君王的庭堂上公布小人的罪惡予以制裁，心懷誠信號令眾人戒備危險；頒告政令於城邑，不利於興師出兵武力征伐；這樣就能利於有所前往。

彖曰：夬，決也，剛決柔也；健而說，決而和。「揚于王庭」，柔乘五剛也；「孚號有厲」，其危乃光也；「告自邑，不利即戎」，所尚乃窮也；「利有攸往」，剛長乃終也。

彖傳：夬，決斷，就像陽剛君子果決制裁陰柔小人；剛健手段令人心悅誠服，果決氣勢以求眾物協和。「揚于王庭」，一柔爻乘凌於五剛爻之上；「孚號有厲」，危懼警戒就能光大決斷之道；「告自邑，不利即戎」，如果崇尚武力必使決斷之道困窮；「利有攸往」，陽剛盛長最終必能制勝陰柔。

象曰：（上澤下天）澤上於天，夬；君子以施祿及下，居德則忌。

象傳：澤中水氣升騰於天，決然降雨，象徵決斷；君子以施降恩澤於下民，如果居積有德不施惠必被猜忌。

衍義：決斷、潰決、處事決斷、陽剛決除陰柔、切斷、決裂、除害、道長。

253

爻辭：初九，壯于前趾，往不勝爲咎。　象曰：不勝而往，咎也。

爻辭：初九，（初往阻）強盛在足趾前端，前往難取勝反致過失。　象傳說：不能取勝而急於前往，初必有過失。

命題：初九陽剛健實。★初位無爲無咎。★初陽＊四陽不應。

分析：相對立場的內外卦陽爻皆不能往來，如果初前往「往不勝爲咎」。

結論：※維持現狀：等待時機。※前往：動則得咎。

演式：

天1　上六 ■■ ■■◎上乘初。

天3　九五 ■■■■

人5　九四 ■■■■＊四來阻／四往阻，四五往上。

人6　九三 ■■■■

地4　九二 ■■■■

地2　初九 ■■■■★初往阻，初二三往阻。

爻辭：九二，惕號，莫夜有戎，勿恤。　象曰：「有戎勿恤」，得中道也。

爻辭：九二，（二往阻）警惕呼號，深夜出現戰事，也不必憂慮。　象傳說：「有戎勿恤」，二深得居中慎行之道。

命題：九二陽剛健實。★二位多譽。★二陽＊五陽不應。

分析：相對立場的內外卦不能往來；二往阻又居多譽之位，所以二「有戎勿恤，得中道也」。

結論：※維持現狀：漸入佳境。※前往：動則得咎。

演式：

天1　上六 ▇▇ ▇▇◎上乘初。

天3　九五 ▇▇▇▇＊五來阻／五往上。

人5　九四 ▇▇▇▇

人6　九三 ▇▇▇▇

地4　九二 ▇▇▇▇★二往阻／二來阻。

地2　初九 ▇▇▇▇△初往阻，初二三往阻。

255

爻辭：九三，壯於頄，有凶；君子夬夬獨行，遇雨若濡，有慍，无咎。　象曰：「君子夬夬」，終无咎也。

爻辭：九三，（三往來皆阻）強盛在臉部顴骨上，怒形於色必有凶險，（三跟著四五往上，三往）君子剛毅果斷獨自前行，遇到陰陽和合的雨並被沾濕身體，甚至惹人慍怒，但沒有過失。象傳說：「君子夬夬」，三往最終沒有過失。

命題：九三陽剛健實。★三位多凶無咎。★三陽＊上陰相應。

分析：⑴三往來皆阻，三「壯於頄，有凶」⑵但三跟著四隨五往上，三往「君子夬夬獨行，遇雨若濡」。⑶相對立場的外卦陽爻不能來，所以三往「無咎」。

結論：※維持現狀：明哲保身。※前往：漸入佳境。※退來：動則得咎。

演式：

天1　上六 ▬▬ ▬▬＊上乘初。

天3　九五 ▬▬▬▬▬

人5　九四 ▬▬▬▬▬

人6　九三 ▬▬▬▬▬★三往阻／三來阻，三四五往上。

地4　九二 ▬▬▬▬▬

地2　初九 ▬▬▬▬▬△初往阻，初二三往阻。

爻辭：九四，臀旡膚，其行次且；牽羊悔亡，聞言不信。

象曰：「其行次且」，位不當也；「聞言不信」，聰不明也。

爻辭：九四，（四往阻）臀部失去皮膚，行動難進；（四五往上，四往）要是有像羊一般強健的陽剛尊者牽引則悔恨必將消亡，（如果四不往）如果聽了這個建言不能信從就太不聰明了。

象傳說：「其行次且」，四居位不妥當；「聞言不信」，四太不聰明了。

命題：九四陽剛健實。★四位多懼有咎。★四陽＊初陽不應。

分析：(1)雖然四往阻，四「臀無膚，其行次且」、「聞言不信」。(2)但四五往上，四往「牽羊悔亡」。

結論：※維持現狀：處境困難。※前往：等待時機。※退來：動則得咎。

演式：

天1　上六 ■■■ ■■◎上乘初。

天3　九五 ■■■■■

人5　九四 ■■■■★四來阻／四往阻，四五往上。

人6　九三 ■■■■■

地4　九二 ■■■■■

地2　初九 ■■■■■＊初往阻，初二三往阻。

爻辭：九五，莧陸夬夬，中行无咎。　象曰：「中行无咎」，中未光也。

爻辭：九五，（五往上）像斬除柔脆的莧陸草一樣剛毅果斷地清除小人，居中行正沒有過失。　象傳說：「中行无咎」，五的中正之道尚未光大。

命題：九五陽剛健實。★五位多功。★五陽＊二陽不應。

分析：⑴五往上，五「夬夬」，上「莧陸」、「中行無咎」。

說明：⑵五往上，五親比上，並沒有離開五位。

結論：※維持現狀：穩健發展。※前來：動則得咎。

演式：

天1　上六 ▇▇ ▇▇◎上乘初。

天3　九五 ▇▇▇▇★五來阻／五往上。

人5　九四 ▇▇▇▇

人6　九三 ▇▇▇▇

地4　九二 ▇▇▇▇＊二往阻／二來阻。

地2　初九 ▇▇▇▇△初往阻，初二三往阻。

爻辭：上六，无號，終有凶。　象曰：无號之凶，終不可長也。

爻辭：上六，（上乘初不能來）不要痛哭號啕，最終難逃凶險。　象傳說：不要痛哭號啕難逃凶險，上的陰氣最終不能久常。

命題：上六陰柔順虛。★上位亢極無咎。★上陰＊三陽相應。

分析：(1)上居亢極之位不能來，又凌乘五陽之上，所以上「無號，終有凶」。

說明：(2)上能否轉凶為安？或許四是個關鍵；如果四能穩住不往上，阻擋相對立場的內卦的諸陽前往，或許不失為緩衝權宜之計。

結論：※維持現狀：明哲保身。※前來：動則得咎。

演式：

天1　上六 ■■ ■■★上乘初。

天3　九五 ■■■■

人5　九四 ■■■■

人6　九三 ■■■■＊三往阻／三來阻，三四五往上。

地4　九二 ■■■■

地2　初九 ■■■■△初往阻，初二三往阻。

≡ （上乾下巽）天風　姤　44

卦辭：姤：女壯，勿用取女。

卦辭：姤卦象徵相遇：要是女子過分強盛，不宜娶作妻室。

彖曰：姤，遇也，柔遇剛也。「勿用取女」，不可與長也。
天地相遇，品物咸章也；剛遇中正，天下大行也。姤之時義大矣
哉！

彖傳：姤，相遇，就像陰柔遇到陽剛就能相合。「勿用取
女」，不可與行為不正的女子相處久長。天地陰陽相互遇合，各
類事物的發展都能彰顯；剛者親比居中守正的柔者，天下的人倫
教化就大為通暢。相遇之時的意義是多麼弘大啊！

象曰：（上天下風）天下有風，姤；后以施命誥四方。

象傳：天下有風流動，無物不遇，象徵相遇；君子以施發命
令通告四方。

衍義：相遇、邂逅、不期而遇、陰柔遇合陽剛、接觸、相
逢、結合。

爻辭：初六，繫于金柅，貞吉；有攸往，見凶，羸豕孚蹢躅。　象曰：「繫于金柅」，柔道牽也。

爻辭：初六，（初承上不能往）緊緊繫結在車輛的金屬煞車器上，守持正固可以獲吉祥；要是急於前往，將會出現凶險，就像母豬躁動難以安靜的樣子。　象傳說：「繫于金柅」，初守持柔順之道接受牽制。

命題：初六陰柔順虛。★初位無爲有咎。★初陰＊四陽相應。

分析：(1)初承上不能往，初「繫於金柅，貞吉」。(2)如果初「有攸往，見凶」。

結論：※維持現狀：明哲保身。※前往：動則得咎。

演式：

天1　上九 ■■■■■▽上來阻，上五四來阻。

天3　九五 ■■■■

人5　九四 ■■■■＊四來阻／四往阻。

人6　九三 ■■■■

地4　九二 ■■■■

地2　初六 ■■ ■■★初承上。

爻辭：九二，包有魚，无咎；不利賓。　象曰：「包有魚」，義不及賓也。

爻辭：九二，（二來初）廚房裡有一條魚，沒有過失；（相對立場的外卦陽爻不能來）但不利於宴享賓客。　象傳說：「包有魚」，二與初親比的意義是不利於宴享賓客。

命題：九二陽剛健實。★二位多譽。★二陽＊五陽不應。

分析：(1)二來初「包有魚」。(2)相對立場的外卦陽爻不能來，所以「不利賓」；二來初，所以二「無咎」。

説明：(3)二來初，二親比初，並沒有離開二位。

結論：※維持現狀：穩健發展。※前往：動則得咎。

演式：

天1　上九 ▨▨▨▽上來阻，上五四來阻。

天3　九五 ▨▨▨＊五來阻／五往阻。

人5　九四 ▨▨▨

人6　九三 ▨▨▨

地4　九二 ▨▨▨★二往阻／二來初。

地2　初六 ▨▨ ▨▨◎初承上。

爻辭：九三，臀无膚，其行次且；厲，无大咎。　象曰：「其行次且」，行未牽也。

爻辭：九三，（三往阻）臀部失去皮膚，難以行動；（三貿然退來）有危險，但沒有重大過失。　象傳說：「其行次且」，三的行為未曾攀牽外物。

命題：九三陽剛健實。★三位多凶無咎。★三陽＊上陽不應。

分析：⑴三往阻，所以三「臀無膚，其行次且」。⑵雖然三來阻，但三二來初，不過三退來將會引發相對立場的外卦諸陽來內卦，以致三二能來初而不來。⑶三雖居多凶位「厲」，卻沒有必要退來，只要三不貿然退來「無大咎」、「行未牽也」。

結論：※維持現狀：明哲保身。※前往：動則得咎。※退來：動則得咎。

演式：

天1　上九 ■■■■＊上來阻，上五四來阻。

天3　九五 ■■■■

人5　九四 ■■■■

人6　九三 ■■■■★三往阻／三來阻，三二來初（三二能來初而不來）。

地4　九二 ■■■■

地2　初六 ■■ ■■◎初承上。

爻辭：九四，包无魚，起凶。　象曰：无魚之凶，遠民也。

爻辭：九四，（四來阻）廚房中沒有魚，（如果四來）興起爭執有凶險。　象傳說：退來無魚的凶險，四遠離下民。

命題：九四陽剛健實。★四位多懼有咎。★四陽＊初陰相應。

分析：(1)初爲陰虛，所以初「包無魚」。(2)雖然四與初相應，如果四來，將會引發相對立場內卦三的阻擋，所以四來「起凶」。

結論：※維持現狀：處境困難。※前往：動則得咎。※退來：動則得咎。

演式：

天1　上九 ██████▽上來阻，上五四來阻。

天3　九五 ██████

人5　九四 ██████★四來阻／四往阻。

人6　九三 ██████

地4　九二 ██████

地2　初六 ███ ███＊初承上。

爻辭：九五，以杞包瓜；含章，有隕自天。　象曰：九五含章，中正也；「有隕自天」，志不舍命也。

爻辭：九五，（五來阻）用杞樹枝葉蔽護樹下的甜瓜；內心含藏章美，有從天而降。　象傳說：九五內心含藏章美，是居中守正；「有隕自天」，五的心志不違背天命。

命題：九五陽剛健實。★五位多功。★五陽＊二陽不應。

分析：(1)五來阻，所以五「以杞包瓜」。(2)五居多功之位「含章」，以待時機「有隕自天」。

結論：※維持現狀：漸入佳境。※前來：動則得咎。

演式：

天1　上九 ▇▇▇▇▽上來阻，上五四來阻。

天3　九五 ▇▇▇▇★五來阻／五往阻。

人5　九四 ▇▇▇▇

人6　九三 ▇▇▇▇

地4　九二 ▇▇▇▇＊二往阻／二來初。

地2　初六 ▇▇ ▇▇◎初承上。

爻辭：上九，姤其角；吝，无咎。　象曰：「姤其角」，上窮吝也。

爻辭：上九，（上來阻）遇見空蕩的角落；心有憾惜，但沒有過失。　象傳說：「姤其角」，上居位窮高極上相遇無人深感憾惜。

命題：上九陽剛健實。★上位亢極有咎。★上陽＊三陽不應。

分析：(1)雖然上居亢極之位「姤其角」；上來阻，所以上「吝」、「上窮吝也」。(2)但相對立場的內卦不能往，所以上「無咎」。

結論：※維持現狀：明哲保身。※前來：動則得咎。

演式：

天1　上九 ■■■■★上來阻，上五四來阻。

天3　九五 ■■■

人5　九四 ■■■

人6　九三 ■■■＊三往阻／三來阻，三二來初（三二能來初而不來）。

地4　九二 ■■■

地2　初六 ■■ ■■◎初承上。

≣（上兌下坤）澤地　萃　45

　卦辭：萃：王假有廟，利見大人，亨，利貞；用大牲吉，利有攸往。

　卦辭：萃卦象徵會聚：亨通，君王感應神靈以保有廟祭；利於出現大人，亨通，利於守持正固；用大牲祭祀可獲吉祥，利於有所前往。

　彖曰：萃，聚也；順以說，剛中而應，故聚也。「王假有廟」，致孝享也；「利見大人，亨」，聚以正也；「用大牲吉，利有攸往」，順天命也。觀其所聚，而天地萬物之情可見矣！

　彖傳：萃，象徵會聚；就像物情和順愉悅之時，陽剛尊者能夠守持中道並應相於下，就能廣聚群眾庶物。「王假有廟」，對祖考的孝意及奉獻至誠之心；「利見大人，亨」，大人主導會聚必能遵循正道；「用大牲吉，利有攸往」，會聚之時順從天（大自然）的規律。觀察會聚現象，天地萬物的性情就可以明白了！

　象曰：（上澤下地）澤上於地，萃；君子以除戎器，戒不虞。

　象傳：澤居地上，水潦歸匯，象徵會聚；君子修治兵器，用以戒備群聚之時可能產生的不測變亂。

　衍義：會聚、叢生、聚集、會聚共處、聚會、聚合。

爻辭：初六，有孚不終。乃亂乃萃；若號，一握爲笑；勿恤，往无咎。　象曰：「乃亂乃萃」，其志亂也。

爻辭：初六，（內卦諸陰無比）內心有誠信但不能始終保持，就會導致行動紊亂並與人妄聚；（初二三承四）若呼應陽剛的呼號，就能與陽剛朋友一握手間重見歡笑；（內卦諸陰跟著四五往上，初往）不須憂慮，前往沒有過失。　象傳說：「乃亂乃萃」，初心志產生迷亂。

命題：初六陰柔順虛。★初位無爲有咎。★初陰＊四陽相應。

分析：(1)內卦諸陰無比，所以初「有孚不終，乃亂乃萃」。(2)初二三承四「若號，一握爲笑」；一旦相對立場的四五往上，內卦諸陰就能跟著四五往上，所以初往「勿恤，往無咎」。

結論：※維持現狀：明哲保身。※前往：漸入佳境。

演式：

天1　上六 ■■ ■■◎上乘四。

天3　九五 ■■■

人5　九四 ■■■＊四來初（四能來初而不來）／四往阻，四五往上。

人6　六三 ■■ ■■

地4　六二 ■■ ■■

地2　初六 ■■ ■■★初承阻，初二三承五。

爻辭：六二，引吉，无咎；孚乃利用禴。　象曰：「引吉无咎」，中未變也。

爻辭：六二，（二三隨四五往上，二往）受人牽引相聚可獲吉祥，沒有過失；只要心存誠信雖然微薄的禴祭也利於獻享神靈。　象傳說：「引吉无咎」，二居中守正的心志未曾改變。

命題：六二陰柔順虛。★二位多譽。★二陰＊五陽相應。

分析：(1)雖然二承阻無陽依附不能往；但二三隨四五往上，四五「引」二三，所以二往「引吉」、「孚乃利用禴」。(2)相對立場的外卦陽爻不能來，所以二「無咎」。

結論：※維持現狀：漸入佳境。※前往：錦上添花。

演式：

天1　上六 ▆▆ ▆▆◎上乘四。

天3　九五 ▆▆▆▆▆＊五來阻，五四來初（五四能來初而不來）／五往上。

人5　九四 ▆▆▆▆▆

人6　六三 ▆▆ ▆▆

地4　六二 ▆▆ ▆▆★二承阻，二三隨四五往上／二乘阻。

地2　初六 ▆▆ ▆▆◎初承阻，初二三承五。

爻辭：六三，萃如嗟如，旡攸利；往旡咎，小吝。 象曰：「往旡咎」，上巽也。

爻辭：六三，（內卦諸陰無比）相聚無人以致嗟嘆聲聲，（三居多凶有咎之位）無所利益；（三隨四五往上，三往）前往進取沒有過失，（內卦獨三前往，三往）小有憾惜。 象傳說：「往旡咎」，三尚能順從陽剛。

命題：六三陰柔順虛。★三位多凶有咎。★三陰＊上陰不應。

分析：(1)內卦諸陰無比，三又居多凶有咎之位，所以三「萃如嗟如，無攸利」。(2)雖然三承五不能往，但三隨四五往上，三「往無咎」。(3)內卦獨三前往，所以三往「小吝」。

結論：※維持現狀：處境困難。※前往：等待時機。※退來：動則得咎。

演式：

天1　上六 ■■ ■■ ＊上乘四。

天3　九五 ■■■■■

人5　九四 ■■■■■

人6　六三 ■■ ■■ ★三承五，三隨四五往上／三乘阻。

地4　六二 ■■ ■■

地2　初六 ■■ ■■ ◎初承阻，初二三承五。

爻辭：九四，大吉，旡咎。　象曰：「大吉旡咎」，位不當也。

爻辭：九四，（四五往上，四往）大爲吉祥，沒有過失。象傳說：「大吉旡咎」，四居位尙不夠妥當。

命題：九四陽剛健實。★四位多懼有咎。★四陽＊初陰相應。

分析：(1)何以四「大吉無咎」是「位不當也」？因爲內卦皆陰無實，四沒有必要退來；又四五往上，以致四能來初而不來。(2)相對立場的內卦諸陰無實隨四五而往，並不會威脅外卦四五陽爻，所以四往「大吉，無咎」。(3)四陽爻居陰位，所以四「位不當也」。

結論：※維持現狀：處境困難。※前往：等待時機。※退來：動則得咎。

演式：

天1　上六 ▆▆ ▆▆◎上乘四。

天3　九五 ▆▆▆▆

人5　九四 ▆▆▆▆★四來初（四能來初而不來）／四往阻，四五往上。

人6　六三 ▆▆ ▆▆

地4　六二 ▆▆ ▆▆

地2　初六 ▆▆ ▆▆＊初承阻，初二三承五。

爻辭：九五，萃有位，无咎，匪孚；元永貞，悔亡。　象曰：「萃有位」，志未光也。

爻辭：九五，（五居多功之位）會聚之時高居尊位，沒有過失，（五來阻）但未能廣泛取信於眾；（五往上）永久不渝的守持正固，悔恨必將消亡。　象傳說：「萃有位」，五會聚的心志尚未光大。

命題：九五陽剛健實。★五位多功。★五陽＊二陰相應。

分析：⑴五居多功之位「萃有位」。⑵相對立場的內卦諸陰無實隨四五而往，並不會威脅外卦四五陽爻；五往上，所以五「無咎」、「元永貞，悔亡」。⑶五來阻，所以五「匪孚」。

說明：⑷五往上，五親比上，並沒有離開五位。

結論：※維持現狀：穩健發展。※前來：動則得咎。

演式：

天1　上六 ▇▇ ▇▇◎上乘四。

天3　九五 ▇▇▇★五來阻，五四來初（五四來初而不來）／五往上。

人5　九四 ▇▇▇

人6　六三 ▇▇ ▇▇

地4　六二 ▇▇ ▇▇＊二承阻，二三隨四五往上／二乘阻。

地2　初六 ▇▇ ▇▇◎初承阻，初二三承五。

爻辭：上六，齎咨涕洟，无咎。　象曰：「齎咨涕洟」，未安上也。

爻辭：上六，（上乘四）咨嗟哀嘆而又痛哭流涕，沒有過失。　象傳說：「齎咨涕洟」，上求聚不得未能安居於窮上之位。

命題：上六陰柔順虛。★上位亢極無咎。★上陰＊三陰不應。

分析：⑴相對立場的內卦諸陰無實隨四五而往，並不會威脅外卦四五陽爻；上乘四，所以上「無咎」。⑵但上承四不能來，上居亢極之位「齎咨涕洟」、「未安上也」。

結論：※維持現狀：漸入佳境。※前來：動則得咎。

演式：

天1　上六 ■■ ■■★上乘四。

天3　九五 ■■■■

人5　九四 ■■■■

人6　六三 ■■ ■■＊三承五，三隨四五往上／三乘阻。

地4　六二 ■■ ■■

地2　初六 ■■ ■■◎初承阻，初二三承五。

☷☴（上坤下巽）地風　升　46

卦辭：升：元亨，用見大人，勿恤，南征吉。

卦辭：升卦象徵上升：至為亨通，準備出現大人，不須憂慮，向光明的南方進發可獲吉祥。

彖曰：柔以時升，巽而順，剛中而應，是以大亨。「用見大人，勿恤」，有慶也；「南征吉」，志行也。

彖傳：沿著柔道適時上升，和遜而又柔順，陽剛居中而能向上相應於尊者，所以大為亨通。「用見大人，勿恤」，上升有福慶；「南征吉」，上升的心志暢行。

象曰：（上地下風）地中生木，升；君子以順德，積小以高大。

象傳：地中生出樹木，象徵上升；君子以順行美德，累積小善以成就崇高弘大的事業。

衍義：上升、不返來、上昇、生長、上進。

爻辭：初六，允升，大吉。　象曰：「允升大吉」，上合志也。

爻辭：初六，（初能隨二三往上而不往）準備上升，大爲吉祥。　象傳說：「允升大吉」，初承順剛陽的心志。

命題：初六陰柔順虛。★初位無爲有咎。★初陰＊四陰不應。

分析：⑴雖然初承三不能往，但初隨二三往上；不過內卦陽爻能直往天位而不往，以致初能隨二三往上而不往；初承三，所以初「允升，大吉」。說明：⑵「允升」；允者，準備也，尚未行；並非當下。

結論：※維持現狀：等待時機。※前往：動則得咎。

演式：

天1　上六 ■■ ■■　◎上乘阻，上五四乘二，上五四隨三二來初（上五四能隨三二來初而不來）。

天3　六五 ■■ ■■

人5　六四 ■■ ■■　＊四乘二，四隨三二來初／四承阻。

人6　九三 ■■■■

地4　九二 ■■■■

地2　初六 ■■ ■■　★初承三，初隨二三往上（初能隨二三往上而不往）。

爻辭：九二，孚乃利用禴，旡咎。　象曰：九二之孚，有喜也。

爻辭：九二，（二三能往上而不往，二來初）只要心存誠信雖然微薄的禴祭也利於獻享神靈，沒有過失。　象傳說：二的誠信美德，將有喜慶。

命題：九二陽剛健實。★二位多譽。★二陽＊五陰相應。

分析：(1)雖然二往阻，但二三往上；不過內卦陽爻能直往天位而不往，以致二三能往上而不往。(2)二來初，所以二「孚乃利用禴」。(3)相對立場的外卦諸陰不能來，二來初，所以二「無咎」。

說明：(4)二來初，二親比初，並沒有離開二位。

結論：※維持現狀：穩健發展。※前往：動則得咎。

演式：

天1　上六 ▆▆ ▆▆ ◎上乘阻，上五四乘二，上五四隨三二來初（上五四能隨三二來初而不來）。

天3　六五 ▆▆ ▆▆ ＊五乘阻／五承阻。

人5　六四 ▆▆ ▆▆

人6　九三 ▆▆▆▆▆

地4　九二 ▆▆▆▆▆ ★二往阻，二三往上（二三能往上而不往）／二來初。

地2　初六 ▆▆ ▆▆ ◎初承三，初隨二三往上（初能隨二三往上而不往）。

爻辭：九三，升虛邑。　象曰：「升虛邑」，无所疑也。

爻辭：九三，（三往上）上升猶如直入空虛的城邑。　象傳說：「升虛邑」，三上升無所疑慮。

命題：九三陽剛健實。★三位多凶無咎。★三陽＊上陰相應。

分析：(1)三往上，三與上同在外卦，立場相同，陰陽相應；但外卦諸陰無實，三往無所得，所以三往「升虛邑」；不過內卦陽爻能直往天位而不往，以致三能往上而不往。(2)雖然三來阻，但三二來初。

説明：(2)「升『虛』邑，無所疑也」，三往未必是吉。

結論：※維持現狀：明哲保身。※前往：動則得咎。※退來：漸入佳境。

演式：

天1	上六 ▇▇ ▇▇	＊上乘阻，上五四乘二，上五四隨三二來初（上五四能隨三二來初而不來）。
天3	六五 ▇▇ ▇▇	
人5	六四 ▇▇ ▇▇	
人6	九三 ▇▇▇	★三往上（三能往上而不往）／三來阻，三二來初。
地4	九二 ▇▇▇	
地2	初六 ▇▇ ▇▇	◎初承三，初隨二三往上（初能隨二三往上而不往）。

爻辭：六四，王用亨于岐山，吉，无咎。　象曰：「王用亨于岐山」，順事也。

爻辭：六四，（四隨三二來初，四來）君王來到岐山設祭神靈，吉祥，沒有過失。　象傳說：「王用亨于岐山」，四要順從服事君王。

命題：六四陰柔順虛。★四位多懼無咎。★四陰＊初陰不應。

分析：(1)雖然四乘二不能來，但四隨三二來初，所以四來「亨於岐山，吉」。(2)相對立場的內卦不能往，所以四來「無咎」。

説明：(3)「王用」係指五；四隨三二來初，四退來對五而言「順事也」。

結論：※維持現狀：明哲保身。※前往：動則得咎。※退來：漸入佳境。

演式：

天1　上六 ■■ ■■ ◎上乘阻，上五四乘二，上五四隨三二來初（上五四能隨三二來初而不來）。

天3　六五 ■■ ■■

人5　六四 ■■ ■■ ★四乘二，四隨三二來初／四承阻。

人6　九三 ■■■■

地4　九二 ■■■■

地2　初六 ■■ ■■ ＊初承三，初隨二三往上（初能隨二三往上而不往）。

爻辭：六五，貞吉，升階。　象曰：「貞吉升階」，大得志也。

爻辭：六五，（五乘阻無陽依附不能來）守持正固可獲吉祥，（五四隨三二來初，五來）也能順著階梯上升。　象傳說：「貞吉升階」，五大遂上升的心志。

命題：六五陰柔順虛。★五位多功。★五陰＊二陽相應。

分析：⑴雖然五乘阻無陽依附不能來，五「貞吉」。⑵但五四隨三二來初，五來「升階，大得志」。

結論：※維持現狀：漸入佳境。※前來：錦上添花。

演式：

天1　上六 ■■ ■■ ◎上乘阻，上五四乘二，上五四隨三二來初（上五四能隨三二來初而不來）。

天3　六五 ■■ ■■ ★五乘阻，五四隨三二來初／五承阻。

人5　六四 ■■ ■■

人6　九三 ■■■■

地4　九二 ■■■■ ＊二往阻，二三往上（二三能往上而不往）／二來初。

地2　初六 ■■ ■■ ◎初承三，初隨二三往上（初能隨二三往上而不往）。

276

爻辭：上六，冥升，利于不息之貞。　象曰：冥升，消不富
也。

爻辭：上六，（上五四隨三二來初，上來）昏昧的上升，
（上乘阻）利於不停息的守持正固。　象傳說：昏昧的上升，上
的發展趨勢消弱不能富盛。

命題：上六陰柔順虛。★上位亢極無咎。★上陰＊三陽相
應。

分析：(1)雖然上乘阻無陽依附不能來，但上五四隨三二來
初，所以上來「冥升」。(2)不過上來將會引發相對立場的內卦陽
爻往外卦，威脅上的居面，所以上來「消不富也」，以致上能隨
來而不來。(3)上乘阻，上「利于不息之貞」。

結論：※維持現狀：等待時機。※前來：動則得咎。

演式：

天1　上六　▇▇ ▇▇　★上乘阻，上五四乘二，上五四隨三二來初（上五四能隨三二
　　　　　　　　　　來初而不來）。

天3　六五　▇▇ ▇▇

人5　六四　▇▇ ▇▇

人6　九三　▇▇▇▇　＊三往上（三能往上而不往）／三來阻，三二來初。

地4　九二　▇▇▇▇

地2　初六　▇▇ ▇▇◎初承三，初隨二三往上（初能隨二三往上而不往）。

卦辭：困：亨；貞，大人吉；有言不信。

卦辭：困卦象徵困窮：亨通；守持正固，大人可獲吉祥；有所言未必見信於人。

彖曰：困，剛揜也。險以說，困而不失其所亨，其唯君子乎！「貞，大人吉」，以剛中也；「有言不信」，尚口乃窮也。

彖傳：困窮，陽剛被掩蔽不能伸展。面臨險難而心中愉悅，雖處困窮也不失亨通的前景，只有君子才能如此吧！「貞，大人吉」，濟困求亨要具備陽剛居中的美德；「有言不信」，崇尚言辭更致窮厄。

象曰：（上澤下水）澤无水，困；君子以致命遂志。

象傳：澤上無水，象徵困窮；君子當困窮之時寧可捨棄生命也要實現崇高的志向。

衍義：困窮、進退不得、前途被擋、窮困、包圍、壓制、困苦。

爻辭：初六，臀困于株木，入于幽谷，三歲不覿。　象曰：
「入于幽谷」，幽不明也。

爻辭：初六，（初能隨二往三而不往）臀部困在沒有枝葉遮
掩的樹木，只得退入幽深的山谷，三年不見露出面目，有凶險。

象傳說：「入于幽谷」，初苟且藏身在幽暗不明的處所。

命題：初六陰柔順虛。★初位無爲有咎。★初陰＊四陽相
應。

分析：(1)雖然初承二不能往，但初隨二往三；不過上隨五四
來三，以致初能隨二往三而不往。(2)初承二，初「臀困于株木，
入于幽谷，三歲不覿」。

說明：(3)初承二，初依附二，並沒有離開初位。

結論：※維持現狀：等待時機。※前往：動則得咎。

演式：

天1　上六 ■■ ■■◎上乘四，上隨五四來三。

天3　九五 ■■■■

人5　九四 ■■■■＊四來三／四往阻，四五往上（四五能往上而不往）。

人6　六三 ■■ ■■

地4　九二 ■■■■

地2　初六 ■■ ■■★初承二，初隨二往三（初能隨二往三而不往）。

爻辭：九二，困于酒食，朱紱方來，利用享祀；征凶，无咎。　象曰：「困于酒食」，中有慶也。

爻辭：九二，（二來初）酒食貧乏困窮，（五四來三，五來）榮祿將要到來，利於主持宗廟祭祀的大禮；（如果二往）前往多凶險，（二來初）沒有過失。　象傳說：「困于酒食」，二只要守持中道就有福慶。

命題：九二陽剛健實。★二位多譽。★二陽＊五陽不應。

分析：(1)雖然二往三，但五四來三，以致二能往三而不往。(2)只要二不冒然前往，五來對二而言「朱紱方來，利用享祀」。(3)如果二往「征凶」。(4)相對立場的外卦五四來三，二來初，所以二「無咎」。

說明：(5)二來初，二親比初，並沒有離開二位。

結論：※維持現狀：穩健發展。※前往：動則得咎。

演式：

天1　上六 ■■ ■■◎上乘四，上隨五四來三。

天3　九五 ■■■＊五來阻，五四來三／五往上（五能往上而不往）。

人5　九四 ■■■

人6　六三 ■■ ■■

地4　九二 ■■■★二往三（二能往三而不往）／二來初。

地2　初六 ■■ ■■◎初承二，初隨二往三（初能隨二往三而不往）。

爻辭：六三，困于石，據于蒺藜；入于其宮，不見其妻，凶。 象曰：「據于蒺藜」，乘剛也；「入于其宮，不見其妻」，不祥也。

爻辭：六三，（三承五又乘二不能往來）困於巨石，（三乘二）憑據在蒺藜上棘刺難以前往；（三隨二來初，三來）即使進入自家居室，也見不到妻子，有凶險。 象傳說：「據于蒺藜」，三以陰柔乘凌陽剛之上；「入于其宮，不見其妻」，不吉祥的現象。

命題：六三陰柔順虛。★三位多凶有咎。★三陰＊上陰不應。

分析：⑴雖然三承五又乘二不能往來，所以三「困于石」。⑵但二隨四五往上，不過上隨五四來三，以致三能隨四五往上而不往。⑶雖然三乘二「據于蒺藜」，但三隨二來初，三來「入于其宮，不見其妻，凶」。何故？因為三退來，相對立場的外卦陽爻就會來內卦之中，所以三退來「凶」。

說明：⑷「據于蒺藜，乘剛也」，全是二為陽爻的關係，使得三退來；如果二為陰爻，內卦皆陰，就可以三隨四五往上「往無咎」（如萃卦六三爻辭）。

結論：※維持現狀：明哲保身。※前往：動則得咎。※退來：動則得咎。

演式：

天1　上六 ■■ ■■ ＊上乘四，上隨五四來三。
天3　九五 ■■■■
人5　九四 ■■■■
人6　六三 ■■ ■■ ★三隨五四往上（三能隨四五往上而不往）／三隨二來初（三能隨二來初而不來）。
地4　九二 ■■■■
地2　初六 ■■ ■■ ◎初承二，初隨二往三（初能隨二往三而不往）。

爻辭：九四，來徐徐，困于金車，吝，有終。　象曰：「來徐徐」，志在下也；雖不當位，有與也。

爻辭：九四，（四來三）遲疑緩緩地退來，（四與初相應，但四來困於二）被一輛金車困阻，有所憾惜，（四來三）但最終能親比陰柔。　象傳說：「來徐徐」，四的心志在求應下方的初；雖然居位不妥當，但最終有所親比。

命題：九四陽剛健實。★四位多懼有咎。★四陽＊初陰相應。分析：(1)四來三，四「來徐徐」。(2)四來「困于金車」即四來困於二，以致四與初雖然相應，但不能退來，所以四「吝」。(3)四來三，所以四「有終」、「有與也」。

說明：(3)四來三，四親比三，並沒有離四位。

結論：※維持現狀：明哲保身。※前往：動則得咎。※退來：動則得咎。

演式：

天1　上六 ■■ ■■◎上乘四，上隨五四來三。

天3　九五 ■■■■■

人5　九四 ■■■■■★四來三／四往阻，四五往上（四五能往上而不往）。

人6　六三 ■■ ■■

地4　九二 ■■■■■

地2　初六 ■■ ■■＊初承二，初隨二往三（初能隨二往三而不往）。

爻辭：九五，劓刖，困于赤紱；乃徐有説，利用祭祀。 象曰：「劓刖」，志未得也；「乃徐有説」，以中直也；「利用祭祀」，受福也。

爻辭：九五，（五來阻）施用劓鼻截足的刑罰治理衆人，以致困居於尊位；（五四來三，五來）可以漸漸的擺脱困境，利於舉行祭祀。 象傳説：「劓刖」，五濟困的心志未有所得；「乃徐有説（脱）」五居中得正所致；「利用祭祀」，承受神靈所降的福澤。

命題：九五陽剛健實。★五位多功。★五陽＊二陽不應。

分析：(1)雖然五來阻「劓刖，困于赤紱」、「志未得」。(2)但五隨四來三，五用實；相對立場的內卦二往三，二用虛，以致二能來三而不來。(3)五來「乃徐有說（脱），利用祭祀」、「中直也」、「受福也」。

結論：※維持現狀：漸入佳境。※前來：錦上添花。

演式：

天1　上六 ■■ ■■◎上乘四，上隨五四來三。

天3　九五 ■■■★五來阻，五四來三／五往上（五能往上而不往）。

人5　九四 ■■■

人6　六三 ■■ ■■

地4　九二 ■■■＊二往三（二能往三而不往）／二來初。

地2　初六 ■■ ■■◎初承二，初隨二往三（初能隨二往三而不往）。

爻辭：上六，困于葛藟，于臲卼；曰動悔有悔，征吉。 象曰：「困于葛藟」，未當也；「動悔有悔」，吉行也。

爻辭：上六，（上乘四）困在葛蔓藟藤之間，（三隨四五往上，三來對上而言）又困在搖動危墮之處；（不過三能隨四五往上而不往，如果三前往）也困在葛藟而且行動更加後悔，（上隨五四來三，上來）前來可獲吉祥。 象傳說：「困于葛藟」，上所處的地位未曾穩當；「動悔有悔」，以致上前來可以解困並獲得吉祥。

命題：上六陰柔順虛。★上位亢極無咎。★上陰＊三陰不應。

分析：(1)上乘四不能來，上「困于葛藟」。(2)而且相對立場的三隨四五往上，三來對上而言「于臲卼」。(3)但最終三能隨四五往上而不往，如果三前往「動悔有悔」。(4)雖然上乘四不能來，但上隨五四來三，上來「征吉」。

結論：※維持現狀：等待時機。※前來：穩健發展。

演式：

天1　上六 ■■ ■■★上乘四，上隨五四來三。

天3　九五 ■■■

人5　九四 ■■■

人6　六三 ■■ ■■＊三隨五四往上（三能隨四五往上而不往）／三隨二來初（三能隨二來初而不來）。

地4　九二 ■■■

地2　初六 ■■ ■■◎初承二，初隨二往三（初能隨二往三而不往）。

䷯（上坎下巽）水風　井　48

卦辭：井：改邑不改井，无喪无得，往來井井。汔至亦未繘井，羸其瓶，凶。

卦辭：井卦象徵水井：城邑村莊可以改遷而水井不可遷徙，每日汲引不致枯竭，泉流注入也不滿盈，往來反復不斷的依井為用。汲水時水瓶將升到井口尚未出井，此刻若使水瓶傾覆毀敗，會有凶險。

彖曰：巽乎水而上水，井；井養而不窮也。「改邑不改井」，乃以剛中也；「汔至亦未繘井」，未有功也；「羸其瓶」，是以凶也。

彖傳：水順滲入地下而開孔引水使上，便是水井；水井養人的功德無窮無盡。「改邑不改井」，就像君子恆守陽剛居中的美德；「汔至亦未繘井」，未實現井水養人的功用；「羸其瓶」，是會導致凶險。

象曰：（上水下風）木上有水，井；君子以勞民勸相。

象傳：樹木上端有水分滲出，象徵水井；君子效法水井養人之德，為庶民操勞並勸勉百姓互相資助。

衍義：水井、滋養廣通、用賢、吸取、進入、墮落。

爻辭：初六，井泥不食，舊井无禽。　象曰：「井泥不食」，下也；「舊井无禽」，時舍（捨）也。

爻辭：初六，（初承三）井底污泥沉滯不可食用，舊井久未修治連禽鳥也不屑一顧。　象傳說：「井泥不食」，初柔暗卑下；「舊井无禽」，初已被遺棄。

命題：初六陰柔順虛。★初位無爲有咎。★初陰＊四陰不應。

分析：(1)雖然初承三不能往，初「井泥不實，舊井無禽」。(2)但初隨二三往四；不過上隨五來四，以致初能隨二三往四而不往，所以初「時舍也」。

結論：※維持現狀：等待時機。※前往：動則得咎。

演式：

天1　上六 ▆▆ ▆▆◎上乘五，上隨五來四。

天3　九五 ▆▆▆▆▆

人5　六四 ▆▆ ▆▆＊四乘二，四隨三二來初／四承五，四隨五往上。

人6　九三 ▆▆▆▆▆

地4　九二 ▆▆▆▆▆

地2　初六 ▆▆ ▆▆★初承三，初隨二三往四（初能隨二三往四而不往）。

爻辭：九二，井谷射鮒，甕敝漏。　象曰：「井谷射鮒」，无與也。

爻辭：九二，（二來初）井水被枉作爲射取小魚之用，瓶甕敝敗破漏無物汲水。　象傳說：「井谷射鮒」，二無人援引接應。

命題：九二陽剛健實。★二位多譽。★二陽＊五陽不應。

分析：(1)雖然二往阻，但二三往四；不過五來四，以致二三能往四而不往。(2)二來初，所以二「井谷射鮒，甕敝漏」。(3)二與五不應，所以二「無與也」。

說明：(3)二來初，二親比初，並沒有離開二位。

結論：※維持現狀：穩健發展。※前往：動則得咎。

演式：

天1　上六 ■■ ■■◎上乘五，上隨五來四。

天3　九五 ■■■＊五來四／五往上。

人5　六四 ■■ ■■

人6　九三 ■■■

地4　九二 ■■■★二往阻，二三往四（二三能往四而不往）／二來初。

地2　初六 ■■ ■■◎初承三，初隨二三往四（初能隨二三往四而不往）。

爻辭：九三，井渫不食，爲我心惻；可用汲，王明並受其福。　象曰：「井渫不食」，行惻也；求王明，受福也。

爻辭：九三，（三來阻）井水潔淨卻不被汲食，使我心中隱隱淒惻；（三二來初，三來）應該汲取這清澈的井水，（上來）君王聖明君臣共受福澤。　象傳說：「井渫不食」，三的行爲未被理解令人淒惻；希望君王聖明，是爲了君臣共受福澤。

命題：九三陽剛健實。★三位多凶無咎。★三陽＊上陰相應。

分析：(1)雖然三來阻，所以三「井渫不食，爲我心惻」。(2)但三二來初，三來「可用汲」。(3)上隨五來四，三二來初，所以「王明並受其福」。

結論：※維持現狀：明哲保身。※前往：動則得咎。※退來：漸入佳境。

演式：

天1　上六 ■■ ■■ ＊上乘五，上隨五來四。

天3　九五 ■■■■

人5　六四 ■■ ■■

人6　九三 ■■■■ ★三往四（三能往四而不往）／三來阻，三二來初。

地4　九二 ■■■■

地2　初六 ■■ ■■ ◎初承三，初隨二三往四（初能隨二三往四而不往）。

爻辭：六四，井甃，无咎。　象曰：「井甃无咎」，脩井也。

爻辭：六四，（四能往來而不往來）水井正在修治，沒有過失。　象傳說：「井甃无咎」，四修井不可施養於人。

命題：六四陰柔順虛。★四位多懼無咎。★四陰＊初陰不應。

分析：⑴四隨三二來初，四又能隨五往上，以致四能往來而不往來，所以四「井甃」。⑵四能往來而不往來，相對立場的內卦就不能往，所以四「無咎」。

結論：※維持現狀：明哲保身。※前往：動則得咎。※退來：動則得咎。

演式：

天1　上六 ■■ ■■◎上乘五，上隨五來四。

天3　九五 ■■■

人5　六四 ■■ ■■★四隨三二來初（四能隨三二來初而不來）／四隨五往上（四能隨五往上而不往）。

人6　九三 ■■■

地4　九二 ■■■

地2　初六 ■■ ■■＊初承三，初隨二三往四（初能隨二三往四而不往）。

爻辭：九五，井洌，寒泉食。　象曰：「寒泉之食」，中正
也。

爻辭：九五，（五來四又往上）井水清澈，潔淨的寒泉可供
食用。　象傳說：「寒泉之食」，五居中得正。

命題：**九五陽剛健實。★五位多功。★五陽＊二陽不應。**

分析：(1)五來四又往上，所以五「井洌，寒泉食」。

說明：(2)五來四又往上，五親比四上，並沒有離開五位。

結論：**※維持現狀：穩健發展。※前來：動則得咎。**

演式：

天1　上六 ■■ ■■◎上乘五，上隨五來四。

天3　九五 ■■■■★五來四／五往上。

人5　六四 ■■ ■■

人6　九三 ■■■■

地4　九二 ■■■■＊二往阻，二三往四（二三能往四而不往）／二來初。

地2　初六 ■■ ■■◎初承三，初隨二三往四（初能隨二三往四而不往）。

爻辭：上六，井收，勿幕；有孚，元吉。　象曰：元吉在上，大成也。

爻辭：上六，（上隨五來四，上來）水井的工事已成，不用覆蓋井口；心懷誠信，至爲吉祥。　象傳說：至爲吉祥而高居上位，上水井的功用已經大成。

命題：上六陰柔順虛。★上位亢極無咎。★上陰＊三陽相應。

分析：雖然上乘五不能來，但上隨五來四，上來「井收，勿幕；有孚，元吉」。

結論：※維持現狀：漸入佳境。※前來：穩健發展。

演式：

天1　上六 ■■ ■■★上乘五，上隨五來四。

天3　九五 ■■■

人5　六四 ■■ ■

人6　九三 ■■■＊三往四（三能往四而不往）／三來阻，三二來初。

地4　九二 ■■■

地2　初六 ■■ ■■◎初承三，初隨二三往四（初能隨二三往四而不往）。

䷰（上兌下離）澤火　革　49

卦辭：革：巳日乃孚，元亨，利貞，悔亡。

卦辭：革卦象徵變革：巳日推行變革，有其延續性與因果關係，才能取信於眾，至為亨通，利於守持正固，悔恨將會消亡。

彖曰：革，水火相息；二女同居，其志不相得，曰「革」。「巳日乃孚」，革而信之；文明以說，大亨以正，革而當，其悔乃亡。天地革而四時成；湯武革命，順乎天而應乎人，革之時大矣哉！

彖傳：變革，就像水火相滅相生交互更革；又像兩名女子同居一室，雙方志趣不合，稱為「革」。「巳日乃孚」，變革才能使群眾紛紛信服；文明的作為使人心愉悅，守持正固大為亨通，這樣變革就穩妥得當，悔恨才會消亡。天地變革導致四季周轉；商湯、周武變革桀、紂的王命，順從天（大自然）的規律又應合百姓的願望，變革之時的功效是多麼弘大啊！

象曰：（上澤下火）澤中有火，革；君子以治厤明時。象傳：水澤中有烈火，象徵變革；君子深知事物變革之理，撰制曆法以辨四季更迭。

衍義：變革、革新、革除弊舊、改革、變動、維新。

爻辭：初九，鞏用黃牛之革。　象曰：「鞏用黃牛」，不可以有爲也。

爻辭：初九，（初往二）用黃牛的皮革束縛起來。　象傳說：「鞏用黃牛」，初不可以有所作爲。

命題：初九陽剛健實。★初位無爲無咎。★初陽＊四陽不應。

分析：(1)初往二，初「鞏用黃牛之革」、「不可以有爲」。

說明：(2)初往二，初親比二，並沒有離開初位。

結論：※維持現狀：漸入佳境。※前往：動則得咎。

演式：

天1　上六 ▰▰ ▰▰◎上乘三，上隨五四三來二（上能隨五四三來二而不來）。

天3　九五 ▰▰▰▰

人5　九四 ▰▰▰▰＊四來阻，四三來二（四三能來二而不來）／四往阻，四五往上。

人6　九三 ▰▰▰▰

地4　六二 ▰▰ ▰▰

地2　初九 ▰▰▰▰★初往二。

爻辭：六二，巳日乃革之，征吉，旡咎。　象曰：「巳日革之」，行有嘉也。

爻辭：六二，（二隨三四五往上，二往）巳日斷然推行變革，往前可獲吉祥，沒有過失。　象傳說：「巳日革之」，二前往可獲美好結果。

命題：六二陰柔順虛。★二位多譽。★二陰＊五陽相應。

分析：(1)雖然二承五不能往，但五往上，以致二隨三四五往上，二往「巳日乃革之，征吉」。(2)相對立場的外卦陽爻不能來，所以二往「無咎」。

結論：※維持現狀：穩健發展。※前往：錦上添花。

演式：

天1　上六 ■■ ■◎上乘三，上隨五四三來二（上能隨五四三來二而不來）。

天3　九五 ■■■■＊五來阻／五往上。

人5　九四 ■■■■

人6　九三 ■■■■

地4　六二 ■■ ■★二承五，二隨三四五往上／二乘初。

地2　初九 ■■■■△初往二。

爻辭：九三，征凶，貞厲；革言三就，有孚。　象曰：「革言三就」，又何之矣？

爻辭：九三，（三往阻）前往有凶險，（三能來二而不來）守持正固謹防危險；（只要三不冒然前往）變革初見成效要安定人心，胸懷誠信。　象傳說：「革言三就」，三何必急於前往呢？

命題：九三陽剛健實。★三位多凶無咎。★三陽＊上陰相應。

分析：(1)雖然三往阻，但三四五往上；不過三往爲相對立場的四所阻擋，以致三四五能往上而不往，如果三往「征凶」。(2)雖然三來二，但初往二，而且相對立場的外卦陽爻來內卦，以致三能來二而不來，所以三「貞厲」。(3)只要三不冒然前往，三「革言三就，有孚」。

結論：※維持現狀：明哲保身。※前往：動則得咎。※退來：動則得咎。

演式：

天1　上六 ■■■＊上乘三，上隨五四三來二（上能隨五四三來二而不來）。

天3　九五 ■■■

人5　九四 ■■■

人6　九三 ■■■★三往阻，三四五往上（三四五能往上而不往）／三來二（三能來二而不來）。

地4　六二 ■■■

地2　初九 ■■■△初往二。

爻辭：九四，悔亡，有孚改命，吉。　象曰：改命之吉，信志也。

爻辭：九四，（四五往上，四往）悔恨消亡，必存誠信以革除舊命，可獲吉祥。　象傳說：革除舊命可獲吉祥，四要信實變革之志。

命題：九四陽剛健實。★四位多懼有咎。★四陽＊初陽不應。

分析：四往阻，但四五往上，四往「悔亡，有孚改命，吉」。

結論：※維持現狀：處境困難。※前往：等待時機。※退來：動則得咎。

演式：

天1　上六 ■■ ■■◎上乘三，上隨五四三來二（上能隨五四三來二而不來）。

天3　九五 ■■■■

人5　九四 ■■■■ ★四來阻，四三來二（四三能來二而不來）／四往阻，四五往上。

人6　九三 ■■■■

地4　六二 ■■ ■■

地2　初九 ■■■■ ＊初往二。

爻辭：九五，大人虎變，未占有孚。　象曰：「大人虎變」，其文炳也。

爻辭：九五，（五往上）大人像猛虎一樣實行變革，不用占卜就知道這作為是發揮誠信的美德。　象傳說：「大人虎變」，五的作為文彩炳煥。

命題：九五陽剛健實。★五位多功。★五陽＊二陰相應。

分析：五往上，五「大人虎變，未占有孚」。

結論：※維持現狀：穩健發展。※前來：動則得咎。

演式：

天1　上六 ■■ ■■◎上乘三，上隨五四三來二（上能隨五四三來二而不來）。

天3　九五 ■■■★五來阻／五往上。

人5　九四 ■■■

人6　九三 ■■■

地4　六二 ■■ ■■＊二承五，二隨三四五往上／二乘初。

地2　初九 ■■■△初往二。

爻辭：上六，君子豹變，小人革面；征凶，居貞吉。　象曰：「君子豹變」，其文蔚也；「小人革面」，順以從君也。

爻辭：上六，（三四五往上，三往）君子像豹子一樣求變革，（上乘三）小人改變舊日的面目；（如果上來）前來激進會有凶險，靜居守持正固可獲吉祥。　象傳說：「君子豹變」，陽剛的作爲蔚然成彩；「小人革面」，上順從陽剛君主的變革。

命題：上六陰柔順虛。★上位亢極無咎。★上陰＊三陽相應。

分析：(1)三四五往上，三往「君子豹變」；上乘三，上「小人革面」。(2)雖然上乘三不能來，但上隨五四三來二；不過初往二，且上來爲三阻擋，以致上能隨五四三來二而不來；如果上來「征凶」。(3)最終相對立場的三能往外卦而不往；上乘三，所以上「居貞吉」。

說明：(4)依據象傳「小人革面，順以從君也」的說法，上應該依附五，五爲君位，而非依附三。

結論：※維持現狀：漸入佳境。※前來：動則得咎。

演式：

天1　上六 ■■ ■■★上乘三，上隨五四三來二（上能隨五四三來二而不來）。

天3　九五 ■■■■

人5　九四 ■■■■

人6　九三 ■■■■＊三往阻，三四五往上（三四五能往上而不往）／三來二（三能來二而不來）。

地4　六二 ■■ ■■

地2　初九 ■■■■△初往二。

☰ （上離下巽）火風　鼎　50

卦辭：鼎：元吉，亨。

卦辭：鼎卦象徵鼎器：至爲吉祥，亨通。

彖曰：鼎，象也；以木巽火，亨飪也，聖人亨以享上帝，而大亨以養聖賢。巽而耳目聰明，柔進而上行，得中而應乎剛，是以元亨。

彖傳：鼎器，象徵烹飪養人的炊具；用木柴順從火的燃燒，即爲烹飪情狀。聖人烹煮食物來祭享天帝，又大規模的烹物來供養聖賢。賢人遜順輔助尊者就能耳聰目明，尊者憑著謙柔作爲前進向上直行，高居中位又能下應陽剛賢者，至爲亨通。

象曰：（上火下風）木上有火，鼎；君子以正位凝命。

象傳：木上燒著火焰，象徵鼎器在烹煮；君子以居正位而嚴守使命。

衍義：鼎器、推陳取新、食器、養賢、變化、改變、創造。

爻辭：初六，鼎顛趾，利出否；得妾以其子，尢咎。 象
曰：「鼎顛趾」，未悖也；「利出否」，以從貴也。

爻辭：初六，（初承四）鼎器顛轉腳跟，利於傾倒廢物；就
像娶妾生子而妾被扶作正室，沒有過失。 象傳說：「鼎顛
趾」，初的作爲未曾悖理；「利出否」，初以從尊貴者。

命題：初六陰柔順虛。★初位無爲有咎。★初陰＊四陽相
應。

分析：(1)初承四不能往，初「鼎顛趾，利出否；得妾以其
子」。(2)相對立場的外卦陽爻不能來；初承四，所以初「無
咎」。

說明：(3)初承四，初依附陽，並沒有離開初位。

結論：※維持現狀：等待時機。※前往：動則得咎。

演式：

天1　上九 ▨▨▨▨▽上來五。

天3　六五 ▨▨ ▨▨

人5　九四 ▨▨▨▨＊四來阻，四三二來初（四三二能來初而不來）／四往五（四
能往五而不往）。

人6　九三 ▨▨▨▨

地4　九二 ▨▨▨▨

地2　初六 ▨▨ ▨▨★初承四。

爻辭：九二，鼎有實；我仇有疾，不我能即，吉。　象曰：「鼎有實」，慎所之也；「我仇有疾」，終无尤也。

爻辭：九二，（二陽）鼎中有物品，（二來初）我的配偶身有疾患，（五乘二不能來，對二而言）暫不前來加重我的負擔，吉祥。象傳說：「鼎有實」，二要謹慎行為；「我仇有疾」，二最終親比初無所過尤。

命題：九二陽剛健實。★二位多譽。★二陽＊五陰相應。

分析：(1)二陽「鼎有實」。(2)二來初「我仇有疾」。(3)五乘二不能來，對二而言「不我能即」；相對立場的外卦陽爻不能來；二來初，所以二「吉」。說明：(4)二來初，二親比初，並沒有離開二位。

結論：※維持現狀：穩健發展。※前往：動則得咎。

演式：

天1　上九 ■■■■■▽上來五。

天3　六五 ■■ ■■＊五乘二／五承上。

人5　九四 ■■■■■

人6　九三 ■■■■■

地4　九二 ■■■■■★二往阻／二來初。

地2　初六 ■■ ■■◎初承四。

爻辭：九三，鼎耳革，其行塞，雉膏不食；方雨虧悔，終
吉。　象曰：「鼎耳革」，失其義也。

爻辭：九三，（三陽有實，往來皆阻）鼎器耳部有變異，插
槓杠舉的部位堵塞，精美的雉膏不得獲食；（三二來初，三來）
等到霖雨出現即能消除悔恨，終獲吉祥。　象傳說：「鼎耳
革」，三有失虛中的意義。

命題：九三陽剛健實。★三位多凶無咎。★三陽＊上陽不
應。

分析：(1)三陽有實，往來皆阻，三「鼎耳革，其行塞，雉膏
不食」。(2)雖然三來阻，但三二來初，三來「方雨虧悔，終
吉」。

結論：※維持現狀：明哲保身。※前往：動則得咎。※退
來：漸入佳境。

演式：

天1　上九 ■■■■■ ＊上來五。

天3　六五 ■■　■■

人5　九四 ■■■■■

人6　九三 ■■■■■ ★三往阻，三四往五（三四能往五而不往）／三來阻，三二來
　　　　　　　　　　初。

地4　九二 ■■■■■

地2　初六 ■■　■■ ◎初承四。

爻辭：九四，鼎折足，覆公餗，其形渥，凶。　象曰：「覆公餗」，信如何也？

爻辭：九四，（如果四來）鼎器難承重荷折斷足，王公的美食全被傾覆，鼎身沾濡一派齷齪，有凶險。　象傳說：「覆公餗」，四怎麼值得信任呢？

命題：九四陽剛健實。★四位多懼有咎。★四陽＊初陰相應。

分析：雖然四來阻，但四三二來初；不過四來為三所阻擋，以致四三二能來初而不來；如果四來，將會引發相對立場的內卦陽爻前往外卦，所以四來「鼎折足，覆公餗，其形渥，凶」。

結論：※維持現狀：處境困難。※前往：動則得咎。※退來：動則得咎。

演式：

天1　上九 ▅▅▅▅　▽上來五。

天3　六五 ▅▅ ▅▅

人5　九四 ▅▅▅▅　★四來阻，四三二來初（四三二能來初而不來）／四往五（四能往五而不往）。

人6　九三 ▅▅▅▅

地4　九二 ▅▅▅▅

地2　初六 ▅▅ ▅▅　＊初承四。

爻辭：六五，鼎黃耳金鉉，利貞。　象曰：「鼎黃耳」，中以爲實也。

爻辭：六五，（五承上）鼎器配著黃色的鼎耳與金屬的鼎杠，利於守持正固。　象傳說：「鼎黃耳」，五居中以獲剛實之益。

命題：六五陰柔順虛。★五位多功。★五陰＊二陽相應。

分析：⑴五承上，五「利貞」、「中以爲實也」。

説明：⑵五承上，五依附上，並沒有離開五位。]

結論：※維持現狀：穩健發展。※前來：動則得咎。

演式：

天1　上九 ▬▬▬▬▽上來五。

天3　六五 ▬▬ ▬▬★五乘二／五承上。

人5　九四 ▬▬▬▬

人6　九三 ▬▬▬▬

地4　九二 ▬▬▬▬＊二往阻／二來初。

地2　初六 ▬▬ ▬▬◎初承四。

爻辭：上九，鼎玉鉉，大吉，无不利。　象曰：玉鉉在上，剛柔節也。

爻辭：上九，（上來五）鼎器配著玉製的鼎杠，大爲吉詳，無所不利。　象傳說：玉製的鼎杠高居在鼎器上端，上陽剛與五陰柔相互親附。

命題：上九陽剛健實。★上位亢極有咎。★上陽＊三陽不應。

分析：⑴相對立場的內卦陽爻不能往；上來五，所以上「大吉，無不利」。

說明：⑵上來五，上親比五，並沒有離開上位。

結論：※維持現狀：等待時機。※前來：動則得咎。

演式：

天1　上九 ■■■■■★上來五。

天3　六五 ■■　■■

人5　九四 ■■■■■

人6　九三 ■■■■■＊三往阻，三四往五（三四能往五而不往）／三來阻，三二來初。

地4　九二 ■■■■■

地2　初六 ■■　■■◎初承四。

䷲（上震下震）震　為雷　51

卦辭：震：亨。震來虩虩，笑言啞啞；震驚百里，不喪匕鬯。

卦辭：震卦象徵雷動：亨通。雷動驟來萬物惶恐畏懼，慎行保福遂有聲聲笑語；就像法令雷動驚聞百里，這樣宗廟祭祀就能綿延不絕。

彖曰：震，亨。「震來虩虩」，恐致福也；「笑言啞啞」，後有則也。「震驚百里」，驚遠而懼邇也；（「不喪匕鬯」，）出可以守宗廟社稷，以為祭主也。

彖傳：雷動，亨通。「震來虩虩」，戒慎恐懼就能福澤；「笑言啞啞」，戒懼之後就能遵循法則。「震驚百里」，不論遠近都震驚恐懼；（「不喪匕鬯」），君主外出而長子能夠留守宗廟社稷，成為祭祀典禮的主持人。

象曰：（震為雷）洊雷，震；君子以恐懼脩省。

象傳：疊連轟響著巨雷，象徵雷動；君子以戒慎恐懼自我修身省過。

衍義：震動、奮起振起、戒慎恐懼。

爻辭：初九，震來虩虩，後笑言啞啞，吉。　象曰：「震來虩虩」，恐致福也；「笑言啞啞」，後有則也。

爻辭：初九，（四來二，以致初能往三而不往）雷聲突然大作因畏懼而慎行，（四能往來而不往來，初）才有聲聲笑語，可獲吉祥。　象傳說：「震來虩虩」，因畏懼慎行才能致福；「笑言啞啞」，初有所警惕才有避禍的法則。

命題：初九陽剛健實。★初位無爲無咎。★初陽＊四陽不應。

分析：⑴雖然四來二，四「震來」；以致初能往三而不往，所以初「虩虩」。⑵但四又往上，以致四能往來而不往來；雖然四不能往，但初「後笑言啞啞，吉」。

結論：※維持現狀：等待時機。※前往：動則得咎。

演式：

天1　上六 ■■ ■■◎上乘阻，上五隨四來二（上五能隨四來二而不來）。

天3　六五 ■■ ■■

人5　九四 ■■■■＊四來二（四能來二而不來）／四往上（四能往上而不往）。

人6　六三 ■■ ■■

地4　六二 ■■ ■■

地2　初九 ■■■■★初往三（初能往三而不往）。

爻辭：六二，震來，厲；億喪貝，躋于九陵，勿逐，七日
得。　象曰：「震來厲」，乘剛也。

爻辭：六二，（五隨四來二，五來）雷動驟來，（二）有危
險；（二乘初）大失貨貝，躋登遠避於峻高的九陵之上，（二承
阻）不用追尋，不過七日就能失而復得。　象傳說：「震來
厲」，二乘凌陽剛之上。

命題：六二陰柔順虛。★二位多譽。★二陰＊五陰不應。

分析：(1)雖然相對立場的五乘四不能來，但五隨四來二，五
來「震來」，對二而言「厲」。(2)但四能往來而不往來，以致五
能隨四來二而不來。(3)二乘初，所以二「億喪貝，躋于九陵」、
「乘剛」。(4)二承阻，所以二「勿逐，七日得」。

說明：(5)二乘初，二依附初，並沒有離開二位。

結論：※維持現狀：穩健發展。※前往：動則得咎。

演式：

天1　上六 ■■ ■■◎上乘阻，上五隨四來二（上五能隨四來二而不來）。

天3　六五 ■■ ■■＊五乘四，五隨四來二（五能隨四來二而不來）／五承阻。

人5　九四 ■■■■■

人6　六三 ■■ ■

地4　六二 ■■ ■■★二承阻／二乘初。

地2　初九 ■■■■■△初往二（初能往三而不往）。

爻辭：六三，震蘇蘇，震行无眚。　象曰：「震蘇蘇」，位不當也。

爻辭：六三，（上五隨四來三）雷動之時惶惶不安，（三能隨四往上而不往）雷動之時謹慎行爲不遭禍患。　象傳說：「震蘇蘇」，三居位不妥當。

命題：六三陰柔順虛。★三位多凶有咎。★三陰＊上陰不應。

分析：(1)雖然上乘阻不能來，但上五隨四來二，上來「震」，以致三能隨四往上而不往，所以三「蘇蘇」。(2)三承四，所以三「震行無眚」。

說明：(3)三承四，三依附四，並沒有離開三位。

結論：※維持現狀：明哲保身。※前往：動則得咎。※退來：動則得咎。

演式：

天1　上六 ▉▉ ▉▉ ＊上乘阻，上五隨四來二（上五能隨四來二而不來）。

天3　六五 ▉▉ ▉▉

人5　九四 ▉▉▉▉▉

人6　六三 ▉▉ ▉▉ ★三承四，三隨四往上（三能隨四往上而不往）／三乘阻。

地4　六二 ▉▉ ▉▉

地2　初九 ▉▉▉▉▉ △初往二（初能往三而不往）。

爻辭：九四，震遂泥。　象曰：「震遂泥」，未光也。

爻辭：九四，（如果四來二）雷動之時驚惶失措墮陷於泥濘中。　象傳說：「震遂泥」，四的陽剛作爲未能光大。

命題：九四陽剛健實。★四位多懼有咎。★四陽＊初陽不應。

分析：雖然四來二，但四又往上，以致四能往來而不往來；如果四貿然退來內卦，將會引發相對立場的初往三；所以四退來「震遂泥」。

結論：※維持現狀：處境困難。※前往：動則得咎。※退來：動則得咎。

演式：

天1　上六 ■■ ■■◎上乘阻，上五隨四來二（上五能隨四來二而不來）。

天3　六五 ■■ ■■

人5　九四 ■■■■★四來二（四能來二而不來）／四往上（四能往上而不往）。

人6　六三 ■■ ■■

地4　六二 ■■ ■■

地2　初九 ■■■■＊初往二（初能往三而不往）。

爻辭：六五，震往來，厲；億无喪，有事。 象曰：「震往來厲」，危行也；其事在中，大无喪也。

爻辭：六五，（四往來）雷動之時上下往來，（對五而言）都有危險；（五乘四）慎守中道就萬無一失，可以長保祭祀盛事。 象傳說：「震往來厲」，五心存危懼謹慎作爲；處事能夠守持中道，就可以無所失。

命題：六五陰柔順虛。★五位多功。★五陰＊二陰不應。

分析：(1)如果四「震往來」，都會引發相對立場的內卦初往外卦，所以四往來對五而言「厲」、「危行也」。(2)以致四能往來而不往來，五乘四，所以五「億無喪」、「其事在中，大無喪也」。

說明：(3)五乘四，五依附四，並沒有離開五位。

結論：※維持現狀：穩健發展。※前來：動則得咎。

演式：

天1 上六 ■■ ■■◎上乘阻，上五隨四來二（上五能隨四來二而不來）。

天3 六五 ■■ ■■★五乘四，五隨四來二（五能隨四來二而不來）／五承阻。

人5 九四 ■■■■■

人6 六三 ■■ ■■

地4 六二 ■■ ■■＊二承阻／二乘初。

地2 初九 ■■■■■△初往三（初能往三而不往）。

爻辭：上六，震索索，視矍矍，征凶；震不于其躬，于其鄰，无咎；婚媾有言。象曰：「震索索」，中未得也；雖凶无咎，畏鄰戒也。

爻辭：上六，（四往對上而言）雷動之時恐慌得雙腳畏縮難行，兩眼驚惶不安，（如果上五隨四來二，上來）前來會遭致凶險；（只要四能往來而不往來，初往三對上而言）在雷動尚未震及己身，只到近鄰之時就預先戒備，沒有過失；（上與三爭於四）若謀求陰陽婚配會有言語爭端。　象傳說：「震索索」，未能居處適中的位置；雖然有凶險卻沒有過失，是畏懼近鄰所受的震驚而預先戒備。

命題：上六陰柔順虛。★上位亢極無咎。★上陰＊三陰不應。

分析：⑴雖然四往「震」，對上而言「索索，視矍矍」。⑵不過四能往來而不往來，如果上五隨四來二，上來「征凶」。⑶只要四堅持能往來而不往來，雖然相對立場的內卦初往三，但不能往外卦，所以對上而言「震不于其躬，于其鄰，無咎」。⑷上與三爭於四「婚媾有言」。

結論：※維持現狀：等待時機。※前來：動則得咎。

演式：

天1　上六 ■■ ■■ ★上乘阻，上五隨四來二（上五能隨四來二而不來）。
天3　六五 ■■ ■■
人5　九四 ■■■■
人6　六三 ■■ ■■ ＊三承四，三隨四往上（三能隨四往上而不往）／三乘阻。
地4　六二 ■■ ■■
地2　初九 ■■■■ △初往三（初能往三而不往）。

☶（上艮下艮）艮　爲山　52

卦辭：（艮：）艮其背，不獲其身；行其庭，不見其人，旡咎。

卦辭：艮卦象徵抑止：抑止在背後，外在事務不會影響身心；就像行走在庭院裡，互不見對方，不會有過失。

彖曰：艮，止也。時止則止，時行則行；動靜不失其時，其道光明。「艮其止」，止其所也。上下敵應，不相與也，是以「不獲其身，行其庭不見其人，旡咎」也。

彖傳：艮，抑止。時勢要抑止時就抑止，可以前行就前行；或動或靜不違背適當的時機，抑止的道理（作爲）就能光輝明燦。「艮其止」，抑止適得其所。上下（內外）卦相互敵對，不相交往親與，所以說「不獲其身，行其庭不見其人，旡咎」。

象曰：（艮爲山）兼山，艮：君子以思不出其位。

象傳：兩座山重疊靜止不動，象徵抑止；君子以思慮不超越本位。

衍義：抑止、停止、穩靜安止、靜止、不動、靜定。

爻辭：初六，艮其趾，无咎，利永貞。 象曰：「艮其趾」，未失正也。

爻辭：初六，（初承阻）抑止在腳趾上，沒有過失，利於永久守持正固。 象傳說：「艮其趾」，初行爲不失正道。

命題：初六陰柔順虛。★初位無爲有咎。★初陰＊四陰不應。

分析：(1)雖然相對立場的四乘三不能來，但四隨三來初；不過四受到上來的牽制，且三能往來而不往來，以致四能隨三來初而不來。(2)初承阻無陽依附不能往，所以初「艮其趾」。(3)相對立場的外卦陽爻不能來，所以初「無咎，利永貞」。

結論：※維持現狀：明哲保身。※前往：動則得咎。

演式：

天1　上九 ■■■■▽上來四。

天3　六五 ■■ ■■

人5　六四 ■■ ■■＊四乘三，四隨三來初（四能隨三來初而不來）／四承阻。

人6　九三 ■■■■

地4　六二 ■■ ■■

地2　初六 ■■ ■■★初承阻。

爻辭：六二，艮其腓，不拯其隨，其心不快。　象曰：「不拯其隨」，未退聽也。

爻辭：六二，（二承三）抑止在腿肚上，（二能隨三往五而不往，二）不能舉步隨從，心中不暢快。　象傳說：「不拯其隨」，二未能暫退聽從抑止之命。

命題：六二陰柔順虛。★二位多譽。★二陰＊五陰不應。

分析：(1)雖然二承三，二「艮其腓」。(2)但二隨三往五，不過三往五將會引發相對立場的外卦上來四，以致二能隨三往五而不往，所以二「不拯其隨，其心不快」。(3)二承三，所以「未退聽也」。

說明：二承三，二依附三，並沒有離開二位。

結論：※維持現狀：穩健發展。※前往：動則得咎。

演式：

天1　上九 ■■■■ ▽上來四。

天3　六五 ■■ ■■ ＊五乘阻／五承上。

人5　六四 ■■ ■■

人6　九三 ■■■■

地4　六二 ■■ ■■ ★二承三，二隨三往五（二能隨三往五而不往）／二乘阻。

地2　初六 ■■ ■■ ◎初承阻。

爻辭：九三，艮其限，列其夤，厲熏心。　象曰：「艮其限」，危熏心也。

爻辭：九三，（三能往五而不往）抑止在腰部，背夾脊肉斷裂，危險像烈火一樣熏灼其心。　象傳說：「艮其限」，三的危險將像烈火一樣熏灼其心。

命題：九三陽剛健實。★三位多凶無咎。★三陽＊上陽不應。

分析：雖然三往五，但內卦陽爻能直往天位而不往，而且三往將引發相對立場的外卦上來四，以致三能往五而不往，所以三「艮其限，列其夤，厲熏心」。

結論：※維持現狀：明哲保身。※前往：動則得咎。※退來：動則得咎。

演式：

天1　上九 ■■■■＊上來四。

天3　六五 ■■ ■■

人5　六四 ■■■■

人6　九三 ■■■■★三往五（三能往五而不往）／三來初。

地4　六二 ■■ ■■

地2　初六 ■■ ■■◎初承阻。

爻辭：六四，艮其身，无咎。　象曰：「艮其身」，止諸躬也。

爻辭：六四，（四能隨三來初而不來）抑止上身不使妄動，沒有過失。　象傳說：「艮其身」，四能自我抑止而安守本位。

命題：六四陰柔順虛。★四位多懼無咎。★四陰＊初陰不應。

分析：(1)雖然四乘三不能來，但四隨三來初；不過四受到上來的牽制，且有三的阻擋，以致四能隨三來初而不來，所以四「艮其身」。(2)相對立場的內卦陽爻不能往，所以四「無咎」。

結論：※維持現狀：等待時機。※前往：動則得咎。※退來：動則得咎。

演式：

天1　上九 ███▽上來四。

天3　六五 ██ ██

人5　六四 ██ ██★四乘三，四隨三來初（四能隨三來初而不來）／四承阻。

人6　九三 ███

地4　六二 ██ ██

地2　初六 ██ ██＊初承阻。

爻辭：六五，艮其輔，言有序，悔亡。　象曰：「艮其輔」，以中正也。

爻辭：六五，（五承上）抑止其口不妄語，發言有條理，悔恨盡消。　象傳說：「艮其輔」，五居中守正。

命題：六五陰柔順虛。★五位多功。★五陰＊二陰不應。

分析：相對立場的內卦不能來；五承上，所以五「艮其輔，言有序，悔亡」。

結論：※維持現狀：穩健發展。※前來：動則得咎。

演式：

天1　上九 ■■■■▽上來五。

天3　六五 ■■ ■■★五乘阻／五承上。

人5　六四 ■■ ■■

人6　九三 ■■■■

地4　六二 ■■ ■■＊二承三，二隨三往五（二能隨三往五而不往）／二乘阻。

地2　初六 ■■ ■■◎初承阻。

312

爻辭：上九，敦艮，吉。　象曰：「敦艮之吉」，以厚終也。

爻辭：上九，（上來四）以敦厚修治品德抑止邪慾，吉祥。
象傳說：「敦艮之吉」，上厚重的素質保持至終。

命題：上九陽剛健實。★上位亢極有咎。★上陽＊三陽不應。

分析：上來四，上來「敦艮，吉」。

結論：※維持現狀：明哲保身。※前來：漸入佳境。

演式：

天1　上九 ■■■■ ★上來四。

天3　六五 ■■ ■■

人5　六四 ■■ ■■

人6　九三 ■■■■ ＊三往五（三能往五而不往）／三來初。

地4　六二 ■■ ■■

地2　初六 ■■ ■■ ◎初承阻。

䷴（上巽下艮）風山　漸　53

卦辭：漸：女歸吉，利貞。

卦辭：漸卦象徵漸進：就像女子出嫁循禮漸行可獲吉祥，利於守持正固。

彖曰：漸之進也，女歸吉也。進得位，往有功也；進以正，可以正邦也。其位，剛得中也；止而巽，動不窮也。

彖傳：漸漸向前行進，就像女子出嫁循禮漸行可獲吉祥。行進而獲得正位，前往能建樹功勛；行進而遵循正道，可以端正邦國民心。這個位置，陽剛居中；立身靜止不躁而謙馴和順，漸進行動不致困窮。

象曰：（上風下山）山上有木，漸；君子以居賢德善俗。

象傳：山上有樹木漸漸高大，象徵漸進；君子以靜居累積賢德改善風俗。

衍義：漸進、女子出嫁宜待男子備禮成雙、培養、累積。

爻辭：初六，鴻漸于干；小子屬，有言，无咎。　象曰：小子之屬，義无咎也。

爻辭：初六，（初承阻無陽依附不能往）大雁漸進於水涯邊；就像童稚小子遭逢危險，（初四爭於三，初）蒙受言語中傷，（四能隨三來初而不來，所以初）沒有過失。　象傳說：就像童稚小子遭逢危險，初不躁進的意義沒有過失的。

命題：初六陰柔順虛。★初位無爲有咎。★初陰＊四陰不應。

分析：(1)初承阻無陽依附不能往「鴻漸于干」。(2)雖然相對立場的四乘三不能來，但四隨三來初，所以初「小子屬」。(3)初四爭於三「有言」。(4)不過三能往來而不往來，以致四能隨三來初而不來，所以初「無咎」。

結論：※維持現狀：明哲保身。※前往：動則得咎。

演式：

天1　上九 ███████▽上來阻，上隨五來四。

天3　九五 ███████

人5　六四 ███ ███＊四乘三，四隨三來初（四能隨三來初而不來）／四承上。

人6　九三 ███████

地4　六二 ███ ███

地2　初六 ███ ███★初承阻。

爻辭：六二，鴻漸于磐，飲食衎衎，吉。 象曰：「飲食衎衎」，不素飽也。

爻辭：六二，（二承三）大雁漸進於磐石上，安享飲食和樂歡暢，吉祥。 象傳說：「飲食衎衎」，二善盡為臣的作為不是白白吃飯飽腹。

命題：六二陰柔順虛。★二位多譽。★二陰＊五陽相應。

分析：(1)雖然二承三不能往，但二隨三往四；不過相對立場的外卦五來四，以致二能隨三往四而不往。(2)二居多譽之位，二承三，所以二「鴻漸于磐，飲食衎衎，吉」。

說明：(3)二承三，二依附三，並沒有離開二位。

結論：※維持現狀：穩健發展。※前往：動則得咎。

演式：

天1 上九 ■■■■■▽上來阻，上隨五來四。

天3 九五 ■■■■■＊五來四／五往阻。

人5 六四 ■■ ■■

人6 九三 ■■■■■

地4 六二 ■■ ■■★二承三，二隨三往四（二能隨三往四而不往）／二乘阻。

地2 初六 ■■ ■■◎初承阻。

315

爻辭：九三，鴻漸于陸，夫征不復，婦孕不育，凶；利禦寇。　象曰：「夫征不復」，離群醜也；「婦孕不育」，失其道也；「利用禦寇」，順相保也。

爻辭：九三，（三）大雁漸進於小山，（如果三往）就像夫君遠征一去不返，妻子懷有身孕但不能育養，有凶險；（三能來初而不來）利於抵禦強寇。　象傳說：「夫征不復」，三遠離所匹配的群類；「婦孕不育」，失去夫妻互相親附的正道；「利用禦寇」，三能夫妻和順相保。

命題：九三陽剛健實。★三位多凶無咎。★三陽＊上陽不應。

分析：⑴三「鴻漸于陸」。⑷雖然相對立場的上來阻，但上五來四，以致三能往四而不往；如果三往「夫征不復，婦孕不育，凶」。⑵如果三來初，相對立場的外卦陽爻勢力就會來內卦，以致三能來初而不來；三沒有必要退來，所以三「利用禦寇，順相保也」。

結論：※維持現狀：明哲保身。※前往：動則得咎。※退來：動則得咎。

演式：

天1　上九 ■■■＊上來阻，上五來四。

天3　九五 ■■■

人5　六四 ■■ ■■

人6　九三 ■■■★三往四（三能往四而不往）／三來初（三能來初而不來）。

地4　六二 ■■ ■■

地2　初六 ■■ ■■◎初承阻。

　　爻辭：六四，鴻漸于木，或得其桷，无咎。　象曰：「或得其桷」，順以巽也。

　　爻辭：六四，（四承上）大雁漸進於高木上。或能尋得平柯棲止，沒有過失。　象傳說：「或得其桷」，四柔順而又和馴。

　　命題：六四陰柔順虛。★四位多懼無咎。★四陰＊初陰不應。

　　分析：(1)四承上，四「鴻漸于木，或得其桷」。(2)相對立場的內卦陽爻不能往；四承上，所以四「無咎」。

　　結論：※維持現狀：等待時機。※前往：動則得咎。※退來：動則得咎。

演式：

天1　上九 ■■■■■▽上來阻，上隨五來四。

天3　九五 ■■■■■

人5　六四 ■■ ■■★四乘三，四隨三來初（四能隨三來初而不來）／四承上。

人6　九三 ■■■■■

地4　六二 ■■ ■■

地2　初六 ■■ ■■＊初承阻。

爻辭：九五，鴻漸于陵，婦三歲不孕；終莫之勝，吉。　象曰：「終莫之勝吉」，得所願也。

爻辭：九五，（五來四）大雁漸進於丘陵，（如果五往來）夫君遠出妻子三年不懷身孕；（五來四）夫妻互相親附外因終究不能干擾，吉祥。　象傳說：「終莫之勝吉」，五得逐願望。

命題：九五陽剛健實。★五位多功。★五陽＊二陰相應。

分析：(1)五來四，五「鴻漸于陵」、「終莫之勝吉，得所願也」。(2)五不能往來，如果五往來「婦三歲不孕」。

説明：(3)五來四，五親比四，並沒有離開五位。

結論：※維持現狀：穩健發展。※前來：動則得咎。

演式：

天1　上九 ■■■■▽上來阻，上隨五來四。

天3　九五 ■■■■★五來四／五往阻。

人5　六四 ■■ ■■

人6　九三 ■■■■

地4　六二 ■■ ■■＊二承三，二隨三往四（二能隨三往四而不往）／二乘阻。

地2　初六 ■■ ■■◎初承阻。

爻辭：上九，鴻漸于陸，其羽可用爲儀，吉。 象曰：「其羽可用爲儀吉」，不可亂也。

爻辭：上九，（上五來四，上來）大雁漸進於高山，其羽毛可作爲高潔的儀飾，吉祥。 象傳說：「其羽可用爲儀吉」，上的崇高志向不可淆亂。

命題：上九陽剛健實。★上位亢極有咎。★上陽＊三陽不應。

分析：雖然上來阻，但上五來四，所以上來「鴻漸于陸，其羽可用爲儀，吉」。

結論：※維持現狀：明哲保身。※前來：漸入佳境。

演式：

天1　上九 ■■■■★上來阻，上五來四。

天3　九五 ■■■

人5　六四 ■■ ■

人6　九三 ■■■＊三往四（三能往四而不往）／三來初（三能來初而不來）。

地4　六二 ■■ ■

地2　初六 ■■ ■■◎初承阻。

䷵（上震下兌）雷澤　歸妹　54

卦辭：歸妹：征凶，无攸利。

卦辭：歸妹卦象徵嫁出少女：居位不當前往會有凶險，無所利益。

彖曰：歸妹，天地之大義也。天地不交，而萬物不興；歸妹，人之終始也。説以動，所歸妹也；「征凶」，位不當也；「无攸利」，柔乘剛也。

彖傳：嫁出少女，天地陰陽的弘大意義。天地陰陽不相交，而萬物就不能繁殖興旺；嫁出少女，人類終而復始的生息不止。其情欣悅而動，可以嫁出少女；「征凶」，置身處位不妥當；「無攸利」，陰柔乘凌陽剛之上。

象曰：（上雷下澤）澤上有雷，歸妹；君子以永終知敝。

象傳：水澤上響著震雷，象徵嫁出少女；君子以永久至終保持夫妻之道，同時不可因淫佚敝壞此道。

衍義：歸宿、女子終得依歸、婚嫁、婚姻、結果。

爻辭：初九，歸妹以娣，跛能履，征吉。　象曰：「歸妹以娣」，以恆也；「跛能履」，吉相承也。

爻辭：初九，（初二往三，初往）嫁出少女爲人側室，足跛卻奮力行走，前往可獲吉祥。　象傳說：「歸妹以娣」，這是婚嫁恆常之理；「跛能履」，其吉祥的道理在於承事夫君。

命題：初九陽剛健實。★初位無爲無咎。★初陽＊四陽不應。

分析：(1)雖然初往阻，但初二往三，初二三同在內卦，立場相同；所以初往「歸妹以娣，跛能履，征吉」。(2)初隨二往，所以初爲「娣」、「跛」。

結論：※維持現狀：等待時機。※前往：穩健發展。

演式：

天1　上六 ■■ ■■◎上乘阻。

天3　六五 ■■ ■■

人5　九四 ■■■■＊四來三（四能來三而不來）／四往上（四能往上而不往）。

人6　六三 ■■ ■■

地4　九二 ■■■■

地2　初九 ■■■■★初往阻，初二往三。

爻辭：九二，眇能視，利幽人之貞。　象曰：「利幽人之貞」，未變常也。

爻辭：九二，（二往三）目眇勉強瞻視，利於幽靜安怡的人守持正固。　象傳說：「利幽人之貞」，二未曾改變夫婦經常之道。

命題：九二陽剛健實。★二位多譽。★二陽＊五陰相應。

分析：⑴二往三「眇能視」、「利幽人之貞」。

說明：⑵二往三，二親比三，並沒有離開二位。

結論：※維持現狀：穩健發展。※前往：動則得咎。

演式：

天1　上六 ■■ ■■◎上乘阻。

天3　六五 ■■ ■＊五乘四，五隨四來三（五能隨四來三而不來）／五承阻。

人5　九四 ■■■■

人6　六三 ■■ ■

地4　九二 ■■■■★二往三／二來阻。

地2　初九 ■■■■△初往阻，初二往三。

爻辭：六三，歸妹以須，反歸以娣。　象曰：「歸妹以須」，未當也。

爻辭：六三，（三隨四往上，三往）嫁出的少女引頸希望成為正室，（三乘初）反而嫁作側室。　象傳說：「歸妹以須」，三的行為不妥當。

命題：六三陰柔順虛。★三位多凶有咎。★三陰＊上陰不應。

分析：(1)雖然三承四不能往，但三隨四往上，三往「歸妹以須」。(2)不過四能往來而不往來，且三又受到初二的牽制，以致三能隨四往上而不往。(3)三乘初，所以三「反歸以娣」。(4)如果三往「未當也」。

結論：※維持現狀：明哲保身。※前往：動則得咎。※退來：動則得咎。

演式：

天1　上六 ■■ ■■＊上乘阻。

天3　六五 ■■ ■■

人5　九四 ■■■■■

人6　六三 ■■ ■■★三承四，三隨四往上（三能隨四往上而不往）／三乘初。

地4　九二 ■■■■■

地2　初九 ■■■■■△初往阻，初二往三。

爻辭：九四，歸妹愆期，遲歸有時。　象曰：愆期之志，有待而行也。

爻辭：九四，（四能往來而不往來）嫁出少女延宕佳期，遲遲未嫁靜待時機。　象傳說：四延宕佳期的心志，在於靜待時機而後行。

命題：九四陽剛健實。★四位多懼有咎。★四陽＊初陽不應。

分析：(1)四來三，但初二往三，以致四能來三而不來；如果四往上，相對立場的內卦陽爻勢力就會往外卦，以致四能往上而不往。(2)四能往來而不往來，所以四「歸妹愆期，遲歸有時」、「有待而行」。

結論：※維持現狀：處境困難。※前往：動則得咎。※退來：動則得咎。

演式：

天1　上六 ■■ ■■◎上乘阻。

天3　六五 ■■ ■■

人5　九四 ■■■■★四來三（四能來三而不來）／四往上（四能往上而不往）。

人6　六三 ■■ ■■

地4　九二 ■■■■

地2　初九 ■■■■＊初往阻，初二往三。

爻辭：六五，帝乙歸妹，其君之袂，不如其娣之袂良；月幾望，吉。　象曰：「帝乙歸妹」，不如其娣之袂良也；其位在中，以貴行也。

爻辭：六五，（五隨四來三，五來）帝乙嫁出少女，作爲正室的衣飾，（五乘四）卻不如側室的衣飾美好；就像月亮接近滿圓而不過盈，吉祥。　象傳說：「帝乙歸妹」，作爲正室所著的衣飾不如側室的衣飾美好；五居位守中不偏，以尊貴之身施行其謙儉之道。

命題：六五陰柔順虛。★五位多功。★五陰＊二陽相應。

分析：⑴雖然五乘四不能來，但五隨四來三，五來「帝乙歸妹，其君之袂」。⑵不過四能往來而不往來，以致五能隨四來三而不來。⑶所以五承四，五「不如其娣之袂良」、「月幾望，吉」、「其位在中，以貴行也」。

說明：⑷五乘四，五依附四，並沒有離開五。

結論：※維持現狀：穩健發展。※前來：動則得咎。

演式：

天1　上六 ▨▨ ▨▨◎上乘阻。

天3　六五 ▨▨ ▨▨★五乘四，五隨四來三（五能隨四來三而不來）／五承阻。

人5　九四 ▆▆▆▆

人6　六三 ▨▨ ▨▨

地4　九二 ▆▆▆▆＊二往三／二來阻。

地2　初九 ▆▆▆▆△初往阻，初二往三。

爻辭：上六，女承筐，无實；士刲羊，无血；无攸利。　象
曰：上六无實，承虛筐也。

爻辭：上六，（上陰無實）女子手捧竹筐，卻無物可盛；
（四能往來而不往來）男子刀屠其羊，卻不見羊血；無所利益。
象傳說：上陰爻中虛無實，就像手捧空虛的竹筐。

命題：上六陰柔順虛。★上位亢極無咎。★上陰＊三陰不
應。

分析：(1)上陰無實「女承筐，無實」。(2)四能往來而不往
來，四「士刲羊，无血」。(3)上居亢極之位，上乘阻無陽依附不
能來，所以上「無攸利」。

結論：※維持現狀：等待時機。※前來：動則得咎。

演式：

天1　上六 ■■ ■■★上乘阻。

天3　六五 ■■ ■■

人5　九四 ■■■■

人6　六三 ■■ ■■＊三承四，三隨四往上（三能隨四往上而不往）／三乘初。

地4　九二 ■■■■

地2　初九 ■■■■△初往阻，初二往三。

▤ （上震下離）雷火　豐　55

卦辭：豐：亨，王假之；勿憂，宜日中。

卦辭：豐卦象徵豐大：亨通，就像君王可以達到豐大的境界；不要憂慮，就像太陽宜居中天保持豐盛的光輝。

彖曰：豐，大也；明以動，故豐。「王假之」，尚大也；「勿憂，宜日中」，宜照天下也。日中則昃，月盈則食；天地盈虛，與時消息，而況於人乎？況於鬼神乎？

彖傳：豐，意思是豐大；光明有所行動，所以能獲豐大成果。「王假之」，崇尚豐大；「勿憂，宜日中」，盛德之光宜遍照天下。太陽高居中天會西斜，月亮圓滿盈滿會虧蝕；天地有盈滿與虧虛，隨時更迭消亡與生息，又何況人呢？何況鬼神呢？

象曰：（上雷下火）雷電皆至，豐；君子以折獄致刑。

象傳：雷震和電光一起到來，象徵豐大；君子因此效法雷的威動和電的光明，審理訟獄而施用刑罰。

衍義：豐大、盛大、豐大多事、繁盛、美滿。

爻辭：初九，遇其配主，雖旬旡咎，往有尚。　象曰：「雖旬旡咎」，過旬災也。

爻辭：初九，（初往二）好像遇見可以規劃未來事業的伙伴，（如果初往）十天之內沒有過失，前往還可以。　象傳說：「雖旬旡咎」，十天之後會有災患。

命題：初九陽剛健實。★初位無爲無咎。★初陽＊四陽不應。

分析：(1)初往二，所以初「遇其配主，雖旬無咎，往有尚」。

說明：(2)初往二，初親比二，並沒有離開初位；所以初往「過旬災也」。

結論：※維持現狀：漸入佳境。※前往：動則得咎。

演式：

天1　上六 ▆▆ ▆▆ ◎上乘阻。

天3　六五 ▆▆ ▆▆

人5　九四 ▆▆▆▆ ＊四來阻／四往上。

人6　九三 ▆▆▆▆

地4　六二 ▆▆ ▆▆

地2　初九 ▆▆▆▆ ★初往二。

　　爻辭：六二，豐其蔀，日中見斗，往得疑疾；有孚發若，吉。　　**象曰**：「有孚發若」，信以發志也。

　　爻辭：六二，（二承三又乘初）豐大遮掩了光明，就像太陽正當中天卻出現斗星，前往被猜疑的疾患；發揮誠信，可獲吉祥。　　**象傳說**：「有孚發若」，二以誠信來發揮豐大的志向。

　　命題：六二陰柔順虛。★二位多譽。★二陰＊五陰不應。

　　分析：⑴二承三又乘初，所以二「豐其蔀，日中見斗」、「有孚發若，吉」。⑵雖然二承四不能往，但二隨三四往上；不過二往會引發相對立場的外卦陽爻來內卦，且又受到初的牽制，以致二能隨三往四而不往，所以二「往得疑疾」。

　　說明：⑶二承三又乘初，二依附三初，並沒有離開二位。

　　結論：※維持現狀：穩健發展。※前往：動則得咎。

演式：

天1　上六 ■■ ■■◎上乘阻。

天3　六五 ■■ ■■＊五乘四／五承阻。

人5　九四 ■■■■■

人6　九三 ■■■■■

地4　六二 ■■ ■■★二承三／二乘初。

地2　初九 ■■■■■△初往二。

爻辭：九三，豐其沛，日中見沬；折其右肱，无咎。　象曰：「豐其沛」，不可大事也；「折其右肱」，終不可用也。

爻辭：九三，（三往阻）豐大幡幔遮掩光明，就像太陽正當中天卻出現小星；若能像折斷右臂一樣屈己慎守，沒有過失。象傳說：「豐其沛」，三不可涉入大事；「折其右肱」，三最終不宜施展才用。

命題：九三陽剛健實。★三位多凶無咎。★三陽＊上陰相應。

分析：(1)雖然三來二，但初往二，以致三能來二而不來。(2)三往阻，所以三「折其右肱」。(3)相對立場的外卦陽爻不能來，所以三「無咎」。

說明：(4)在本爻之上為「右」；在本爻之下為「左」。

結論：※維持現狀：明哲保身。※前往：動則得咎。※退來：動則得咎。

演式：

天1　上六 ▓▓ ▓▓ ＊上乘阻。

天3　六五 ▓▓ ▓▓

人5　九四 ▓▓▓▓

人6　九三 ▓▓▓▓ ★三往阻／三來二（三能來二而不來）。

地4　六二 ▓▓ ▓▓

地2　初九 ▓▓▓▓ △初往二。

爻辭：九四，豐其蔀，日中見斗；遇其夷主，吉。 象曰：「豐其蔀」，位不當也；「日中見斗」，幽不明也；「遇其夷主」，吉行也。

爻辭：九四，（四來阻）豐大遮掩光明，就像太陽正當中天卻出現星斗；（四往上）能遇合陽陰相和之主，吉祥。 象傳說：「豐其蔀」，四居位不妥當；「日中見斗」，幽暗不見光明；「遇其夷主」，四可獲吉祥宜於前行。

命題：九四陽剛健實。★四位多懼有咎。★四陽＊初陽不應。

分析：(1)四來阻「豐其蔀，日中見斗」。(2)四往上，所以四往「遇其夷主，吉」。

結論：※維持現狀：處境困難。※前往：等待時機。※退來：動則得咎。

演式：

天1　上六 ■■ ■■◎上乘阻。

天3　六五 ■■ ■■

人5　九四 ■■■■★四來阻／四往上。

人6　九三 ■■■■

地4　六二 ■■ ■■

地2　初九 ■■■■＊初往二。

爻辭：六五，來章，有慶譽，吉。　象曰：六五之吉，有慶
也。

爻辭：六五，（五乘三）章美之才都來親比，有福慶和佳
譽，吉祥。　象傳說：六五的吉祥，有福慶。

命題：六五陰柔順虛。★五位多功。★五陰＊二陰不應。

分析：⑴五乘三，五「來章，有慶譽，吉」。

說明：⑵五乘三，五依附四三，並沒有離開五位。

結論：※維持現狀：穩健發展。※前來：動則得咎。

演式：

天1　上六 ▨▨ ▨▨◎上乘阻。

天3　六五 ▨▨ ▨▨★五乘四／五承阻。

人5　九四 ▨▨▨▨

人6　九三 ▨▨▨▨

地4　六二 ▨▨ ▨▨＊二承三／二乘初。

地2　初九 ▨▨▨▨△初往二。

爻辭：上六，豐其屋，蔀其家，闚其戶，闃其无人，三歲不覿，凶。象曰：「豐其屋」，天際翔也；「闚其戶，闃其无人」，自藏也。

爻辭：上六，（上乘阻無陽依附不能來）豐大房屋，遮蔽居室，對著窗戶窺視，寂靜毫無人蹤，時過三年仍不見露面，會有凶險。象傳說：「豐其屋」，上居位窮高就像在天際飛翔；「闚其戶，闃其无人」，上自蔽深藏。

命題：上六陰柔順虛。★上位亢極無咎。★上陰＊三陽相應。

分析：(1)相對立場的內卦「豐其屋，蔀其家」。(2)上乘阻無陽依附不能來，上居亢極之位，所以上「闚其戶，闃其无人，三歲不覿，凶」。

結論：※維持現狀：等待時機。※前來：動則得咎。

演式：

天1　上六 ■■ ■■★上乘阻。

天3　六五 ■■ ■■

人5　九四 ■■■■■

人6　九三 ■■■■■＊三往阻／三來二（三能來二而不來）。

地4　六二 ■■ ■■

地2　初九 ■■■■■△初往二。

䷖（上離下艮）火山　旅　56

卦辭：旅：小亨，旅貞吉。

卦辭：旅卦象徵行旅：謙柔小心可致亨通，行旅能守持正固可獲吉祥。

彖曰：「旅，小亨」，柔得中乎外而順乎剛，止而麗乎明，是以「小亨，旅貞吉」也，旅之時義大矣哉！

彖傳：「旅，小亨」，就像陰柔者居得適中之位而順從剛強者，安恬靜止而附麗於光明，所以「小亨，旅貞吉」，行旅之時的意義是多麼弘大啊！

象曰：（上火下山）山上有火，旅；君子以明慎用刑而不留獄。

象傳：山上燃燒著火，象徵行旅；君子以明察並審慎的動用刑罰而不稽留訟獄。

衍義：行旅、豐大多事、旅行、不安定、移動、不定、遷移。

　　爻辭：初六，旅瑣瑣，斯其所取災。象曰：「旅瑣瑣」，志窮災也。

　　爻辭：初六，（初承阻）行旅舉動猥瑣卑賤，自我招取災患。象傳說：「旅瑣瑣」，初心志窮迫自取災患。

　　命題：初六陰柔順虛。★初位無爲有咎。★初陰＊四陽相應。

　　分析：初承阻無陽依附不能往，所以初「旅瑣瑣，斯其所取災」。

　　結論：※維持現狀：明哲保身。※前往：動則得咎。

演式：

天1　上九 ■■■■■▽上來五。

天3　六五 ■■ ■■

人5　九四 ■■■■■＊四來阻，四三來初／四往五（四能往五而不往）。

人6　九三 ■■■■■

地4　六二 ■■ ■■

地2　初六 ■■ ■■★初承阻。

爻辭：六二，旅即次，懷其資，得童僕，貞。象曰：「得童僕貞」，終无尤也。

爻辭：六二，（二承四）行旅就居在客舍，懷藏資財，擁有童僕，應當守持正固。象傳說：「得童僕貞」，二最終無所過尤。

命題：六二陰柔順虛。★二位多譽。★二陰＊五陰不應。

分析：二承四不能往，所以二「旅即次，懷其資，得童僕，貞」。

結論：※維持現狀：穩健發展。※前往：動則得咎。

演式：

天1　上九 ▇▇▇▇ ▽上來五。

天3　六五 ▇▇ ▇▇ ＊五乘四／五承上。

人5　九四 ▇▇▇▇

人6　九三 ▇▇▇▇

地4　六二 ▇▇ ▇▇ ★二承四／二乘阻。

地2　初六 ▇▇ ▇▇ ◎初承阻。

爻辭：九三，旅焚其次，喪其童僕：貞厲。象曰：「旅焚其次」，亦以傷矣；以旅與下，其義喪也。

爻辭：九三，（三往阻）行旅之時被火燒毀客舍，喪失童僕；（三能來初而不來）要守持正固謹防危險。象傳說：「旅焚其次」，三也遭受損傷；置身行旅而擅自施惠於下，就是喪亡的意思。

命題：九三陽剛健實。★三位多凶無咎。★三陽＊上陽不應。

分析：(1)三往阻，所以三「旅焚其次，喪其童僕」。(2)相對立場的外卦陽爻不能來，三實在沒有必要退來，以致三能來初而不來，所以三「貞厲」。(3)如果三退來「以旅與下，其義喪也」。

結論：※維持現狀：明哲保身。※前往：動則得咎。※退來：動則得咎。

演式：

天1　上九 ■■■■＊上來五。

天3　六五 ■ ■

人5　九四 ■■■

人6　九三 ■■■★三往阻／三來初（三能來初而不來）。

地4　六二 ■ ■

地2　初六 ■ ■◎初承阻。

爻辭：九四，旅于處，得其資斧，我心不快。象曰：「旅于處」，未得位也；「得其資斧」，心未快也。

爻辭：九四，（四三來初，四退來）行旅之時暫居退處，獲得資糧利斧，但我心不甚暢快。象傳說：「旅于處」，四未能居得適當之位；「得其資斧」，四心仍不得暢快。

命題：九四陽剛健實。★四位多懼有咎。★四陽＊初陰相應。

分析：(1)上來五，以致四能往五而不往。(2)雖然四來阻，但四三來初，所以四退來「旅于處，得其資斧」。

結論：※維持現狀：處境困難。※前往：動則得咎。※退來：等待時機。

演式：

天1　上九 ■■■■■▽上來五。

天3　六五 ■■ ■■

人5　九四 ■■■■■★四來阻，四三來初／四往五（四能往五而不往）。

人6　九三 ■■■■■

地4　六二 ■■ ■■

地2　初六 ■■ ■■＊初承阻。

爻辭：六五，射雉，一矢亡，終以譽命。象曰：「終以譽命」，上逮也。

爻辭：六五，（如果五來）射取雄雞，一支箭矢亡失；（五承上）最終獲得美譽被賜爵命。象傳說：「終以譽命」，五依附上尊者。

命題：六五陰柔順虛。★五位多功。★五陰＊二陰不應。

分析：(1)四三來初，如果五來將會引發相對立場的兄卦陽爻往外卦，所以五來「射雉，一矢亡」。(2)五承上，五「終以譽命，上逮也」。

說明：(3)五承上，五親附上，並沒有離開五位。

結論：※維持現狀：穩健發展。※前來：動則得咎。

演式：

天1　上九 ▓▓▓▓▽上來五。

天3　六五 ▓▓ ▓▓★五乘四／五承上。

人5　九四 ▓▓▓▓

人6　九三 ▓▓▓▓

地4　六二 ▓▓ ▓▓＊二承四／二乘阻。

地2　初六 ▓▓ ▓▓◎初承阻。

爻辭：上九，鳥焚其巢，旅人先笑；後號咷，喪牛于易，凶。象曰：以旅在上，其義焚也；「喪牛于易」，終莫之聞也。

爻辭：上九，（上亢有咎）棲鳥窩巢被焚燒，（上來五）行旅的人先是欣喜歡笑；（四三來初）後來痛哭號咷，就像在野外田畔喪失了牛，（如果上前來）有凶險。象傳說：行旅的人高居上位，其理遭到焚巢的災患；「喪牛于易」，上最終無人聞知。

命題：上九陽剛健實。★上位亢極有咎。★上陽＊三陽不應。

分析：(1)上亢極有咎，所以上「鳥焚其巢」。(2)雖然上往五，上「旅人先笑」；但四三來二「喪牛于易」。(3)如果上前來「凶」。

説明：(4)上來五，上親比五，並沒有離開上位。

結論：※維持現狀：明哲保身。※前來：動則得咎。

演式：

天1　上九 ■■■■★上來五。

天3　六五 ■■ ■

人5　九四 ■■■

人6　九三 ■■■＊三往阻／三來初。

地4　六二 ■■ ■

地2　初六 ■■ ■◎初承阻。

䷸（上巽下巽）巽　爲風　57

卦辭：巽：小亨，利有攸往，利見大人。

卦辭：巽卦象徵順從：謙柔小心可致亨通，利於有所前往，利於出現大人。

彖曰：重巽以申命。剛巽乎中正而志行，柔皆順乎剛，是以「小亨，利有攸往，利見大人」。

彖傳：上下順從可以申諭命令。就像陽剛尊者居中得正以行其志，陰柔皆順承陽剛，所以「小亨，利有攸往，利見大人」。

象曰：（巽爲風）隨風，巽；君子以申命行事。

象傳：和風連連相隨，象徵順從；君子以申諭命令並施行政事。

衍義：順從、進入、順從內伏、謙遜、風流、巽入、和順。

爻辭：初六，進退，利武人之貞。象曰：「進退」，志疑也；「利武人之貞」，志治也。

爻辭：初六，（初能往而不往）進退猶豫，（初承三）利於勇武的人守持正固。象傳說：「進退」，初的心志懦弱疑懼；「利武人之貞」，初要建立健強的意志。

命題：初六陰柔順虛。★初位無為有咎。★初陰＊四陰不應。

分析：(1)雖然初承三不能往，但初隨二三往四，初往「進」。(2)不過四隨三二來初，以致初能隨二三往四而不往，所以初「退」。(3)初承三，所以初「利武人之貞」。

結論：※維持現狀：等待時機。※前往：動則得咎。

演式：

天1　上九 ■■■■■▽上來阻，上五來四（上五能來四而不來）。

天3　九五 ■■■

人5　六四 ■■ ■■＊四乘二，四隨三二來初／四承上。

人6　九三 ■■■

地4　九二 ■■■

地2　初六 ■■ ■■★初承三，初隨二三往四（初能隨二三往四）。

爻辭：九二，巽在牀下，用史巫紛若吉，无咎。象曰：紛若
之吉，得中也。

爻辭：九二，（二來初）順從屈居在牀下，效法祝史與巫覡
事奉神祇可獲甚多的吉祥，沒有過失。象傳說：可獲甚多的吉
祥，二能夠守中不偏。

命題：九二陽剛健實。★二位多譽。★二陽＊五陽不應。

分析：⑴二來初，二「巽在牀下，用史巫紛若吉」。⑵相對
對立場的外卦陽爻不能來，二來初，所以二「無咎」。

結論：※維持現狀：穩健發展。※前往：動則得咎。

演式：

天1　上九 ■■■■■▽上來阻，上五來四（上五能來四而不來）。

天3　九五 ■■■■■＊五來四（五能來四而不來）／五往阻。

人5　六四 ■■　■■

人6　九三 ■■■■■

地4　九二 ■■■■■★二往阻／二來初。

地2　初六 ■■　■■◎初承三，初隨二三往四（初能隨二三往四）。

爻辭：九三，頻巽，吝。象曰：頻巽之吝，志窮也。

爻辭：九三，（三來初）皺著眉頭順從，將有憾惜。象傳說：皺著眉頭順從將有憾惜，三的心志困窮不振。

命題：九三陽剛健實。★三位多凶無咎。★三陽＊上陽不應。

分析：雖然三來阻，但三二來初，三退來「頻巽，吝」。何故？⑵因為相對立場的外卦陽爻不能來，三沒有必要退來，所以三退來「志窮也」。

結論：※維持現狀：明哲保身。※前往：動則得咎。※退來：動則得咎。

演式：

天1　上九 ■■■■＊上來阻，上五來四（上五能來四而不來）。

天3　九五 ■■■■

人5　六四 ■■ ■■

人6　九三 ■■■■　★三往四（三能往四而不往）／三來阻，三二來初（三二能來初而不來）。

地4　九二 ■■■■

地2　初六 ■■ ■■◎初承三，初隨二三往四（初能隨二三往四）。

爻辭：六四，悔亡，田獲三品。象曰：「田獲三品」，有功也。

爻辭：六四，（四隨三二來初，四來）悔恨消亡，田獵獲取可供祭祀、宴客、任君庖的三類物品。象傳說：「田獲三品」，四奉行君命而建樹功勳。

命題：六四陰柔順虛。★四位多懼無咎。★四陰＊初陰不應。

分析：雖然四乘二不能來，但四隨三二來初，所以四退來「悔亡，田獲三品」、「有功也」。

結論：※維持現狀：明哲保身。※前往：動則得咎。※退來：漸入佳境。

演式：

天1　上九 ███████▽上來阻，上五來四（上五能來四而不來）。

天3　九五 ███████

人5　六四 ███ ███★四乘二，四隨三二來初／四承上。

人6　九三 ███████

地4　九二 ███████

地2　初六 ███ ███＊初承三，初隨二三往四（初能隨二三往四）。

爻辭：九五，貞吉，悔亡，无不利；无初有終；先庚三日，後庚三日，吉。象曰：九五之吉，位正中也。

爻辭：九五，（五能來四而不來）守持正固可獲吉詳，悔恨消亡，無所不利；（四隨三二來初）申諭命令起初不甚順利最終能暢行；（四乘三）庚日前三天發布新令，（四隨三二來初）而在庚日後三天實行新令，必獲吉祥。象傳說：九五的吉祥，居位端正又能守持中道。

命題：九五陽剛健實。★五位多功。★五陽＊二陽不應。

分析：(1)雖然五來四，但四隨三二來初，已經離開四位，以致五能來四而不來；五居多功之位，所以五「貞吉，悔亡，無不利」。(2)起初四乘三不能來「無初」、「先庚三日」。(3)最終四隨三二來初，所以四來「有終」、「後庚三日，吉」。

結論：※維持現狀：漸入佳境。※前來：動則得咎。

演式：

天1　上九 ▉▉▉▉▉▽上來阻，上五來四（上五能來四而不來）。

天3　九五 ▉▉▉▉▉★五來四（五能來四而不來）／五往阻。

人5　六四 ▉▉　▉▉

人6　九三 ▉▉▉▉▉

地4　九二 ▉▉▉▉▉＊二往阻／二來初。

地2　初六 ▉▉　▉▉◎初承三，初隨二三往四（初能隨二三往四）。

爻辭：上九，巽在牀下，喪其資斧；貞凶。象曰：「巽在牀下」，上窮也；「喪其資斧」，正乎凶也。

爻辭：上九，（如果上來）順從屈居在牀下，（上來阻）就像喪失了剛堅的利斧；守持正固謹防凶險。象傳說：「巽在牀下」，上居處在窮困之位；「喪其資斧」，上守持正道以防凶險。

命題：上九陽剛健實。★上位元吉極有咎。★上陽＊四陽不應。

分析：(1)如果上來「巽在牀下」。(2)上來阻，所以上「喪其資斧」。(3)四隨三二來初，已經離開四位，以致上五能來四而不來，所以上「貞凶」。

結論：※維持現狀：明哲保身。※前來：動則得咎。

演式：

天1　上九 ■■■■★上來阻，上五來四（上五能來四而不來）。

天3　九五 ■■■■

人5　六四 ■■ ■■

人6　九三 ■■■■＊三往四（三能往四而不往）／三來阻，三二來初（三二能來初而不來）。

地4　九二 ■■■■

地2　初六 ■■ ■■◎初承三，初隨二三往四（初能隨二三往四）。

≣（上兌下兌）兌　爲澤　58

卦辭：兌：亨，利貞。

卦辭：兌卦象徵欣悅：亨通，利於守持正固。

彖曰：兌，説也。剛中而柔外，説以利貞。是以順乎天而應乎人。説以先民，民忘其勞；説以犯難，民忘其死，説之大，民勸矣哉！

彖傳：兌，欣悅。就像陽剛在中而呈柔和於外，物情欣悅而利於守持正固。就能順合天理而應合人情。先讓百姓欣悅，百姓就能任勞忘苦；欣悅讓人趨赴危難，百姓也能捨生忘死；欣悅的功效弘大，使百姓勉力奮發啊！

象曰：（兌爲澤）麗澤，兌；君子以朋友講習。象傳：兩澤並連，交相浸潤，象徵欣悅；君子以結交良朋益友相互講解道理及研習學業。

衍義：欣悅、喜悅、欣悅外現、取悅、潤澤、喜樂。

爻辭：初九，和兌，吉。象曰：和兌之吉，行未疑也。

爻辭：初九，（初二往三，初往）平和欣悅的待人，吉祥。

象傳說：平和欣悅的待人可獲吉祥，初的行為不為人所疑。

命題：初九陽剛健實。★初位無為無咎。★初陽＊四陽不應。

分析：雖然初往阻，但初二往三，初往「和兌，吉」。

結論：※維持現狀：等待時機。※前往：穩健發展。

演式：

天1　上六　██　██◎上乘四，上隨五四來三（上能隨五四來三而不來）。

天3　九五　████

人5　九四　████＊四來三（四能來三而不來）／四往阻，四五往上四五能往上而不往。

人6　六三　██　██

地4　九二　████

地2　初九　████★初往阻，初二往三。

爻辭：九二，孚兌，吉，悔亡。象曰：孚兌之吉，信志也。

爻辭：九二，（二往三）誠信欣悅待人，吉祥，悔恨必消。
象傳說：誠信欣悅待人可獲吉祥，二志存信實。

命題：九二陽剛健實。★二位多譽。★二陽＊五陽不應。

分析：(1)二往三，二「孚兌，吉，悔亡」。

說明：(2)二往三，二親比三，並沒有離開二位。

結論：※維持現狀：穩健發展。※前往：動則得咎。

演式：

天1　上六 ■■ ■■◎上乘四，上隨五四來三（上能隨五四來三而不來）。

天3　九五 ■■■＊五來阻，五四來三（五四能來三而不來）／五往上。

人5　九四 ■■■

人6　六三 ■■ ■■

地4　九二 ■■■★二往三／二來阻。

地2　初九 ■■■△初往阻，初二往三。

爻辭：六三，來兌，凶。象曰：來兌之凶，位不當也。

爻辭：六三，（上隨五四來三，上來）前來謀求欣悅，（如果三往來）有凶險。象傳說：前來謀求欣悅而遭凶險，三居位不正當。

命題：六三陰柔順虛。★三位多凶有咎。★三陰＊上陰不應。

分析：(1)雖然三承五不能往，但三隨四五往上；不過相對立場的上隨五四來三，且又受到初二的牽制，以致三能隨四五往上而不往，所以上「來兌」。(2)如果三往來，三「凶」。

結論：※維持現狀：明哲保身。※前往：動則得咎。※退來：動則得咎。

演式：

天1　上六 ■■ ■■＊上乘四，上隨五四來三（上能隨五四來三而不來）。

天3　九五 ■■■

人5　九四 ■■■

人6　六三 ■■ ■■★三承五，三隨四五往上（三能隨四五往上）／三乘初。

地4　九二 ■■■

地2　初九 ■■■△初往阻，初二往三。

爻辭：九四，商兌未寧，介疾有喜。象曰：九四之喜，有慶也。

爻辭：九四，（四能往來而不往來）商量如何欣悅心中未曾寧靜，能隔絕誘惑疑疾頗為可喜。象傳說：九四頗為可喜，值得慶賀的。

命題：九四陽剛健實。★四位多懼有咎。★四陽＊初陽不應。

分析：雖然四來三，但初二往三，以致四能來三而不來；雖然四往阻，但四五往上；不過四往將引發相對立場的內卦陽爻前往，以致四能往來而不往來，所以四「商兌未寧，介疾有喜」、「有慶也」。

結論：※維持現狀：處境困難。※前往：動則得咎。※退來：動則得咎。

演式：

天1　上六 ■■ ■■◎上乘四，上隨五四來三（上能隨五四來三而不來）。

天3　九五 ■■■■

人5　九四 ■■■■ ★四來三（四能來三而不來）／四往阻，四五往上（四五能往上而不往）。

人6　六三 ■■ ■■

地4　九二 ■■■■

地2　初九 ■■■■ ＊初往阻，初二往三。

爻辭：九五，孚于剝，有厲。象曰：「孚于剝」，位正當
也。

爻辭：九五，（五四來三，如果五來）誠信於消剝陽剛的小
人，有危險。象傳說：「孚于剝」，九五居位正當。

命題：九五陽剛健實。★五位多功。★五陽＊二陽不應。

分析：(1)雖然五來阻，但五四來三；不過初二往三，以致五
四能來三而不來，如果五來「孚于剝，有厲」。(2)五往上，所以
五「位正當也」

結論：※維持現狀：穩健發展。※前來：動則得咎。

演式：

天1　上六 ▊▊ ▊▊◎上乘四，上隨五四來三（上能隨五四來三而不來）。

天3　九五 ▊▊▊▊★五來阻，五四來三（五四能來三而不來）／五往上。

人5　九四 ▊▊▊▊

人6　六三 ▊▊ ▊▊

地4　九二 ▊▊▊▊＊二往三／二來阻。

地2　初九 ▊▊▊▊△初往阻，初二往三。

348

爻辭：上六，引兌。象曰：上六引兌，未光也。

爻辭：上六，（上隨五四來三，上來）引誘他人相與欣悅。
象傳說：上六引誘他人相與欣悅，欣悅之道未能光大。

命題：上六陰柔順虛。★上位亢極無咎。★上陰＊三陰不
應。

分析：(1)雖然上乘四不能來，但上隨五四來三，上來「引
兌」。(2)不過上來將會引發現對立場的內卦陽爻前往，危及上空
虛的局面，以致上能隨五四來三而不來；上乘四，所以上「未光
也」。

結論：※維持現狀：等待時機。※前來：動則得咎。

演式：

天1　上六 ■■ ■■★上乘四，上隨五四來三（上能隨五四來三而不來）。

天3　九五 ■■■

人5　九四 ■■■

人6　六三 ■■ ■■＊三承五，三隨四五往上（三能隨四五往上）／三乘初。

地4　九二 ■■■

地2　初九 ■■■■△初往阻，初二往三。

（上巽下坎）風水　渙　59

卦辭：渙：亨，王假有廟，利涉大川，利貞。

卦辭：渙卦象徵渙散：亨通，君王以美德感格神靈而保有廟祭，利於涉越大河，利於守持正固。

彖曰：「渙，亨」，剛來而不窮，柔得位乎外而上同。「王假有廟」，王乃在中也；「利涉大川」，乘木有功也。

彖傳：「渙，亨」，就像陽剛者前來居陰柔而不困窮，陰柔者在外得正位而依附上。「王假有廟」，君王作為陽剛尊主居處正中；「利涉大川」，乘著木舟涉險必能成功。

象曰：（上風下水）風行水上，渙；先王以享于帝立廟。

象傳：風行水面，象徵渙散；先王以透過祭享天帝及建立宗廟來歸繫人心。

衍義：渙散、離散、分散、流失。

349

爻辭：初六，用拯馬壯吉。象曰：初六之吉，順也。

爻辭：初六，（初承二）借助健壯的良馬勉力拯濟可獲吉祥。象傳說：初六的吉祥，順承二陽剛。

命題：初六陰柔順虛。★初位無爲有咎。★初陰＊四陰不應。

分析：⑴初承二，初「用拯馬壯吉」。

說明：⑵初承二，初依附二，並沒有離開初位。

結論：※維持現狀：等待時機。※前往：動則得咎。

演式：

天1　上九 ■■■■▽上來阻，上五來三。

天3　九五 ■■■■

人5　六四 ■■ ■■＊四乘阻／四承上。

人6　六三 ■■ ■■

地4　九二 ■■■■

地2　初六 ■■ ■■★初承二。

爻辭：九二，渙奔其机，悔亡。象曰：「渙奔其机」，得願也。

爻辭：九二，（二來初）渙散之時奔就几案可供憑依，悔恨消亡。象傳說：「渙奔其机」，二得遂陰陽親附的心願。

命題：九二陽剛健實。★二位多譽。★二陽＊五陽不應。

分析：(1)雖然二往四，但五來三，以致二能往四而不往。(2)相對立場的外卦五來三；二來初，所以二「渙奔其机，悔亡」。

說明：(3)二來初，二親比初，並沒有離開二位。

結論：※維持現狀：穩健發展。※前往：動則得咎。

演式：

天1　上九 ■■■■■▽上來阻，上五來三。

天3　九五 ■■■■■＊五來三／五往阻。

人5　六四 ■■ ■■

人6　六三 ■■ ■■

地4　九二 ■■■■■★二往四（二能往四而不往）／二來初。

地2　初六 ■■ ■■◎初承二。

爻辭：六三，渙其躬，无悔。象曰：「渙其躬」，志在外也。

爻辭：六三，（三隨二來初，三來）渙散自身以服從陽剛尊者，無所悔恨。象傳說：「渙其躬」，三的心志在於向外發展。

命題：六三陰柔順虛。★三位多凶有咎。★三陰＊上陽相應。

分析：(1)相對立場的上五來三，三承阻無陽依附不能往。(2)雖然三乘二不能來，但三隨二來初，所以三退來「渙其躬，無悔」。(3)三與上有應，所以三「志在外」，但三承阻無陽依附不能往。

結論：※維持現狀：明哲保身。※前往：動則得咎。※退來：等待時機。

演式：

天1　上九 ██████＊上來阻，上五來三。

天3　九五 ██████

人5　六四 ███ ███

人6　六三 ███ ███★三承阻／三乘二，三隨二來初。

地4　九二 ██████

地2　初六 ███ ███◎初承二。

　　爻辭：六四，渙其群，元吉；渙有丘，匪夷所思。象曰：「渙其群元吉」，光大也。

　　爻辭：六四，（四乘阻無陽依附不能來）渙散群黨，（四承上）至為吉祥；渙散小群而聚成山丘似的大群，這不是一般人思慮所能達到的。象傳說：「渙其群元吉」，四的品德光明正大。

　　命題：六四陰柔順虛。★四位多懼無咎。★四陰＊初陰不應。

　　分析：(1)四乘阻無陽依附不能來「渙其群」。(2)四承上不能往，所以四「元吉」、「渙有丘，匪夷所思」。

　　結論：※維持現狀：等待時機。※前往：動則得咎。※退來：動則得咎。

演式：

天1　上九 ■■■■▽上來阻，上五來三。

天3　九五 ■■■■

人5　六四 ■■ ■■★四乘阻／四承上。

人6　六三 ■■ ■■

地4　九二 ■■■■

地2　初六 ■■ ■■＊初承二。

爻辭：九五，渙汗其大號，渙王居，无咎。象曰：「王居无咎」，正位也。

爻辭：九五，（五來三）像散發身上汗水一樣散布盛大號令，又能渙散王者的積畜以聚合四方人心，沒有過失。象傳說：「王居无咎」，五居於正當的尊高之位。

命題：九五陽剛健實。★五位多功。★五陽＊二陽不應。

分析：(1)五來三，所以五來「渙汗其大號，渙王居」。(2)相對立場的內卦二來初不能往，所以五來「無咎」。

結論：※維持現狀：漸入佳境。※前來：穩健發展。

演式：

天1　上九 ███████▽上來阻，上五來三。

天3　九五 ███████★五來三／五往阻。

人5　六四 ███　███

人6　六三 ███　███

地4　九二 ███████＊二往四（二能往四而不往）／二來初。

地2　初六 ███　███◎初承二。

爻辭：上九，渙其血去逖出，无咎。象曰：「渙其血」，遠害也。

爻辭：上九，（上五來三，上來）渙散在極位的憂恤並擺脫惕懼，沒有過失。象傳說：「渙其血」，上已經遠離禍害。

命題：上九陽剛健實。★上位亢極有咎。★上陽＊三陰相應。

分析：(1)雖然上來阻，但上五來三，所以上來「渙其血去逖出」。(2)相對立場的內卦二來初不能往，所以上來「無咎」。

結論：※維持現狀：明哲保身。※前來：漸入佳境。

演式：

天1　上九 ■■■■★上來阻，上五來三。

天3　九五 ■■■

人5　六四 ■■ ■■

人6　六三 ■■ ■■＊三承阻／三乘二，三隨二來初。

地4　九二 ■■■

地2　初六 ■■ ■■◎初承二。

䷜（上坎下兌）水澤　節　60

卦辭：節：亨；苦節不可，貞。

卦辭：節卦象徵節制：亨通；節制過苦是不可以的，守持正固。

彖曰：「節，亨」，剛柔分而剛得中。「苦節不可，貞」，其道窮也。說以行險，當位以節，中正以通。天地節而四時成；節以制度，不傷財不害民。

彖傳：「節，亨」，剛柔上下區分而陽剛者得中道。「苦節不可，貞」，更度節制會致困窮。內心欣悅就能趨赴險難，居位妥當有所節制，處中守正行事暢通。天地自然有所節制一年四季才能形成；君主以典章制度爲節制，就能不浪費資財也不殘害百姓。

象曰：（上水下澤）澤上有水，節；君子以制數度，議德行。

象傳：大澤上有水，象徵節制；君子以制定禮法作爲準則，評議道德使行爲得宜。

衍義：節制、制約不流、節約、限度、儉約。

　　爻辭：初九，不出戶庭，无咎。象曰：「不出戶庭」，知通
塞也。

　　爻辭：初九，（初往阻）不跨出門庭，沒有過失。象傳說：
「不出戶庭」，初深知路通則行，路塞則止的道理。

　　命題：初九陽剛健實。★初位無爲無咎。★初陽＊四陰相
應。

　　分析：初往阻，所以初「不出戶庭」。

　　結論：※維持現狀：等待時機。※前往：動則得咎。

演式：

天1　上六 ■■ ■■◎上乘五。

天3　九五 ■■■■

人5　六四 ■■ ■■＊四乘阻／四承五，四隨五往上。

人6　六三 ■■ ■■

地4　九二 ■■■■

地2　初九 ■■■■★初承二。

爻辭：九二，不出門庭，凶。象曰：「不出門庭凶」，失時極也。

爻辭：九二，（二往四）不跨出門庭，有凶險。　象傳說：「不出門庭凶」，二喪失了適中的時機。

命題：九二陽剛健實。★二位多譽。★二陽＊五陽相應。

分析：二往四，以致五能來三而不來；所以二「不出門庭，凶；失時極也」。

結論：※維持現狀：漸入佳境。※前往：錦上添花。

演式：

天1　上六 ■■ ■■◎上乘五。

天3　九五 ■■■■＊五來四（五能來四而不來）／五往上。

人5　六四 ■■ ■■

人6　六三 ■■ ■■

地4　九二 ■■■■★二往四／二來阻。

地2　初九 ■■■■△初往阻。

爻辭：六三，不節若，則嗟若，无咎。象曰：不節之嗟，又誰咎也？

爻辭：六三，（如果三往）因不能節制，嗟嘆而感傷後悔，（只要三不冒然前往）不會有過失。象傳說：因不能節制嗟嘆感傷後悔，又是誰的過失呢？（咎由自取）

命題：六三陰柔順虛。★三位多凶有咎。★三陰＊上陰不應。

分析：(1)雖然三承阻無陽依附不能往，但三四隨五往上；不過三為初二牽制，以致三四能隨五往上而不往。(2)如果三往「不節若，則嗟若」。(3)相對立場的外卦陽爻不能來，只要三不冒然前往「無咎」。

結論：※維持現狀：明哲保身。※前往：動則得咎。※退來：動則得咎。

演式：

天1　上六 ▆▆ ▆▆ ＊上乘五。

天3　九五 ▆▆▆▆▆

人5　六四 ▆▆ ▆▆

人6　六三 ▆▆ ▆▆ ★三承阻／三乘初。

地4　九二 ▆▆▆▆▆

地2　初九 ▆▆▆▆▆ △初往阻。

爻辭：六四，安節，亨。象曰：安節之亨，承上道也。

爻辭：六四，（四隨五往上，四往）安然奉行節制，亨通。
象傳說：安節之亨，四順承尊上之道。

命題：六四陰柔順虛。★四位多懼無咎。★四陰＊初陽相
應。

分析：雖然四承五不能往，但四隨五往上，四五上皆在外
卦，立場相同。所以四往「安節，亨」、「承上道也」。

結論：※維持現狀：等待時機。※前往：漸入佳境。※退
來：動則得咎。

演式：

天1　上六 ■■ ■■◎上乘五。

天3　九五 ■■■■■

人5　六四 ■■ ■■★四乘阻／四承五，四隨五往上。

人6　六三 ■■ ■■

地4　九二 ■■■■■

地2　初九 ■■■■■＊初往阻。

爻辭：九五，甘節，吉，往有尚。象曰：甘節之吉，居位中也。

爻辭：九五，（五往上）甘美怡悅的節制，吉祥，前往還可以。象傳說：甘美怡悅的節制可獲吉祥，五居正當適中之位。

命題：九五陽剛健實。★五位多功。★五陽＊二陽不應。

分析：(1)五往上，所以五「甘節，吉，往有尚」。

說明：(2)五往上，五親比上，並沒有離開五位。

結論：※維持現狀：穩健發展。※前來：動則得咎。

演式：

天1　上六 ■■ ■■◎上乘五。

天3　九五 ■■■■★五來四（五能來四而不來）／五往上。

人5　六四 ■■ ■■

人6　六三 ■■ ■■

地4　九二 ■■■■＊二往四／二來阻。

地2　初九 ■■■■△初往阻。

爻辭：上六，苦節；貞凶，悔亡。象曰：「苦節貞凶」，其道窮也。

爻辭：上六，（上亢極）節制過苦；守持正固謹防凶險，悔恨消亡。象傳說：「苦節貞凶」，上已趨困窮。

命題：上六陰柔順虛。★上位亢極無咎。★上陰＊三陰不應。

分析：(1)上亢極，上乘五不能來，所以上「苦節」。(2)相對立場的初二往四，所以上乘五「貞吉，悔亡」。

說明：(3)上乘五，上依附五，並沒有離開上位。

結論：※維持現狀：漸入佳境。※前來：動則得咎。

演式：

天1　上六 ▇▇ ▇▇★上乘五。

天3　九五 ▇▇▇

人5　六四 ▇▇ ▇▇

人6　六三 ▇▇ ▇▇＊三承阻／三乘初。

地4　九二 ▇▇▇

地2　初九 ▇▇▇△初往阻。

（上巽下兌）風澤　中孚　61

卦辭：中孚：豚魚吉，利涉大川，利貞。

卦辭：中孚卦象徵中心誠信：連小豬小魚都能感化可獲吉祥，利於涉越大河，利於守持正固。

彖曰：中孚，柔在內而剛得中；說而巽，孚乃化邦也。「豚魚吉」，信及豚魚也；「利涉大川」，乘木舟虛也；中孚以利貞，乃應乎天也。

彖傳：中心誠信，內心柔順謙虛至誠而剛健者在中位；上下和悅遜順，誠信之德就能教化邦國。「豚魚吉」，誠信施及豬和魚這類微物；「利涉大川」，就像乘駕木船暢行無阻；心中誠信利於守持正固，於是應合天的剛正美德。

象曰：（上風下澤）澤上有風，中孚；君子以議獄緩死。

象傳：大澤上吹拂著和風，象徵中心誠信；君子以誠信審議獄事而寬緩死刑。

衍義：誠信、心中誠信、相感、虛心。

爻辭：初九，虞吉，有它不燕。象曰：初九虞吉，志未變也。

爻辭：初九，（初往阻）安守誠信可獲吉祥，若有它求難以安寧。象傳說：初安守誠信可獲吉祥，初堅定的心志尚未改變。

命題：初九陽剛健實。★初位無為無咎。★初陽＊四陰相應。

分析：(1)雖然初往阻，但初二往四，不過上五來三，以致初二能往四而不往；初往阻，所以初「虞吉」。(2)初與四相應，但初不能往，所以初「有它不燕」。

結論：※維持現狀：等待時機。※前往：動則得咎。

演式：

天1　上九 ■■■■■▽上來阻，上五來三（上五來三而不來）。

天3　九五 ■■■■■

人5　六四 ■■ ■■＊四乘阻／四承上。

人6　六三 ■■ ■■

地4　九二 ■■■■■

地2　初九 ■■■■■★初往阻，初二往四（初二能往四而不往）。

爻辭：九二，鳴鶴在陰，其子和之；我有好爵，吾與爾靡
之。象曰：「其子和之」，中心願也。

爻辭：九二，（二能往四而不往）鶴鳥在山陰鳴唱，同類聲
聲應和；（二與五互不侵犯）我有一壺美酒，願與你共飲同樂。

象傳說：「其子和之」，發自內心的真誠意願。

命題：九二陽剛健實。★二位多譽。★二陽＊五陽不應。

分析：⑴雖然二往四，但相對立場的五來三，以致二能往四
而不往。⑵最終五能來三而不來；二與五互不侵犯，所以二「鳴
鶴在陰，其子和之；我有好爵，吾與爾靡之」。

結論：※維持現狀：漸入佳境。※前往：動則得咎。

演式：

天1　上九 ■■■■■▽上來阻，上五來三（上五來三而不來）。

天3　九五 ■■■■■＊五來三（五能來三而不來）／五往阻。

人5　六四 ■■ ■■

人6　六三 ■■ ■■

地4　九二 ■■■■■★二往四（二能往四而不往）／二來阻。

地2　初九 ■■■■■△初往阻，初二往四（初二能往四而不往）。

爻辭：六三，得敵，或鼓或罷，或泣或歌。象曰：「或鼓或罷」，位不當也。

爻辭：六三，（如果三往）前臨勁敵，或擊鼓進攻，（如果三退來）或疲憊退撤，或恐懼悲泣，或無憂歡歌。象傳說：「或鼓或罷」，三居位不正當。命題：六三陰柔順虛。★三位多凶有咎。★三陰＊上陽相應。

分析：(1)三承阻無陽依附不能往，三又受初二的牽制；如果三往「得敵」、「或鼓」。三乘初不能退來，如果三退來「或罷」。(2)三不能往來，而「或泣或歌」；究其原因，三陰居陽位多凶有咎，所以三「位不當也」。

結論：※維持現狀：明哲保身。※前往：動則得咎。※退來：動則得咎。

演式：

天1　上九 ■■■＊上來阻，上五來三（上五來三而不來）。

天3　九五 ■■

人5　六四 ■ ■

人6　六三 ■ ■★三承阻／三乘初。

地4　九二 ■■

地2　初九 ■■■△初往阻，初二往四（初二能往四而不往）。

爻辭：六四，月幾望，馬匹亡，无咎。　象曰：「馬匹亡」，絕類上也。

爻辭：六四，（初二往四）月亮滿圓漸虧，（四乘阻無陽依附不能來）良馬亡失匹配，（四承上）沒有過失。　象傳說：「馬匹亡」，四割絕三陰承五上陽剛。

命題：六四陰柔順虛。★四位多懼無咎。★四陰＊初陽相應。

分析：(1)相對立場的內卦初二往四，初與四相應，所以「月幾望」。四乘阻無陽依附不能來，四又受到上五的牽制，所以四「馬匹亡」。(3)最終相對立場的內卦陽爻不能往；四承上，所以四「無咎」。

結論：※維持現狀：等待時機。※前往：動則得咎。※退來：動則得咎。

演式：

天1　上九 ▅▅▅▅▅▽上來阻，上五來三（上五來三而不來）。

天3　九五 ▅▅▅▅▅

人5　六四 ▅▅　▅▅★四乘阻／四承上。

人6　六三 ▅▅　▅▅

地4　九二 ▅▅▅▅▅

地2　初九 ▅▅▅▅▅＊初往阻，初二往四（初二能往四而不往）。

爻辭：九五，有孚攣如，无咎。象曰：「有孚攣如」，位正當也。

爻辭：九五，（五與二互不相侵犯）精誠至信而廣繫人心，沒有過失。　象傳說：「有孚攣如」，五居位中正適當。

命題：九五陽剛健實。★五位多功。★五陽＊二陽不應。

分析：雖然五來三，但二往四，以致五能來三而不來；最終二能來四而不來，五與二互不相侵犯，所以五「有孚攣如，無咎」。

結論：※維持現狀：漸入佳境。※前來：動則得咎。

演式：

天1　上九 ■■■■■▽上來阻，上五來三（上五來三而不來）。

天3　九五 ■■■■■★五來三（五能來三而不來）／五往阻。

人5　六四 ■■ ■■

人6　六三 ■■ ■■

地4　九二 ■■■■■＊二往四（二能往四而不往）／二來阻。

地2　初九 ■■■■■△初往阻，初二往四（初二能往四而不往）。

爻辭：上九，翰音登于天，貞凶。　象曰：「翰音登于天」，何可長也？

爻辭：上九，（上來阻）飛鳥鳴音於天，守持正固謹防凶險。象傳說：「翰音登于天」，怎能保持長久呢？（不能長久）

命題：上九陽剛健實。★上位亢極有咎。★上陽＊三陰相應。

分析：上陽居陰位，亢極有咎又不能來，所以上「翰音登于天，貞凶」。

結論：※維持現狀：明哲保身。※前來：動則得咎。

演式：

天1　上九 ■■■■■★上來阻，上五來三（上五能來三而不來）。

天3　九五 ■■■■■

人5　六四 ■■　■■

人6　六三 ■■　■■＊三承阻／三乘初。

地4　九二 ■■■■■

地2　初九 ■■■■■△初往阻，初二往四（初二能往四而不往）。

☲☶（上震下艮）雷山　小過　62

卦辭：小過：亨，利貞；可小事，不可大事；飛鳥遺之音，不宜上，宜下，大吉。

卦辭：小過卦象徵小有過越：亨通，利於守持正固；可以施行尋常小事，不可踐履公眾大事；就像飛鳥留下鳴聲，不宜向上強飛，宜於向下安棲，大爲吉詳。

彖曰：「小過」，小者過而亨也；過以利貞，與時行也。柔得中，是以小事吉也；剛失位而不中，是以不可大事也。有飛鳥之象焉：「飛鳥遺之音，不宜上，宜下，大吉」，上逆而下順也。

彖傳：「小過」，尋常柔小之處稍有過越還能亨通；稍有過越仍要利於守持正固，應以配合適當的時機。就像陰柔者居中不偏，以施行尋常小事可獲吉祥；陽剛者有失正位而不能持中，所以不可踐履公眾大事。卦中有飛鳥的象喻：「飛鳥遺之音，不宜上，宜下，大吉」，所以向上行剛大之志是違逆事理，向下施柔小之事是順合其義。

象曰：（上雷下山）山上有雷，小過；君子以行過乎恭，喪過乎哀，用過乎儉。

象傳：山頂上響著震雷，象徵小有過越；君子以作爲稍過恭敬，面臨喪事稍過悲哀，資財費用稍過節儉。

衍義：小有過越、小的過度、小處、寧儉、稱過。

爻辭：初六，飛鳥以凶。　象曰：「飛鳥以凶」，不可如何也。

爻辭：初六，（如果初往）飛鳥逆勢上翔會有凶險。　象傳說：「飛鳥以凶」，初自取凶險無可奈何。

命題：初六陰柔順虛。★初位無爲有咎。★初陰＊四陽相應。

分析：雖然初承阻無陽依附不能往，但初二隨三四往上，不過四能往來而不往來，以致初二能隨三四往上而不往；如果初往「飛鳥以凶」。

結論：※維持現狀：明哲保身。※前往：動則得咎。

演式：

天1　上六 ■■ ■■◎上乘阻，上五隨四三來初（上五能隨四三來初而不來）。

天3　六五 ■■ ■

人5　九四 ■■■＊四來阻，四三來初（四三能來初而不來）／四往上（四能往上而不往）。

人6　九三 ■■■

地4　六二 ■■ ■

地2　初六 ■■ ■■★初承阻，初二隨三四往上（初二能隨三四往上而不往）。

368

爻辭：六二，過其祖，遇其妣；不及其君，遇其臣，无咎。

象曰：「不及其君」，臣不可過也。

爻辭：六二，（二隨三四往上，二往）超過祖父，得遇祖母；（二能隨三四往上而不往）但遠不如其君主，（二承四）遇合臣子，沒有過失。　象傳說：「不及其君」，二作爲臣子不可超越君上。

命題：六二陰柔順虛。★二位多譽。★二陰＊五陰不應。

分析：(1)雖然二承四不能往，但二隨三四往上，所以二往「過其祖，遇其妣」。(2)不過四能往來而不往來，以致二能隨三四往上而不往，所以二「不及其君」。(3)相對立場的外卦陽爻不能來；二承四，所以二「遇其臣，無咎」。

結論：※維持現狀：穩健發展。※前往：動則得咎。

演式：

天1　上六 ▆▆ ▆▆◎上乘阻，上五隨四三來初（上五能隨四三來初而不來）。

天3　六五 ▆▆ ▆▆＊五乘三，五隨四三來初（五能隨四三來初而不來）／五承阻。

人5　九四 ▆▆▆▆▆

人6　九三 ▆▆▆▆▆

地4　六二 ▆▆ ▆▆★二承四，二隨三四往上（二能隨三四往上而不往）／二乘阻。

地2　初六 ▆▆ ▆▆◎初承阻，初二隨三四往上（初二能隨三四往上而不往）。

爻辭：九三，弗過防之，從或戕之，凶。象曰：「從或戕
之」，凶如何也！

爻辭：九三，（如果三往）不肯過為防備，（如果三退來）
如果順從跟隨者會遭人殘害，有凶險。象傳說：「從或戕之」，
三的凶險多麼嚴峻。

命題：九三陽剛健實。★三位多凶無咎。★三陽＊上陰相
應。

分析：(1)雖然三往阻，但三四往上，不過四能往來而不往
來，以致三四能往上而不往；如果三往「弗過防之」。(2)三來
初，如果三退來，將會引發相對立場的外卦陽爻來內卦，如果三
退來「從或戕之，凶」。

結論：※維持現狀：明哲保身。※前往：動則得咎。※退
來：動則得咎。

演式：

天1　上六 ■■ ■■＊上乘阻，上五隨四三來初（上五能隨四三來初而不來）。

天3　六五 ■■ ■■

人5　九四 ■■■■

人6　九三 ■■■■ ★三往阻，三四往上（三四能往上而不往）／三來初（三能來
　　　　　　　　　初而不來）。

地4　六二 ■■ ■■

地2　初六 ■■ ■■◎初承阻，初二隨三四往上（初二能隨三四往上而不往）。

爻辭：九四，无咎，弗過遇之；往厲必戒，勿用，永貞。

象曰：「弗過遇之」，位不當也；「往厲必戒」，終不可長也。

爻辭：九四，（四三能來初而不來）沒有過失，不能越過剛強者去遇合陰柔者；（四往上）但急於前往應合會有危險務必自戒，不可施展才用，（四能往來而不往來）要永久守持正固。象傳說：「弗過遇之」，四居位不適當；「往厲必戒」，強行最終不能長保沒有過失。

命題：九四陽剛健實。★四位多懼有咎。★四陽＊初陰相應。

分析：⑴雖然四來阻，但四三來初，不過三能往來而不往來，以致四三能來初而不來；相對立場的內卦陽爻不能往，所以四沒有必要退來「無咎，弗過遇之」。⑵如果四往上，相對立場的內卦三就會往外卦，以致四能往上而不往，所以四「往厲必戒，勿用，永貞。」

結論：※維持現狀：處境困難。※前往：動則得咎。※退來：動則得咎。

演式：

天1　上六 ▆▆ ▆▆ ◎上乘阻，上五隨四三來初（上五能隨四三來初而不來）。

天3　六五 ▆▆ ▆▆

人5　九四 ▆▆▆▆ ★四來阻，四三來初（四三能來初而不來）／四往上（四能往上而不往）。

人6　九三 ▆▆▆▆

地4　六二 ▆▆ ▆▆

地2　初六 ▆▆ ▆▆ ＊初承阻，初二隨三四往上（初二能隨三四往上而不往）。

　　爻辭：六五，密雲不雨，自我西郊；公弋取彼在穴。象曰：
「密雲不雨」，已上也。

　　爻辭：六五，（五乘三）濃雲密布卻不降雨，雲氣的升起來
自我方西邑郊外；王公射取隱藏穴中的惡獸。象傳說：「密雲不
雨」，五陰氣漸盛已經上居尊位。

　　命題：六五陰柔順虛。★五位多功。★五陰＊二陰不應。

　　分析：⑴雖然五乘三不能來「密雲不雨，自我西郊」。⑵但
五隨四三來初，不過三能往來而不往來，以致五能隨四三來初而
不來；五乘三，所以五「公弋取彼在穴」。

　　結論：※維持現狀：穩健發展。※前來：動則得咎。

演式：

天1　上六 ■■ ■■◎上乘阻，上五隨四三來初（上五能隨四三來初而不來）。

天3　六五 ■■ ■■★五乘三，五隨四三來初（五能隨四三來初而不來）／五承
　　　　　　　　阻。

人5　九四 ■■■■

人6　九三 ■■■■

地4　六二 ■■ ■■＊二承四，二隨三四往上（二能隨三四往上而不往）／二乘
　　　　　　　　阻。

地2　初六 ■■ ■■◎初承阻，初二隨三四往上（初二能隨三四往上而不往）。

372

爻辭：上六，弗遇過之；飛鳥離之，凶，是謂災眚。象曰：「弗遇過之」，已亢也。

爻辭：上六，（上乘阻無陽依附不能來）不要遇合陽剛者或更超越陽剛者；（如果上來）就像飛鳥高翔會遭射殺，有凶險，這就是所謂的災殃禍患。象傳說：「弗遇過之」，上已居亢極之位。

命題：上六陰柔順虛。★上位亢極無咎。★上陰＊三陽相應。

分析：(1)雖然上乘阻無陽依附不能來，但上五隨四三來初，不過三能往來而不往來，以致上五能隨四三來初而不來，所以上「弗遇過之」。(2)如果上來「飛鳥離之，凶，是謂災眚」。(3)上急於前來是原因「已亢也」。

結論：※維持現狀：等待時機。※前來：動則得咎。

演式：

天1　上六 ■■ ■■★上乘阻，上五隨四三來初（上五能隨四三來初而不來）。

天3　六五 ■■ ■■

人5　九四 ■■■■

人6　九三 ■■■■＊三往阻，三四往上（三四能往上而不往）／三來初（三能來初而不來）。

地4　六二 ■■ ■■

地2　初六 ■■ ■■◎初承阻，初二隨三四往上（初二能隨三四往上而不往）。

䷾（上坎下離）水火　既濟　63

　　卦辭：既濟：亨小，利貞；初吉終亂。

　　卦辭：既濟卦象徵事已成：柔小者也都獲得亨通，利於守持正固；若不慎保成功有所行動，起初吉祥最終會致危亂。

　　彖曰：「既濟，亨」，小者亨也。「利貞」，剛柔正而位當也。「初吉」，柔得中也；終止則亂，其道窮也。

　　彖傳：「既濟，亨」，連柔小者也都獲得亨通。「利貞」，陽剛陰柔者行為端正而居位適當。「初吉」，陰柔者也能持中不偏；最終若止於苟安必致危亂，成功之道已經窮盡。

　　象曰：（上水下火）水在火上，既濟；君子以思患而豫防之。

　　象傳：水在火上，象徵事已成；君子以思慮可能出現的禍患而預先防備。

　　衍義：事已成、事成安定、完成、已成、功成。

爻辭：初九，曳其輪，濡其尾，无咎。 象曰：「曳其輪」，義无咎也。

爻辭：初九，（初往二）拖住車輪向後使車不能向前行，小狐狸渡河浸濕尾巴，沒有過失。 象傳說：「曳其輪」，初的行爲謹愼守成沒有過失。

命題：初九陽剛健實。★初位無爲無咎。★初陽＊四陰相應。

分析：(1)初往二，所以初「曳其輪，濡其尾」。(2)相對立場的外卦不能來，初往二，所以初「無咎」。

說明：(3)初往二，初親比二，並沒有離開初位。

結論：※維持現狀：漸入佳境。※前往：動則得咎。

演式：

天1　上六 ■■ ■■◎上乘五。

天3　九五 ■■■■

人5　六四 ■■ ■■ ＊四乘三，四隨三來二（四能隨三來二而不來）／四承五，四隨五往上（四能隨五往上而不往）。

人6　九三 ■■■■

地4　六二 ■■ ■■

地2　初九 ■■■■★初往二。

爻辭：六二，婦喪其茀，勿逐，七日得。　象曰：「七日
得」，以中道也。

爻辭：六二，（二承三又乘初）婦人喪失車輛上的蔽飾難以
出行，不用追尋，七日之內失而復得。　象傳說：「七日得」，
二能守持中正不偏之道。

命題：六二陰柔順虛。★二位多譽。★二陰＊五陽相應。

分析：(1)雖然二承三不能往「婦喪其茀」。(2)但二隨三往
四；不過五來四，且二又被初牽制，以致二能隨三往四而不往，
所以二「勿逐，七日得」。

說明：(3)二承三又乘初，二依附初三，並沒有離開二位。

結論：※維持現狀：漸入佳境。※前往：動則得咎。

演式：

天1　上六 ■■ ■■◎上乘五。

天3　九五 ■■■■＊五來四／五往上。

人5　六四 ■■ ■■

人6　九三 ■■■■

地4　六二 ■■ ■■★二承三，二隨三往四（二能隨三往四而不往）／二乘初。

地2　初九 ■■■■△初往二。

爻辭：九三，高宗伐鬼方，三年克之；小人勿用。象曰：
「三年克之」，憊也。

爻辭：九三，（三往四）殷朝高宗討伐鬼方，持續三年終於
獲勝；（三能往來而不往來）小人不可輕易任用。象傳說：「三
年克之」，三持久努力到疲憊的程度。

命題：九三陽剛健實。★三位多凶無咎。★三陽＊上陰相
應。

分析：(1)雖然三往四，三「高宗伐鬼方，三年克之」；但五
來四，以致三能往五而不往。(2)雖然三來二，但初往二，以致三
能來二而不來；三能往來而不往來，所以三「小人勿用」。

結論：※維持現狀：明哲保身。※前往：動則得咎。※退
來：動則得咎。

演式：

天1　上六 ■■ ■■ ＊上乘五。

天3　九五 ■■■■

人5　六四 ■■ ■■

人6　九三 ■■■■★三往四（三能往四而不往）／三來二（三能來二而不來）。

地4　六二 ■■ ■■

地2　初九 ■■■■△初往二。

爻辭：六四，繻有衣袽，終日戒。象曰：「終日戒」，有所疑也。

爻辭：六四，（四承五又乘三）華裳美服將要變成敝衣破絮，應當整日戒備禍患。象傳說：「終日戒」，四有所疑懼。

命題：六四陰柔順虛。★四位多懼無咎。★四陰＊初陽相應。

分析：四能往來而不往來；四承五又乘三，所以四「繻有衣袽，終日戒」。

結論：※維持現狀：明哲保身。※前往：動則得咎。※退來：動則得咎。

演式：

天1　上六 ■■ ■■◎上乘五。

天3　九五 ■■■

人5　六四 ■■ ■■　★四乘三，四隨三來二（四能隨三來二而不來）／四承五，四隨五往上（四能隨五往上而不往）。

人6　九三 ■■■

地4　六二 ■■ ■■

地2　初九 ■■■■＊初往二。

爻辭：九五，東鄰殺牛，不如西鄰之禴祭，實受其福。象曰：「東鄰殺牛」，不如西鄰之時也：「實受其福」，吉大來也。

爻辭：九五，（如果五來）東邊鄰國殺牛盛祭，不如（五往上又來四）西邊鄰國舉行微薄的禴祭，更能切實承受神靈降予的福澤。象傳說：「東鄰殺牛」，不如西邊鄰國的禴祭正合其時；「實受其福」，吉祥源源來臨。

命題：九五陽剛健實。★五位多功。★五陽＊二陰相應。

分析：(1)五來四不能至相對立場的內卦，如果五來「東鄰殺牛」。(2)五往上又來四，所以五「不如西鄰之禴祭」。(3)內外卦相安互不侵犯，五往上又來四，所以五「實受其福」。說明：(4)五往上又來四，五親比上四，並沒有離開五位。

結論：※維持現狀：穩健發展。※前來：動則得咎。

演式：

天1　上六 ■■ ■■◎上乘五。

天3　九五 ■■■★五來四／五往上。

人5　六四 ■■ ■■

人6　九三 ■■■

地4　六二 ■■ ■■＊二承三，二隨三往四（二能隨三往四而不往）／二乘初。

地2　初九 ■■■△初往二。

爻辭：上六，濡其首，厲。象曰：「濡其首厲」，何可久也！

爻辭：上六，（上乘五）小狐渡河沾濕頭部，有危險。象傳說：「濡其首厲」，上不能長久守成！

命題：上六陰柔順虛。★上位亢極無咎。★上陰＊三陽相應。

分析：上乘五不能來；上居亢極之位，如果上前來「濡其首，厲」。

說明：上乘五，上依附五，並沒有離開上位。

結論：※維持現狀：漸入佳境。※前來：動則得咎。

演式：

天1　上六 ■■ ■■★上乘五。

天3　九五 ■■■■

人5　六四 ■■ ■■

人6　九三 ■■■■＊三往四（三能往四而不往）／三來二（三能來二而不來）。

地4　六二 ■■ ■■

地2　初九 ■■■■△初往二。

（上離下坎）火水　未濟　64

卦辭：未濟：亨；小狐汔濟，濡其尾，无攸利，

卦辭：未濟卦象徵事未成：亨通；就像小狐渡河，被水沾濕尾巴，無所利益。

象曰：「未濟，亨」，柔得中也。「小狐汔濟」，未出中也；「濡其尾，无攸利」，不續終也。雖不當位，剛柔應也。

象傳：「未濟，亨」，柔小者得中位。「小狐汔濟」，尚未脫出險中；「濡其尾，无攸利」，不能持續至終。卦中六爻儘管居位都不妥當，但陽剛陰柔皆能相互援應即可成功。

象曰：（上火下水）火在水上，未濟；君子以慎辨物居方。象傳：火在水上，象徵事未成；君子以審慎分辨物類，使之各居適當的處所。

衍義：事未成、男子窮極行事、未完成、未成、未完、待成。

爻辭：初六，濡其尾，吝。象曰：「濡其尾」，亦不知極也。

爻辭：初六，（初承二）小狐渡河被水沾濕尾巴，有所憾惜。象傳說：「濡其尾」，初也太不知謹慎持中。

命題：初六陰柔順虛。★初位無爲有咎。★初陰＊四陽相應。

分析：(1)初承二不能往；如果初往「濡其尾，吝」。

說明：(2)初承二，初依附二，並沒有離開初位。

結論：※維持現狀：等待時機。※前往：動則得咎。

演式：

天1　上九 ■■■■■▽上來五。

天3　六五 ■■ ■■

人5　九四 ■■■■■＊四來三（四來三而不來）／四往五。

人6　六三 ■■ ■■

地4　九二 ■■■■■

地2　初六 ■■ ■■★初承二。

爻辭：九二，曳其輪，貞吉。象曰：九二貞吉，中以行正也。

爻辭：九二，（二往三又來初）向後拖曳車輛不使前行，守持正固可獲吉祥。　象傳說：九二守持正固可獲吉祥，持中行事端正不偏。

命題：九二陽剛健實。★二位多譽。★二陽＊四陰相應。

分析：(1)二往三又來初，所以二「曳其輪，貞吉」。

説明：(2)二往三又來初，二親比三初，並沒有離開二位。

結論：※維持現狀：穩健發展。※前往：動則得咎。

演式：

天1　上九 ▇▇▇▇▇▽上來五。

天3　六五 ▇▇ ▇▇＊五乘四／五承上。

人5　九四 ▇▇▇▇▇

人6　六三 ▇▇ ▇▇

地4　九二 ▇▇▇▇▇★二往三／二來初。

地2　初六 ▇▇ ▇▇◎初承二。

爻辭：六三，未濟，征凶，利涉大川。象曰：「未濟征凶」，位不當也。

爻辭：六三，（三能隨四往五而不往）事未成，急於前往會有凶險，（三隨二來初，三來）但利於涉越大河。象傳說：「未濟征凶」，三居位不妥當。

命題：六三陰柔順虛。★三位多凶有咎。★三陰＊上陽相應。

分析：(1)雖然三承四不能往，但三隨四往五，不過上來五，以致三能隨四往五而不往，所以三「未濟，征凶」。(2)雖然三乘二不能來，但三隨二來初，所以三退來「利涉大川」。

結論：※維持現狀：明哲保身。※前往：動則得咎。※退來：等待時機。

演式：

天1　上九 ▇▇▇＊上來五。

天3　六五 ▇▇ ▇▇

人5　九四 ▇▇▇▇

人6　六三 ▇▇ ▇▇ ★三承四，三隨四往五（三能隨四往五而不往）／三乘二，三隨二來初。

地4　九二 ▇▇▇▇

地2　初六 ▇▇ ▇▇◎初承二。

爻辭：九四，貞吉，悔亡；震用伐鬼方，三年有賞于大國。
象曰：「貞吉悔亡」，志行也。

爻辭：九四，（四往五）守持正固可獲吉祥，悔恨消亡；
（四來三）以雷霆之勢討伐鬼方，（四能來三而不來）連續三年
封賞交好的大國君侯。象傳說：「貞吉悔亡」，四的志向行為端
正。

命題：九四陽剛健實。★四位多懼有咎。★四陽＊初陰相
應。

分析：(1)雖然四來三，四「震用伐鬼方」，但三隨二來初，
已經離開三位，以致四能來三而不來，內外卦相安互不侵伐，所
以對內卦「三年有賞于大國」。(2)四往五，所以四「貞吉，悔
亡」。

說明：(3)四往五，四親比五，並沒有離開四位。

結論：※維持現狀：明哲保身。※前往：動則得咎。※退
來：動則得咎。

演式：

天1　上九 ▇▇▇▇▽上來五。

天3　六五 ▇▇ ▇▇

人5　九四 ▇▇▇▇★四來三（四來三而不來）／四往五。

人6　六三 ▇▇ ▇▇

地4　九二 ▇▇▇▇

地2　初六 ▇▇ ▇▇＊初承二。

爻辭：六五，貞吉，旡悔；君子之光，有孚吉。象曰：「君子之光」，其暉吉也。

爻辭：六五，（五承上又乘四）守持正固可獲吉祥，沒有悔恨；這是君子的光輝，心懷誠信可獲吉祥。象傳說：「君子之光」，五光耀煥發呈現吉祥。

命題：六五陰柔順虛。★五位多功。★五陰＊二陽相應。

分析：(1)五承上又乘四，所以五「貞吉，無悔；君子之光，有孚吉」。

說明：(2)五承上又乘四，五依附上四，並沒有離開五位。

結論：※維持現狀：穩健發展。※前來：動則得咎。

演式：

天1　上九 ▆▆▆▆▽上來五。

天3　六五 ▆▆ ▆▆★五乘四／五承上。

人5　九四 ▆▆▆▆

人6　六三 ▆▆ ▆▆

地4　九二 ▆▆▆▆＊二往三／二來初。

地2　初六 ▆▆ ▆▆◎初承二。

爻辭：上九，有孚于飲酒，无咎；濡其首，有孚失是。象曰：「飲酒濡首」，亦不知節也。

爻辭：上九，（上來五）信任他人而自己也安閒飲酒，沒有過失；（如果上來）就像小狐渡河被水沾濕頭部，過度委信於人而損害正道。象傳說：「飲酒濡首」，上也太不知節制了。

命題：上九陽剛健實。★上位亢極有咎。★上陽＊三陰相應。

分析：(1)相對立場的內卦陽爻不能往；上來五，所以上「有孚于飲酒，無咎」。(2)如果上前來「濡其首，有孚失是」。

説明：(3)上來五，上親比五，並沒有離開上位。

結論：※維持現狀：等待時機。※前來：動則得咎。

演式：

天1　上九 ■■■■■★上來五。

天3　六五 ■■ ■■

人5　九四 ■■■■■

人6　六三 ■■ ■■ ＊三承四，三隨四往五（三能隨四往五而不往）／三乘二，三隨二來初。

地4　九二 ■■■■■

地2　初六 ■■ ■■◎初承二。

國家圖書館出版品預行編目資料

學易經，這本最好用／朱恩仁著.
－－初版－－ 台北市：知青頻道 出版；
紅螞蟻圖書發行，2007〔民 96〕
面　　　公分，－－(Easy Quick：80)
ISBN　978-986-6905-40-7 (平裝)

1.易占
292.1　　　　　　　　　　96004233

Easy Quick 80

學易經，這本最好用

作　　　者／朱恩仁
發 行 人／賴秀珍
榮譽總監／張錦基
總 編 輯／何南輝
特約編輯／林芊玲
美術編輯／林美琪
出　　　版／知青頻道出版有限公司
發　　　行／紅螞蟻圖書有限公司
地　　　址／台北市內湖區舊宗路二段121巷28號4F
網　　　站／www.e-redant.com
郵撥帳號／1604621-1　紅螞蟻圖書有限公司
電　　　話／(02)2795-3656（代表號）
傳　　　眞／(02)2795-4100
登 記 證／局版北市業字第796號
港澳總經銷／和平圖書有限公司
地　　　址／香港柴灣嘉業街12號百樂門大廈17F
電　　　話／(852)2804-6687
新馬總經銷／諾文化事業私人有限公司
新加坡／ TEL:(65)6462-6141　FAX:(65)6469-4043
馬來西亞／ TEL:(603)9179-6333　FAX:(603)9179-6060
法律顧問／許晏賓律師
印 刷 廠／鴻運彩色印刷有限公司
出版日期／2007年4月　第一版第一刷

定價 420 元　港幣 140 元

ISBN-13：978-986-6905-40-7　　　　Printed in Taiwan
ISBN-10：986-6905-40-3